高等院校人文素质教育系列教材

应用文写作

张子泉　主　编
刘兆信　单体刚　副主编

清华大学出版社
北京

内 容 简 介

本书共分九章，内容包括绪论、公文、事务应用文、日常应用文、宣传应用文、法律应用文、经济应用文、学术应用文、礼仪应用文。书中阐述了各种实用应用文体的特点、种类、格式及写作要求，每一种文体都选录了典型的例文，并附有简析。同时，每节之后都根据教学要求和内容特点设计了思考与练习，以便帮助学生学以致用、理论联系实际、及时将知识转化为能力。

本书适合应用型本科高校、高职院校相关专业学生使用，也可以作为各类成人高校培训的教学用书。

本书封面贴有清华大学出版社防伪标签，无标签者不得销售。
版权所有，侵权必究。举报：010-62782989，beiqinquan@tup.tsinghua.edu.cn。

图书在版编目(CIP)数据

应用文写作/张子泉主编. —北京：清华大学出版社，2022.10（2025.6重印）
高等院校人文素质教育系列教材
ISBN 978-7-302-61725-9

Ⅰ.①应… Ⅱ.①张… Ⅲ.①汉语—应用文—写作—高等学校—教材 Ⅳ.①H152.3

中国版本图书馆 CIP 数据核字(2022)第 157344 号

责任编辑：孙晓红
装帧设计：杨玉兰
责任校对：吕丽娟
责任印制：杨 艳

出版发行：清华大学出版社
    网　　址：https://www.tup.com.cn，https://www.wqxuetang.com
    地　　址：北京清华大学学研大厦 A 座　　邮　　编：100084
    社 总 机：010-83470000　　邮　　购：010-62786544
    投稿与读者服务：010-62776969，c-service@tup.tsinghua.edu.cn
    质量反馈：010-62772015，zhiliang@tup.tsinghua.edu.cn
    课件下载：https://www.tup.com.cn，010-62791865

印 装 者：北京同文印刷有限责任公司
经　　销：全国新华书店
开　　本：185mm×260mm　　印　　张：14.75　　字　　数：354 千字
版　　次：2022 年 10 月第 1 版　　印　　次：2025 年 6 月第 5 次印刷
定　　价：48.00 元

产品编号：093478-01

前　言

本书依据应用型本科教育的培养目标以及本门课程的特点，以培养学生实用应用文写作能力为目的，力求突破原有学科体系，充分体现指导性与可操作性，淡化理论阐述，注重实践教学，强化技能训练。具体体现在以下几个方面。

1. 突出应用型特色

本书以应用型本科教育基础课程教学基本要求为指导，以"实用、适用"为特点。实用是指在编写的广度上，本着"知多"的原则，对学生应知应会的内容加深理解，强化训练，重在应用，而不要求学生"样样精通"；适用是指在编写的深度上，以"够用"为度，不盲目加大教材的难度，力求使专业理论简单、明了，学以致用，服务于实践。

2. 强化基本功训练

本书以应用文的基础理论为指导，例文规范实用，训练循序渐进，扎实有效。本书注重理论联系实际，通过学习，学生可深入地了解各类应用文的特点和写作常识，逐步把书本知识转化为实用技能。

3. 体现时代色彩

本书在文种分类上从学生未来的工作需要出发，突出专业性、应用性、时代性，内容上力求例文新颖，时代感强，将当今有关的政策和实际情况密切联系起来。

应用型本科教育以培养应用型专门人才为根本任务，以适应社会需要为目标，以培养技术应用能力为主线，设计学生的知识、能力、素质结构和培养方案。应用文教学对于提高学生文化素质、掌握职业技能、培养综合职业能力有着重要作用。本书符合应用型本科教育的培养目标，充分体现指导性与可操作性的特点，理论与实操并重，基础理论精要、好学、易懂，实践训练科学、实用、有效。同时，注重学生的自学，以拓展知识空间，及时将知识转化为能力。

本书由张子泉任主编，刘兆信、单体刚任副主编。各章执笔分工如下：第一章、第九章由张子泉、桂华德编写，第二章、第三章由宫淑芝编写，第四章由罗春祥编写，第五章由黄贤福编写，第六章由刘志梅编写，第七章由刘兆信编写，第八章由吴秋懿编写。初稿汇总以后，由张子泉最后修改、定稿。

本书在编写过程中参阅了有关著作、报刊，并从中选用了一些例文，在此一并表示感谢。

因作者水平有限，书中难免存在错误和疏漏之处，敬请读者批评、指正。

编　者

目 录

第一章　绪论 1
　　一、应用文的概念与沿革 2
　　二、应用文的特点及种类 3
　　三、学习应用文写作的要求和方法 5
第二章　公文 7
　第一节　命令(令)、议案 9
　　一、命令(令)的特点和种类 9
　　二、命令(令)的结构和写法 10
　　三、议案的特点和种类 11
　　四、议案的格式与写法 12
　第二节　决定、意见 14
　　一、决定的特点和种类 14
　　二、决定的格式与写法 15
　　三、意见的特点和种类 16
　　四、意见的格式与写法 17
　　五、意见的写作要求 17
　第三节　公告、通告 21
　　一、公告的特点和种类 21
　　二、公告的格式与写法 21
　　三、通告的特点和种类 23
　　四、通告的格式与写法 24
　　五、通告与公告的区别 24
　第四节　通知、通报 26
　　一、通知的特点和种类 26
　　二、通知的结构和写法 27
　　三、通知的写作要求 28
　　四、通报的特点和种类 29
　　五、通报的结构和写法 29
　　六、通报的写作要求 30
　第五节　报告、请示 33
　　一、报告的特点和种类 33
　　二、报告的基本格式和写法 34
　　三、请示的特点和种类 37

　　四、请示的基本格式和写法 37
　　五、请示的写作要求 38
　　六、请示与报告的区别 38
　第六节　批复、函 40
　　一、批复的特点和种类 40
　　二、批复的格式和写法 41
　　三、函的特点和种类 42
　　四、函的基本格式和写法 43
　第七节　决议、公报 46
　　一、决议的特点和种类 46
　　二、决议的格式与写法 46
　　三、公报的特点和种类 47
　　四、公报的格式与写法 48
　第八节　会议纪要 49
　　一、会议纪要的概念 49
　　二、会议纪要的特点 49
　　三、会议纪要的种类 50
　　四、会议纪要的基本格式和写法 50
第三章　事务应用文 53
　第一节　计划、总结 54
　　一、计划的特点和种类 54
　　二、计划的基本格式与写法 55
　　三、计划的写作要求 56
　　四、总结的特点和种类 56
　　五、总结的基本格式 57
　　六、总结的写作要求 57
　第二节　简报 60
　　一、简报的概念和作用 60
　　二、简报的分类和特点 60
　　三、简报的格式和结构 62
　第三节　规章制度 65
　　一、规章制度的概念、作用和特点 ... 65
　　二、规章制度的分类 66
　　三、规章制度的结构和写法 68

四、规章制度的写作要求......71
第四节　会议记录......74
　　一、会议记录的概念和作用......74
　　二、会议记录的格式和写法......74
　　三、会议记录的写作要求......75

第四章　日常应用文......77

第一节　一般书信......78
　　一、书信简述......78
　　二、一般书信的分类......78
　　三、一般书信的写作要求......79
第二节　介绍信、证明信......81
　　一、介绍信的特点和种类......81
　　二、介绍信的结构与写法......82
　　三、证明信的特点和种类......83
　　四、证明信的结构和写法......84
第三节　感谢信、慰问信......86
　　一、感谢信的特点和种类......86
　　二、感谢信的结构与写法......87
　　三、慰问信的特点和种类......88
　　四、慰问信的结构和写法......89
第四节　推荐信、邀请信......92
　　一、推荐信的特点和种类......92
　　二、推荐信的结构和写法......93
　　三、邀请信的特点和种类......94
　　四、邀请信的结构和写法......94
第五节　求职信......97
　　一、求职信的特点和结构......97
　　二、求职信写作的注意事项......99
第六节　申请书......102
　　一、申请书的概念和分类......102
　　二、申请书的结构......102
　　三、申请书的写作要求......103

第五章　宣传应用文......105

第一节　新闻......106
　　一、新闻的特点和种类......106
　　二、新闻的结构和写法......109
　　三、新闻的写作要求......114

第二节　通讯......118
　　一、通讯的特点与种类......118
　　二、通讯的结构与写法......120
　　三、通讯的写作要求......120
第三节　广播稿......121
　　一、广播稿的特点和种类......121
　　二、广播稿的结构和写法......122
　　三、广播稿的写作要求......124
第四节　演讲稿......127
　　一、演讲稿的特点与种类......127
　　二、演讲稿的结构和写法......129
　　三、演讲稿写作要求......132
第五节　解说词......135
　　一、解说词的特点与种类......135
　　二、解说词的结构与写法......136
　　三、解说词的写作要求......136

第六章　法律应用文......141

第一节　民事起诉状......142
　　一、民事起诉状的种类......142
　　二、民事起诉状的结构和写法......142
　　三、民事起诉状的写作要求......144
第二节　刑事自诉状......146
　　一、刑事自诉状的概念和特点......146
　　二、刑事自诉状的结构和写法......147
　　三、刑事自诉状的写作要求......148
第三节　上诉状......150
　　一、上诉状的特点和种类......150
　　二、上诉状的结构和写法......152
第四节　申诉状......156
　　一、申诉状的特点和种类......156
　　二、申诉状的结构和写法......156
第五节　答辩状......159
　　一、答辩状的特点和种类......159
　　二、答辩状的结构和写法......160

第七章　经济应用文......165

第一节　经济合同......166
　　一、合同的概念......166

二、经济合同的特点和种类 166
三、合同文本的结构模式
　　与内容要素 167
四、合同写作的基本要求 169
第二节　市场预测报告 171
一、市场预测报告的概念及特点 171
二、市场预测报告的种类 172
三、市场预测报告的写作步骤 173
四、市场预测报告的结构
　　与写作要求 174
五、市场预测报告写作的
　　注意事项 175
第三节　协议书 179
一、协议书的概念 179
二、协议书的特点与分类 180
三、协议书的结构 180
四、协议书写作注意事项 181
第四节　招标书、投标书 183
一、招标书的概念及特点 183
二、招标书的种类 184
三、招标书的结构及写作要求 184
四、写招标书应该注意的问题 186
五、投标书的概念与特点 186
六、投标书的种类 186
七、投标书的结构及写作要求 187
第五节　说明书 190
一、说明书的概念 190
二、说明书的分类 191
三、说明书的作用 191
四、说明书与解说词的区别 192
五、说明书的结构与写法 192
六、说明书的写作注意事项 192
第六节　商业广告 194
一、商业广告的特点 194
二、商业广告的种类 194
三、商业广告的结构和写法 194

四、商业广告的写作要求 196

第八章　学术应用文 197

第一节　实验报告 198
一、实验报告的性质与分类 198
二、实验报告的格式和写法 199
三、实验报告写作的基本要求 201
第二节　毕业论文 203
一、毕业论文的性质与种类 203
二、毕业论文的作用 204
三、毕业论文的写作步骤 205
四、毕业论文的写作要求 209
五、毕业论文答辩 211
第三节　毕业设计报告 213
一、毕业设计报告的概念 213
二、工科毕业设计报告的
　　写作方法 213

第九章　礼仪应用文 215

第一节　请柬、聘书 216
一、请柬、聘书的概念 216
二、请柬、聘书的基本格式
　　和写法 216
第二节　欢迎词、欢送词 220
一、欢迎词、欢送词的概念
　　及特点 220
二、欢迎词、欢送词的分类 221
三、欢迎词、欢送词的基本格式
　　和写法 221
第三节　开幕词、闭幕词 224
一、开幕词的特点 224
二、开幕词的写作方法和要求 224
三、闭幕词的特点 225
四、闭幕词的写作方法和要求 225

参考文献 227

第一章

绪 论

随着时代的发展，科学技术、经济文化等社会各领域的变革日益深入，应用文的用途越来越广泛，应用文写作也日益受到各行各业的重视。例如，国家机关中的行政公务文书、科研部门的学术论文、司法部门的法律诉讼文书等；个人日常生活中所接触的应用文也不少，如条据、契约、书信等。在现代社会里，应用文与人们的学习、工作、生活关系十分密切。本章主要介绍应用文的概念与沿革、应用文的特点及种类、应用文写作的要求和方法。

一、应用文的概念与沿革

应用文是国家机关、企事业单位、社会团体及个人在处理事务、传递信息、解决问题、实行管理时使用的、具有特定格式的文体，是一切社会组织和个人进行社会活动和处理个人事务必不可少的工具。

应用文写作源远流长，历史悠久。殷墟出土的甲骨卜辞，商周时期的钟鼎铭文，《周易》中的卦、爻辞等，都可以看作是应用文的原始形态。可以说，自从有文字开始，就有了应用文写作。

甲骨卜辞也称作占卜文书，它是商代王室占卜时镌刻在龟甲兽骨上的简短记录。这些卜辞少则几个字，多则百余字，记录了当时占卜的内容和结果，多为卜问国家大事和君王的疑难，也是巫祝借代鬼神发言，指导国家发布命令、进行统治的明证。殷商时期镌刻在甲骨上的兆、祝词、神告、占卜文书，虽然形式简单、语言简洁，尚处在应用文的原始阶段，但其内容已涉及天文、地理、历法、农业、牧业、手工业、宗教、战争、田猎等方面，已经开始显示出应用文特别是公文在管理国家事务中的作用。

我国最早的应用文专集是《尚书》。它分虞书、夏书、商书和周书四部分，包括夏、商、周三个朝代的祝词、誓词、诰言、法令，也有用以登记土地和财务的会计文书，还有反映各诸侯国之间关系的盟约文书等。这些属于应用文范畴的体例，均在《尚书》中得到充分而具体的体现。

春秋战国时期，较为盛行的应用文有四种：书，通常用以阐明政治主张；檄文，多用于声讨和征召，有时也用于晓喻；辞令，用于外交；盟书，用于诸侯之间的盟约。

秦汉时期，公文文体分类和公文格式已初步确立，有了上行文和下行文的区别。上行文有章、表、奏、议，是臣子给皇帝的上书文书；下行文有制、诏、策、戒，是皇帝给臣子用的文书。秦始皇时期，对公文格式做了许多具体的规定。例如，上行文开头用"臣××言"，结尾用"臣××诚惶诚恐，顿首顿首，死罪死罪"；遇有"皇帝"字样时，另起一行，顶格书写，称之为"抬头"。这些有明显等级观念的公文格式，被以后历代王朝沿用。

三国时期，曹丕的《典论·论文》，把文章分为 4 类："奏议宜雅，书论议理，铭诔尚实，诗赋欲丽。"这 4 类，多属应用文体。

南朝梁人刘勰的《文心雕龙》，把文章分为 33 类，其中可属应用文的就有 21 类之多。萧统编的《昭明文选》，选文 37 类，其中可称应用文的有 20 多类。

唐宋以后，文学创作日益盛行，不少文人致力于诗、词、曲、小说的创作，但应用文写作仍处在"政事之先务"的主导地位。

明清时期，文体分类日趋详细、繁杂。清代学者刘熙载正式提出"应用文"这一名称。

中华人民共和国的成立，标志着我国应用文写作进入了一个崭新时期。1951年2月，中共中央发出了《关于纠正电报、报告、指示、决定等文字缺点的指示》，它对于纠正公文写作中的文风不正、强调重视语法修辞等方面有重要的指导作用。同年9月，中央人民政府政务院发布了《公文处理暂行办法》，这是新中国成立后第一个全国性公文法规，它全面、详细、具体地规定了公文种类、体式和行文关系，标志着我国新公文从此诞生，标志着有3000多年历史的应用文写作进入了一个崭新的阶段。

从1951年到1981年的30年中，党和政府先后发布了十多个关于机关公文写作的文件，使我国公文写作逐步走上了规范化、科学化、系统化的道路。1987年，国务院办公厅公布了《国家行政机关公文处理办法》，1993年11月对此又做了修订，规定国家行政机关的公文为12类13种，这是对新中国成立后40多年来公文写作的系统的、全面的总结。改革开放以来，新的应用文种不断出现，各种应用文写作专著的出版，应用文写作杂志的发行，应用文写作研究机构的成立，都标志着应用文写作的空前发展。

近几年，日益发展的计算机技术和办公自动化技术，为传统的应用文写作开辟了一个光辉灿烂的前景。有了汉字输入输出技术的操作系统、汉化的高级计算机语言和应用软件，利用计算机进行应用文写作，就变得非常方便。

我国应用文写作的历史，历经3000多年，在社会的进步和发展过程中，发挥了重要作用。认真总结应用文写作的历史经验，有助于提高应用文写作水平，充分发挥其在社会主义物质文明和精神文明建设中的作用。

二、应用文的特点及种类

(一)应用文的主要特点

1. 以实用性为目的

应用文与常用文体的最大区别，就在于它有明确的实用性。常用文体的写作能给读者以审美享受，有认识生活、陶冶情操的功能，但很难立即解决现实生活中的实际问题。应用文的写作目的重在应用，为了解决实际问题，具有很明确的实用性。例如，写一则新闻，能达到传递消息的目的；写一份公文，能发挥其管理职能。任何一篇应用文都有特定的事由和需要解决的实际问题，目的明确，针对性强，与实际生活、工作要求密切相关。它具有实事求是地反映客观事物、解决实际问题的实用价值。

2. 以真实性为基础

文学写作可以虚构，可以进行艺术加工，所写的人与事，不可能与生活中的原型一模一样，而是更富典型性、更具概括力，这样才能反映生活的本质。但应用文则不同，应用文中所涉及的人与事必须真实，包括情节、数字、细节，绝不允许有虚构和夸张，否则，就不能达到解决现实生活中实际问题的目的，还会给工作造成很大损失。例如，发布法规、传达指示、做出决定的公务文书中，体现的是国家政权的权威性和法规政策的严肃性，决不能有任何不真实之处。又如，经济文书中的商品介绍、贸易商洽，也都要实事求是，否则，以虚假的情况骗取对方一时的信任，终究会带来不良后果。

3. 以时效性为根本

文学作品一般不讲究时效性，作者可以反复推敲，一部长篇小说，可以写几十年。应用文的实用性决定了其时效性，必须讲究时间和效益。随着生活节奏的加快，机关、企事业单位的工作效率也必然加快，而为之服务的应用文必然要求更加迅捷、高效。例如，会议通知，一定要在开会前发出，若会议开过后再写通知，则失去了其效用；写一则新闻，必须及时报道，否则不能称其为"新闻"，而是"旧闻"了。

4. 以规范性为准则

文学作品讲究独创性，力图摆脱模式的束缚，以适应不同读者的审美需要；而应用文为了达到实用目的，则要求按照一定的规范去写作，这样，作者写起来简便快捷，读者看起来一目了然，便于迅速做出判断和反应。由此可见，规范性是实用性在形式上的体现。

在应用文写作中，有些文体的模式是在漫长的历史发展过程中约定俗成的，如书信、条据、日记等，如果不按约定俗成的模式写作，则会贻笑大方；有的则是由权力机关以法规的形式加以认定而形成的，如行政公文、司法文书，如果不按规定格式写作，则会影响文件的传递和办理。应用文写作时必须了解这些规范和程式，不能随意更改。

(二)应用文的分类

应用文广泛应用于各种不同的社会交际领域，因其目的、性质、特点、使用范围、格式的不同而形成众多的文种，现大致划分为以下几类。

1. 公文

公文是指国家机关、社会团体、企事业单位处理公务时使用的文书，包括决议、命令(令)、决定、公报、公告、通告、通知、通报、议案、报告、请示、批复、意见、函、纪要共15种。

2. 事务应用文

事务应用文是指国家机关、社会团体、企事业单位处理内外部事务时使用的文书，包括计划、总结、简报、调查报告等。

3. 日常应用文

日常应用文是指单位和个人在日常生活中所运用的各种应用文书，如一般书信、介绍信、证明信、感谢信、慰问信、申请书、述职报告等。

4. 宣传应用文

宣传应用文是指起宣传、报道、鼓动、介绍作用的应用文书。常用的宣传应用文主要有新闻、通讯、广播稿、演讲稿、解说词等。

5. 法律应用文

法律应用文是指解决企事业单位之间经济纠纷时使用的文书，包括民事起诉状、刑事自诉状、上诉状、申诉状和答辩状等。

6. 经济应用文

经济应用文是指企事业单位处理各类经济事务时使用的文书,包括经济合同、市场预测报告、协议书、招标书、投标书、产品(商品)说明书、商品广告等。

7. 学术应用文

学术应用文是用来表达学科学术研究成果的析理性应用文书,包括实验报告、学术论文、毕业论文、毕业设计报告(说明书)等。

8. 礼仪应用文

礼仪应用文是指一种带有礼仪色彩的应用文书。常用的有欢迎词、欢送词、请柬、聘书、开幕词、闭幕词、贺信、贺词等。

三、学习应用文写作的要求和方法

要学好应用文写作这门课程,应当注意以下三点。

1. 学好理论,指导写作

应用文写作的理论知识对应用文写作实践有具体的指导作用。学习掌握理论知识,正确认识各类应用文的特点和写法,无疑会帮助人们进行写作实践。但是有的人存有偏见,认为实践性强的课程就不必学习理论,只要苦练,就能练出真功夫。事实证明,不学习理论,就不会有理性的提高,做起事来容易走弯路,事倍功半。有的人学习理论,不与实践相结合,就把它束之高阁,想都不去想它,那么理论就不会起作用。有的人上课,记完笔记,下课再也不想看,也属于这类情况。要把知识化为己有,需要认真掌握基本概念,理解本门课程的理论框架,把握其中的规律,这样知识才能转化为能力,在实践中才能应用。

2. 模仿例文,典型引路

应用文写作的学习需要经历模仿、熟悉、自如三个阶段,尤其在各类文种的体式训练中,阅读例文、模仿例文写作是第一步;熟悉应用文的格式,领悟各类文种的写作思路是第二步;反复练习,最终达到写作自如是第三步。因此,对例文的分析和模仿是学习应用文写作的重要途径。例文分析可以使人们从中领悟到具体的写作规律,典型例文可以帮助人们开拓思路、掌握技法。

3. 突出训练,形成技能

将应用文写作知识转化为写作能力,主要依靠有目的、有计划的写作训练。尽管写作能力是各种知识的综合体现,但有重点地针对各文种特点进行训练,对于掌握其基本写作方法是十分有效的。因此,学习本门课程必须重视训练,不要怕麻烦,也不要怕吃苦。那种只想听听课、不想动笔的人,永远也不会有真正的提高。

📖 **思考与练习**

1. 什么是应用文？
2. 简述应用文写作的历史沿革。
3. 应用文有什么特点？
4. 应用文可分为哪几类？
5. 结合实际，谈谈如何提高自己的应用文写作能力。

第二章

公　文

公文即公务文书的简称。人们通常所说的"公文"这个概念，有广义和狭义两种理解。广义的公文是指党政机关、企事业单位及社会团体在公务活动中所使用的各类文字材料；狭义的公文专指行政公文。

行政公文，是国家行政机关公文的简称，是国家机关、企事业单位、社会团体在处理各种公务中形成的，具有特定格式的各种公务文书的统称。它具有高度的政策性、法定的权威性、作者的法定性、体式的规定性和明显的时效性等特点。公文种类主要有命令(令)、通知、通报、公报、公告、决议、决定、报告、请示、批复、通告、意见、议案、函和纪要。

公文按其行文方向，可分为上行文、下行文、平行文。上行文是指下级机关向上级机关呈送的公文，如请示、报告等；下行文是指上级机关向下级机关发送的公文，如命令(令)、决定、通知、通报、批复、意见等；平行文是指向同级机关或不相隶属的机关送交的公文，如函等。

有些公文的行文方向并不十分固定，在不同的情况下有不同的归属，如通知、函等。

公文是具有规范格式的文体，从文面到内容都有比较固定的格式和结构。《办法》第三章规定："公文一般由秘密等级和保密期限、紧急程度、发文机关标识、发文字号、签发人、标题、主送机关、正文、附件说明、成文日期、印章、附注、附件、主题词、抄送机关、印发机关和印发日期等部分组成。"一般将组成公文的各要素划分为文头、主体、文尾三个部分。置于公文首页红色反线以上的各要素统称文头，置于红色反线(不含)以下至主题词(不含)之间的各要素统称主体，置于主题词以下的各要素统称文尾。公文首页版式、公文末页版式见图2-1、图2-2。

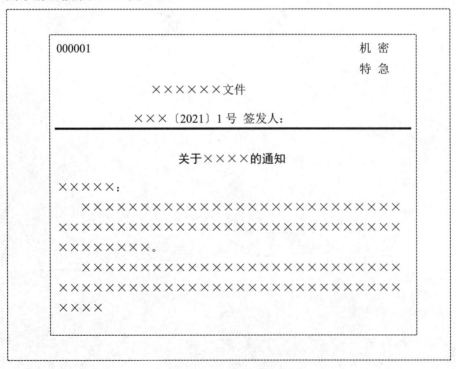

图2-1 公文首页版式

```
            ××××××××××。

      附件：1. ××××××××××
            2. ×××××××××

                         公
                ××××年××月××日
                         章
      (××××××)



  主题词：××  ××  ××
  抄送：××××，××××，××××，×××。

  ××××办公室         ××××年××月××日印发
```

图 2-2 公文末页版式

第一节 命令(令)、议案

一、命令(令)的特点和种类

命令是一种适用于依照有关法律规定发布行政法规和规章、宣布施行重大强制性行政措施、嘉奖有关单位及人员的公文。

命令作为一种指挥性的公文，其发文机构有严格限制。《中华人民共和国宪法》规定，全国人大常务委员会委员长、国家主席、国务院总理、各部部长、各委员会主任和县以上地方人民政府以及其他法定机关的负责人有权发布命令，其他机关不得随意发布命令。

(一)命令(令)的特点

1. 权威性

虽然命令本身不是法律、法规，但是它们可以作为颁布法律、法规的形式。有些公布重大行政措施的命令和发布行政法规的命令具有法律效力，并具有法规的约束作用。

2. 强制性

命令一经发布，有关的下级机关或人员都必须无条件地服从和执行，违抗命令或延误执行，都将受到严肃处理甚至严厉惩罚。

3. 严肃性

命令的文句简洁而准确，语气坚定而严肃，结构严谨而完整，风格质朴而庄重。

(二)命令(令)的种类

从形式分，命令可以分为带附件和不带附件两类。从用途分，命令可以分为发布令、行政令、任免令、嘉奖令、惩戒令等。

1. 发布令

发布令用于发布行政法规与规章，赋予所发布的法规、规章以立即生效并予以施行的法定效力。

2. 行政令

行政令用于采取重大强制性行政措施，实施行政领导与指挥，如《国务院关于在我国统一实行法定计量单位的命令》《国务院关于进行第四次全国人口普查登记的命令》。

3. 任免令

任免令用于任免事项，是任命或免除政府公职人员时所颁发的一种命令。

4. 嘉奖令

嘉奖令是为嘉奖有功人员而颁发的命令。

5. 惩戒令

惩戒令用于惩戒有关人员或撤销下级机关不适当的决定。惩戒令使用很少，一般不轻易使用。

二、命令(令)的结构和写法

1. 标题

命令(令)的标题，一般由发布机关名称、事由、文种三个要素组成。但发布令与任免令的标题可省略事由，只由发布机关名称(或首长职务)与文种两要素组成。

2. 发文字号

发文字号有两种写法。
(1) 由机关代字、年份、发文顺序号三部分组成。
(2) 写命令号，标在标题下面的正中间处。

3. 正文

命令(令)的正文，一般由原由和使命指挥两部分组成。"原由"部分写明发布本命令的原因、理由或依据，"使命指挥"部分写明要求下级机关或有关人员必须遵照执行的使命事项。

上面所讲的，是一般的命令(令)的正文结构，有些特殊的命令，其正文结构不尽相同。例如，公布法律、法规的命令(令)，都是带附件的，它强调的是"原由"，而详细内容则安排在附件中，"使命指挥"也体现在附件中。不带附件的命令，其令文所强调的是"使命指挥"，而"原由"只是说明发布"使命指挥"的原因、理由和根据。任免令是调整机关人事关系的公文，其正文通常比较简短，有时只需一两句话，就是在"原由"部分交代清楚发布该令的根据，在"使命指挥"部分写明任命某人为某职或免除某人某职就可以了。嘉奖令的正文结构，除了有"原由"和"使命指挥"之外，还有一个结尾，在结尾部分，一般要号召大家向被嘉奖的英雄模范人物学习。

4. 签署发令人的职务、姓名及发令日期或盖上发布命令的机关印章

撰写命令(令)，是一件非常严肃的事情，措辞要准确，文句要简明，语气要坚定，言辞要庄严。

三、议案的特点和种类

议案是指向国家权力机关或立法机关提出议事原案。在我国，议案是向全国人民代表大会和各级人民代表大会提出的议事原案。

议案的内容主要有以下几方面。

(1) 关于本行政区内执行国家法律、法令、政策以及上级和本级人民代表大会决议的问题。

(2) 关于执行本行政区域的国民经济计划和财政预算、决策的问题。

(3) 关于本行政区域的政治、经济、文化教育、科技、卫生体育等方面的重大事项。

(4) 关于制定和修改地方性法规的建议。

(5) 关于加强本行政区域各级政府机关建设的重要建议。

(6) 关于广大人民群众迫切需要解决的重大问题以及其他方面的问题。

(一)议案的特点

1. 制作主体的法定性

议案的制作主体只能是各级人民政府。国务院各部委、各直属机构和省、直辖市、县、市、市辖区人民政府各工作部门无权提出议案，因此也不使用议案这一文种。

2. 内容的特定性

根据宪法、地方各级人民代表大会和地方各级人民政府组织法的规定，各级人民政府提出议案的内容必须是属于人民代表大会或者人民代表大会常务委员会职权范围内的问题，超出其职权范围的不能作为议案提出。

3. 很强的时限性

各级人民政府必须在人民代表大会或者人民代表大会常务委员会举行会议的时候提出议案，会议之后提出的不能列为议案。

4. 语言的简明性

议案一般都要有提请审议事项草案和说明材料，所以议案的正文一般都非常简洁明确，语言高度凝练，只需明确写出提请审议的事项即可。

(二)议案的种类

(1) 法律、地方性法规案。提请审议法律案，如《国务院关于提请审议〈中华人民共和国国家安全法(草案)〉的议案》(国函〔1992〕196 号)；提请审议地方性法规案，如《×××省人民政府关于提请审议〈××省城市规划条例(草案)的议案〉》。

(2) 重大事项案，如《国务院关于提请审议兴建长江三峡工程的议案》(国函〔1992〕24 号)。

(3) 机构变动案，如国务院《关于提请审议修改后的国务院机构改革方案的议案》和《国务院关于提请设立中华人民共和国监察部的议案》。

(4) 批准条约案，如《国务院关于提请审议批准两个国际劳工公约的议案》。

(5) 人事任免案，如《国务院关于提请××等两位同志职务任免的议案》(国函〔1991〕10 号)。

(6) 其他事项案。

四、议案的格式与写法

1. 标题

标题通常有两种形式，一种是"发文机关+事由+文种(议案)"，另一种是"事由+文种(议案)"，如国务院《关于提请审议修改后的国务院机构改革的议案》。在议案的标题中，一般都有"提请审议"的字样。议案的标题不应出现"发文机关+文种(议案)"或仅有"议案"的现象，这是不规范的。

2. 主送机关

议案的主送机关是固定的，写在标题之下，左起顶格。正文前用全称或规范化简称明确标出同级人民代表大会或者人民代表大会常务委员会的名称，如"全国人民代表大会""全国人民代表大会常务委员会""省人大""市人大""县人大""省人大常委会""市人大常委会""县人大常委会"。此外，还有两种写法，如"第七届全国人民代表大会第一次会议""第七届全国人民代表大会第二次会议主席团"，这种写法可使受文单位更清楚明确，也是允许的。

3. 正文

正文是议案的主体，包括案据、方案和结语三部分。

"案据"要写明提出议案的事实和道理，要有充分的政策依据、法规依据与事实依据。

"方案"要写明对所提问题的解决途径和办法，对所审议的事项，应提出具体的措施、办法或建议。对于一些提请审议批准条约、法规的议案，其方案有时可只用一句话表达，如"这个草案已经国务院同意"。

"结语"通常以一个表示祈使语气的词语结束全文，根据上文内容，可使用"请审议""请审议决定""现提请审议，并请做出批准的决定""现提请审议""请予审议"等词句。

4. 签署

《中华人民共和国国务院组织法》第五条规定，国务院向全国人民代表大会或者全国人民代表大会常务委员会提出的议案由国务院总理签署。由此推论，地方各级人民政府向同级人民代表大会或者人民代表大会常务委员会提出议案时都应由行政首长签署，一般不署政府机关名称。

首长署名前要冠以职务，如"国务院总理 ×××""省长 ×××""市长×××""县长 ×××""乡长 ×××""镇长 ×××"，首长职务和姓名之间要空一格。

5. 成文时间

成文时间以行政首长签发的日期为准。

【例文 2-1】

中华人民共和国主席令

第十三号

《中华人民共和国国际刑事司法协助法》已由中华人民共和国第十三届全国人民代表大会常务委员会第六次会议于 2018 年 10 月 26 日通过，现予公布，自公布之日起施行。

中华人民共和国主席　习近平
2018 年 10 月 26 日

【简析】

这是一则发布令，颁布了《中华人民共和国国际刑事司法协助法》。该命令行文简洁、庄严，概括地说明了颁布的对象、颁布的依据和实施时间，无多余的议论和赘述，突出了命令文体的权威性。

【例文 2-2】

关于提请审议《北京市人民代表大会常务委员会
关于修改〈北京市市容环境卫生条例〉的决定(草案)》的议案

北京市人民代表大会常务委员会：

为了进一步治理影响市容环境卫生的行为，提升首都文明形象，结合本市实际情况，法制委员会起草了《北京市人民代表大会常务委员会关于修改〈北京市市容环境卫生条例〉的决定(草案)》，经北京市第十五届人民代表大会常务委员会第五十次主任会议讨论，决定提请市人大常委会审议。

附件：(略)

北京市第十五届人民代表大会法制委员会
2020 年 4 月 9 日

【简析】

这是一则提请审议法规的议案,案据充分,格式规范。

思考与练习

一、名词解释

1. 命令   2. 议案   3. 公文

二、填空题

1. 命令的种类主要有_____、_____、_____等。
2. 议案的提出者为_____。
3. 议案通常以发文机关_____的名义签署。
4. 公文的标题一般由_____、_____和_____组成。
5. 公文的发文字号由_____、_____和_____三部分组成。
6. 按行文关系,行政公文可分为_____、_____和_____三类。
7. 行政公文可分为_____类_____种。
8. 行政公文的主题词是代表公文_____,说明公文_____和_____的最关键性的词语。

三、简答题

1. 公文有什么特点?
2. 议案内容的特定性是指什么?
3. 命令的特点是什么?

第二节　决定、意见

一、决定的特点和种类

决定是一种对重要事项或者重大行动做出安排,奖惩有关单位及人员,变更或者撤销下级机关不适当的决定事项的公文。

(一)决定的特点

1. 指示性

决定是决议性的下行公文,具有指示性。上级的决定一经传达,下级就要贯彻执行。

2. 明确性

决定还具有明确性。决定中做出的安排,其时间、目的、要求等必须明确,不能模棱两可。

3. 说理性

决定具有一定的说理性。有的决定是上级提出的主张,它要告诉有关单位和人员应该怎样做,不应该怎样做,并说明原因。

(二) 决定的种类

1. 处置性决定

处置性决定就是处理、布置并告知具体事项的决定，其内容有表彰先进、处理问题、设置机构、安排人事等。这些决定有的是由机关发出的，有的是由会议发出的。

2. 公布性决定

公布性决定就是由会议直接公布某个议案的具体内容的决定，或直接公布某一机构对某一问题的处理决定。

3. 部署性决定

部署性决定就是对重大行动做出安排的决定。这些决定，有的是由机关直接发出的；有些特别重大的行动，是由机关制文并经会议讨论通过后方可发出。

二、决定的格式与写法

1. 标题及标题下标示

决定的标题，一般应包括发文机关、事由、文种三要素，并在标题下标明成文时间。如：

中共上海市委关于表彰上海市先进
基层党组织和优秀共产党员的决定
(二〇〇三年六月三十日)

有些表彰先进或处理问题的决定，也可以把成文时间标在正文后面，而不是标在标题下。有些决定，其标题还可以由事由与文种两要素组成，如教育部发出的《关于批准2001年普通高等学校国家级优秀教学成果获奖项目的决定》。

由会议发出的决定，其标题应写会议全称、事由和文种三个要素，并在标题下标明什么时间什么会议(全称)通过。

2. 主送机关

如果该决定是在一定范围内发送的，要写主送机关。如果该决定属于普发性公文，一般可不写主送机关。

3. 正文

决定的正文，一般由原因与事项两部分组成。"原因"部分要简明扼要地写明做出这一决定的依据与理由。"事项"部分要直截了当地写明所决定的具体事项。有些表彰先进、处理问题的决定，其正文在事项写完之后，还要加一段号召，如《上海市人民政府关于表彰2002年度上海市科学技术进步奖获奖项目的决定》，其最后一段就是号召："希望全市各有关部门、单位和全市科技工作者向获奖者学习，继续发挥科学技术是第一生产力和先进生产力的作用，加强基础研究和应用基础研究，发展高新技术，提高原始性创新能力，掌握更多的自主知识产权，努力抢占科技制高点，大力培育经济增长点，为走通'华山天险一条路'，促进本市科技、经济的跨越式发展作出贡献。"

撰写决定时，对所决定的事项，根据要充分，所决定的事项要完整周密，表述要简明扼要，用语要十分准确，以便贯彻执行。表彰、处分等决定对人和事的评价要实事求是，恰如其分。

【例文2-3】

关于表彰××××年度先进集体、先进个人的决定

局机关各科室、下属各单位：

××××年，在县委县政府的正确领导下，局党组带领全局广大干部、职工紧紧围绕中心工作，凝心聚力、真抓实干、勇于创新、敢于担当，开创了我县综合行政执法工作的新局面。同时，涌现出一批先进集体和先进个人。为鼓励先进、树立榜样，更好地激发干部、职工的做事热情，经局党组研究，决定对×××、×××等先进集体和×××、×××等先进个人予以通报表彰。

希望受表彰的先进集体、先进个人珍惜荣誉、再接再厉，继续发扬模范表率作用。其他干部、职工要以先进为榜样，不忘初心、牢记使命、坚定信心、奋勇争先，为现代化建设做出更大贡献！

附件：先进集体、先进个人名单

中共×××县综合行政执法局党组
××××年××月××日

【简析】

这是一篇处置性决定，写明表彰的对象、目的和希望，内容条理清晰，准确简明。

三、意见的特点和种类

意见是一种对重要问题提出见解和处理办法的公文。

(一)意见的特点

意见属于可多个方向行文的公文，由领导机关或主管部门就某一问题提出意见，有关部门必须认真贯彻执行，不能当作一般参考来对待。意见的内容偏重于原则的阐述，具有普遍的指导意义。意见在提出处理问题的办法时，为使有关机关能够遵循，一般规定得比较具体，具有可操作性。

(二)意见的种类

1. 转发性意见和直发性意见

按行文方式来分，意见可分为转发性意见和直发性意见两种。

主管部门就自己主管的工作提出了指导性的意见，但由于与执行单位没有隶属关系，不能直接行文，于是先呈报给执行单位的上级机关，再由上级机关批转给有关单位执行，这类意见就叫转发性意见。上级机关对下属机关的工作提出指导意见，由于是领导与被领导关系，可以直接下达，这类意见就叫直发性意见。

2. 指示性意见和计划性意见

按性质、内容来分，意见可分为指示性意见和计划性意见两种。

指示性意见用于上级机关或有关主管部门阐述和说明开展某项工作的基本思想、原则、要求等，对工作进行原则性指导。计划性意见用于上级机关或业务主管部门制定开展某项工作的部署、要求、安排和具体措施等，带有工作计划的一些特点。

四、意见的格式与写法

1. 标题

意见的标题常由发文机关、事由、文件三要素组成，如《上海市人民政府关于加快本市民政事业发展的若干意见》。有时也可省略发文机关，如《关于本市宣传贯彻〈国家通用语言文字法〉的意见》。

2. 主送机关

经上级批转下发的意见，因主送机关已标注在批转通知中，故无须再标注主送机关。

直接下发的意见，需要标注主送机关。因下属的单位较多，主送机关也可能是多个。

3. 正文

(1) 前言。意见的正文，一般先写前言。前言可有选择地写明以下内容：①说明提出意见的目的；②交代提出意见的依据；③阐述布置工作的意义和重要性。

(2) 主体。前言写完以后，接下来要写主体部分。如果是指示性意见，主体部分要写出意见的具体内容，包括明确工作任务，阐明对此工作应有的基本认识，提出原则性的要求、政策性的措施、处理的办法等。为了使表达有条理性，一般采用分层、分段前加序号与小标题的写法。如果是计划性意见，主体部分要写明目标、措施、步骤三项内容。

(3) 结尾。局部性意见大多没有专设的结尾段落，最后一个条款写完了就不再写下去，自然结束。内容多、篇幅长的意见也可以有结尾段落，提出号召、希望和督查要求，也可以有一些必要的补充。

4. 发文机关印章与发文日期

直接下发的意见，一般都在文后盖上发文机关印章和写上发文日期。由上级机关用通知等公文批转(或印发)的意见，发文机关和成文日期均见于通知。意见本身不需要再在正文之后盖上发文机关印章和写上成文日期。

五、意见的写作要求

(1) 撰写意见，要以有关政策为依据。因此，在执笔成文之前，撰稿者要认真学习研究有关方针、政策、法令、法规，避免写出的意见与有关文件精神相违背。

(2) 意见的内容，要针对实际工作中的问题与现实需要，有的放矢地提出具有可行性和预见性的政策。

(3) 意见的提出要实事求是，切实可行。提出的措施、办法要合理，符合下情，制订的计划指标要留有余地,要允许下级机关或有关部门结合本单位的实际情况,在不违背原则的前提下因地制宜地去灵活执行。

【例文2-4】

国务院办公厅关于支持多渠道灵活就业的意见

国办发〔2020〕27号

各省、自治区、直辖市人民政府,国务院各部委、各直属机构:

个体经营、非全日制以及新就业形态等灵活多样的就业方式,是劳动者就业增收的重要途径,对拓宽就业新渠道、培育发展新动能具有重要作用。为全面强化稳就业举措,落实保居民就业任务,经国务院同意,现就支持多渠道灵活就业提出以下意见。

一、总体要求

以习近平新时代中国特色社会主义思想为指导,全面贯彻党的十九大和十九届二中、三中、四中全会精神,坚持以人民为中心的发展思想,把支持灵活就业作为稳就业和保居民就业的重要举措,坚持市场引领和政府引导并重、放开搞活和规范有序并举,顺势而为、补齐短板,因地制宜、因城施策,清理取消对灵活就业的不合理限制,强化政策服务供给,创造更多灵活就业机会,激发劳动者创业活力和创新潜能,鼓励自谋职业、自主创业,全力以赴稳定就业大局。

二、拓宽灵活就业发展渠道

(一)鼓励个体经营发展。持续深化商事制度改革,提供便捷高效的咨询、注册服务。引导劳动者以市场为导向,依法自主选择经营范围。鼓励劳动者创办投资小、见效快、易转型、风险小的小规模经济实体。支持发展各类特色小店,完善基础设施,增加商业资源供给。对下岗失业人员、高校毕业生、农民工、就业困难人员等重点群体从事个体经营的,按规定给予创业担保贷款、税收优惠、创业补贴等政策支持。(财政部、人力资源和社会保障部、商务部、人民银行、国家税务总局、市场监管总局等按职责分工负责)

(二)增加非全日制就业机会。落实财政、金融等针对性扶持政策,推动非全日制劳动者较为集中的保洁绿化、批发零售、建筑装修等行业提质扩容。增强养老、托幼、心理疏导和社会工作等社区服务业的吸纳就业能力。加强对非全日制劳动者的政策支持,对就业困难人员、离校两年内未就业高校毕业生从事非全日制等工作的,按规定给予社会保险补贴。(民政部、财政部、人力资源和社会保障部、住房和城乡建设部、商务部、人民银行等按职责分工负责)

(三)支持发展新就业形态。实施包容审慎监管,促进数字经济、平台经济健康发展,加快推动网络零售、移动出行、线上教育培训、互联网医疗、在线娱乐等行业发展,为劳动者居家就业、远程办公、兼职就业创造条件。合理设定互联网平台经济及其他新业态新模式监管规则,鼓励互联网平台企业、中介服务机构等降低服务费、加盟管理费等费用。创造更多灵活就业岗位,吸纳更多劳动者就业。(国家发展改革委、教育部、工业和信息化部、人力资源和社会保障部、交通运输部、商务部、文化和旅游部、国家卫生健康委、市场监管总局等按职责分工负责)

三、优化自主创业环境

(四)加强审批管理服务。开通行业准入办理绿色通道,对需要办理相关行业准入许可的，实行多部门联合办公、一站式审批。在政府指定的场所和时间内销售农副产品、日常生活用品，或者个人利用自己的技能从事依法无须取得许可的便民劳务活动，无须办理营业执照。加大"放管服"改革力度，引导劳动者规范有序经营。(市场监管总局和地方各级人民政府按职责分工负责)

(五)取消部分收费。取消涉及灵活就业的行政事业性收费，对经批准占道经营的免征城市道路占用费。建立公开投诉举报渠道，依法查处违规收费行为。(财政部、住房和城乡建设部、市场监管总局和地方各级人民政府按职责分工负责)

(六)提供低成本场地支持。落实阶段性减免国有房产租金政策，鼓励各类业主减免或缓收房租，帮助个体经营者等灵活就业人员减轻房租负担。有条件的地方可将社区综合服务设施闲置空间、非必要办公空间改造为免费经营场地，优先向下岗失业人员、高校毕业生、农民工、就业困难人员提供。(国家发展改革委、民政部、住房和城乡建设部、地方各级人民政府按职责分工负责)

四、加大对灵活就业保障支持

(七)推动新职业发布和应用。密切跟踪经济社会发展、互联网技术应用和职业活动新变化，广泛征求社会各方面对新职业的意见建议，动态发布社会需要的新职业、更新职业分类，引导直播销售、网约配送、社群健康等更多新就业形态发展。及时制定新职业标准，推出新职业培训课程。完善统计监测制度，探索建立新就业形态统计监测指标。(人力资源和社会保障部、国家统计局等负责。列第一位者为牵头单位，下同)

(八)开展针对性培训。将有创业意愿的灵活就业人员纳入创业培训范围，组织开展开办店铺、市场分析、经营策略等方面的创业培训，促进提升创业能力和创业成功率。支持各类院校、培训机构、互联网平台企业，更多组织开展养老、托幼、家政、餐饮、维修、美容美发等技能培训和新兴产业、先进制造业、现代服务业等领域新职业技能培训，推进线上线下结合，灵活安排培训时间和培训方式，按规定落实职业培训补贴和培训期间生活费补贴，增强劳动者就业能力。(人力资源和社会保障部、教育部、财政部等负责)

(九)优化人力资源服务。把灵活就业岗位供求信息纳入公共就业服务范围，开设灵活就业专区专栏，免费发布供求信息，按需组织专场招聘，送岗位进基层进社区，提供职业指导等服务。指导企业规范开展用工余缺调剂，帮助有"共享用工"需求的企业精准、高效地匹配人力资源。有条件的城市可选择交通便利、人员求职集中的地点设立劳务市场或零工市场，组织劳务对接洽谈，加强疫情防控、秩序维护和安全管理。鼓励各类人力资源服务机构为灵活就业人员提供规范有序的求职招聘、技能培训、人力资源外包等专业化服务，按规定给予就业创业服务补助。(人力资源和社会保障部、财政部等负责)

(十)维护劳动保障权益。研究制定平台就业劳动保障政策，明确互联网平台企业在劳动者权益保护方面的责任，引导互联网平台企业、关联企业与劳动者协商确定劳动报酬、休息休假、职业安全保障等事项，引导产业(行业、地方)工会与行业协会或行业企业代表协商制定行业劳动定额标准、工时标准、奖惩办法等行业规范。依法纠正拖欠劳动报酬等违法违规行为。持续深入推进工程建设领域农民工按项目参加工伤保险，有针对性地做好工伤预防工作。(人力资源和社会保障部、应急部、全国总工会等按职责分工负责)

(十一)加大对困难灵活就业人员帮扶力度。2020年缴纳基本养老保险费确有困难的灵活就业人员，可按规定自愿暂缓缴费。对符合条件的灵活就业人员，及时按规定纳入最低

生活保障、临时救助范围。(民政部、财政部、人力资源和社会保障部、国家税务总局等按职责分工负责)

五、切实加强组织实施

(十二)强化组织领导。地方各级人民政府特别是市、县级人民政府要切实履行稳就业主体责任,把支持多渠道灵活就业作为就业工作重要内容,结合实际创新工作举措,加强规范引导,完善监督管理,促进灵活就业健康发展。各级人民政府要统筹用好就业补助资金和其他稳就业、保就业的资金,保障灵活就业扶持政策落实。各有关部门要同向发力、分工合作,坚持问题导向,完善政策措施,共同破解工作难题。(各有关部门、单位和地方各级人民政府按职责分工负责)

(十三)加强激励督导。各地区各有关部门要加强督促检查和政策实施情况评估,狠抓政策落实,简化手续,提高效率,确保灵活就业人员便捷享受各项支持政策和就业创业服务。将支持多渠道灵活就业有关工作纳入文明城市创建和测评内容。对灵活就业政策落实好、发展环境优、工作成效显著的城市,优先纳入创业型城市创建范围。(中央文明办、人力资源和社会保障部和地方各级人民政府按职责分工负责)

(十四)注重舆论引导。充分利用各种宣传渠道和媒介,大力宣传支持灵活就业的政策措施和典型做法,宣传自主就业创业和灵活就业的典型事迹。建立舆情监测和处置机制,积极主动回应社会关切,营造良好舆论氛围。(各有关部门、单位和地方各级人民政府按职责分工负责)

国务院办公厅
2020 年 7 月 28 日

【简析】

这是一篇指示性意见,提出了工作要求和措施。条理性强,行文规范。

思考与练习

一、名词解释

1. 意见   2. 决定

二、填空题

1. 决定的特点有_____、_____、_____。
2. 决定分为_____、_____、_____三类。
3. 按行文方式来分,意见可分为_____和_____两种。
4. 按性质、内容来分,意见可分为_____和_____两种。

三、简答题

1. 撰写决定有哪些注意事项?
2. 意见的写作要求有哪些?

四、写作训练

某大学秘书 2000 级学生张三,入学以来不认真学习,经常旷课,多次打架斗殴。今年 12 月 5 日,张三喝醉酒回宿舍开门时,被同宿舍黄四同学不小心撞了一下,张三即大打出手,将黄四打成重伤。

试根据上述材料,以学校名义拟一处分决定。字数在 400 字以内。

第三节　公告、通告

一、公告的特点和种类

(一)公告的特点

公告是一种适用于向国内外宣布重要事项或者法定事项的公文。

公告属于公开宣布的告晓性公文，主要用于公布宪法、国家重要领导人出访、任免、逝世以及其他一些国家重大事项等，通常在报纸、电视台、电台发布。此外，司法机关、税务、海关、新华社等机关也可用公告的形式宣布有关规定或决定的事项。

在公布性文件中，公告公布的范围最广泛。它可以在世界范围内予以公布，而且行文庄重，态度严肃，其制作者一般为党和国家的领导机关及领导人。基层单位对一些具体事项不宜使用公告来公布。

(二)公告的种类

公告按其性质、内容和发布机关的不同，一般可以分为国家事项公告和司法公告。

国家事项公告，是宣布关系国家政治、经济、军事等方面的重要事项的公告。司法公告，则是由司法机关依照法律的有关规定发布重要的事项时使用的公告。《中华人民共和国诉讼法(试行)》规定，人民法院送交诉讼文书，无法送达本人或代书人时，可以发布公告发送；法院强制迁出房屋或者强制退还土地，要发布公告，通知被执行者限期履行；法院公开审理有关案件时，要事先发布公告，说明当事人姓名、案由和开庭时间、地点，等等。

二、公告的格式与写法

1. 标题

公告的标题，大多采用"发文机关名称+公告"的形式，如《中华人民共和国外交部公告》；少数也采用"发文机关名称+事由+公告"的形式，如《中国人民银行关于调整储蓄利率的公告》。

2. 正文

公告的正文，一般由公告缘由、公告事项和公告结语三部分内容组成。

公告缘由也叫公告依据，常常用一两句话交代，即要写出根据什么会议或规定发布本公告。

公告事项是公告的核心部分，要写明公告的具体内容。如果内容较多，可采用分条列项的形式。文字要求简明、具体、准确，一般不需加分析与评论。

公告结语可写可不写。如需写结语，则用"特此公告""现予公告"等规范性的语言。

3. 印章和发布日期

公告印章和发布日期的格式与其他公文相同。发布日期也可以写在标题之下。

【例文2-5】

国务院第七次全国人口普查领导小组办公室
公　　告
〔2020〕3号

根据《中华人民共和国统计法》和《全国人口普查条例》规定，国务院决定于2020年开展第七次全国人口普查。现将有关事项公告如下：

一、普查对象：普查标准时点在中华人民共和国境内的自然人以及在中华人民共和国境外但未定居的中国公民，不包括在中华人民共和国境内短期停留的境外人员。

二、普查内容：姓名、身份证号码、性别、年龄、民族、受教育程度、行业、职业、迁移流动、婚姻生育、死亡、住房情况等。

三、普查时间：普查标准时点是2020年11月1日零时。入户工作时间是2020年10月11日至12月10日。

四、普查方式：由政府人口普查机构派普查员到住户家中进行登记，或由住户自主填报普查短表。普查员、普查指导员入户登记时应出示县级以上人民政府人口普查机构统一颁发的工作证件。

五、依据《中华人民共和国统计法》和《全国人口普查条例》的规定，公民有义务配合人口普查，如实提供普查所需资料。各级普查机构及其工作人员，对普查对象的个人信息必须严格保密。

六、地方各级人民政府、各部门、各单位及其负责人，各级普查机构和普查人员在普查工作中如有违法行为，将依法依规追究相关法律责任。人口普查对象阻碍普查机构和普查人员依法开展人口普查工作，构成违反治安管理行为的，将由公安机关依法给予处罚。

请社会各界及全体普查对象，积极支持配合第七次全国人口普查工作。

国务院第七次全国人口普查
领导小组办公室
2020年10月

【简析】

这是一则国家事项类的公告，是由国务院第七次全国人口普查领导小组办公室向社会各界及全体普查对象郑重宣布的重要事项，写明了公告的具体内容，文字简要、明确，格式规范。

【例文2-6】

交通运输部、海关总署、外交部公告

为切实维护国际航行船舶的船员身体健康，防止新冠肺炎疫情通过国际航行船舶、船员跨境传播，依据《中华人民共和国国境卫生检疫法》《中华人民共和国突发事件应对法》《中华人民共和国海上交通安全法》等有关规定，现就有关事项公告如下：

一、本公告内容适用于所有拟来华的国际航行船舶。

二、本公告适用船舶在来华前一港口或地点和来华到港前 14 日内更换船员的，换班登船船员应在上船前 3 天内完成新冠肺炎核酸检测，并持新冠肺炎核酸检测阴性证明上船。检测应在中国驻外使领馆指定或认可的机构进行。

三、本公告适用船舶在办理抵华第一港入港手续时，应按要求通过船舶、其所属航运公司或其船舶代理机构提交来华前一港口或地点和来华到港前 14 日内新换班登船船员新冠肺炎核酸检测阴性证明的副本。

四、本公告适用船舶违反本公告要求和违反中华人民共和国相关法律法规规定的，将可能导致该船在华靠离港或作业受阻，情节严重的，将可能因此依法承担行政法律责任。来华前一港口或地点和来华到港前 14 日内新换班登船船员因不持有或持有虚假新冠肺炎核酸检测阴性证明来华，并在中华人民共和国境内引起新冠肺炎疫情传播或者有引起新冠肺炎疫情传播危险的，将可能因此依法承担刑事责任。

本公告自发布之日起施行。

特此公告。

交通运输部
海关总署
外交部
2020 年 9 月 24 日

【简析】

这是一则国家重要事项类的公告，是由交通运输部、海关总署、外交部代表国家向国内外郑重宣布的重要事项，体现了公告这种文体的告知性、庄重性的特点。

三、通告的特点和种类

(一)通告的特点

通告是一种适用于在一定范围内公布应当遵守或者周知事项的公文。

通告既具有告知性，又具有法规性，在某种情况下还具有法律效力与行政约束力。

(二)通告的种类

1. 知照性通告

知照性通知，即告知一些应当知道或需要遵守的简单事项通告，如《中华人民共和国公安部关于在全国实施居民身份证使用和查验制度的通告》。

2. 办理性通告

办理性通告，即办理一些例行事项通告，其内容如注册、登记、年检等。

3. 行止性通告

行止性通告，即公布一些令行禁止类事项的通告，其内容如查禁淫秽书画、收缴非法枪支、加强交通管理、查处违禁物品等。

四、通告的格式与写法

1. 标题

通告的标题，有三种组成方式：①发文机关+事由+文种，如《中华人民共和国公安部关于收缴非法持有的枪支弹药的通告》；②发文机关+文种，如《北京公安交通管理局通告》；③事由+文种，如某高校发出的《关于禁止学生酗酒的通告》

2. 正文

通告正文，一般包括通告缘由、通告事项或通告规定、通告结语三部分内容。

(1) 通告缘由。这部分要写明发布本通告的原因、依据和目的，要求说理充分、文字简明。末句用"特通告如下"或"现将有关事项通告如下"等惯用语引起下文。

(2) 通告事项或通告规定。这部分是正文的核心，要具体写明本通告的有关事项和有关规定。如果事项或规定的内容较多，可用分条列项的办法写出，一条写一个内容，文字表达要准确、严谨、通俗，语气要坚定、严肃。

(3) 通告结语。这部分要简明扼要地提出执行日期、措施及希望、要求等，或采用"特此通告"等惯用语作为结尾。有些通告，也可以没有结语。

3. 印章与发布日期

通告印章与发布日期的格式与其他公文相同。有的通告，发布日期也可以写在标题之下。

五、通告与公告的区别

通告与公告相比较，有共同点，即都属于告知性公文，但两者也有区别。

1. 宣布的事项不同

通告用于宣布一般性事项，宣布应当遵守或遵照办理的事项；公告则只用于宣布重大事件，是具有特定用途的公文。

2. 公布的范围不同

通告在国内一定范围内公布；而公告不仅向国内公布，也向国外公布。

3. 发文机关不同

通告可以由各级政府机关发布；而公告只能由中央最高权力机关和最高管理机关发布。

【例文 2-7】

通 告

根据广安市人民政府办公室《关于印发广安市主城区巡游出租汽车车辆经营权到期重新投放方案的通知》(广安府办函〔2019〕96 号)精神，原个体单车入股经营者有权对我公司其中一辆出租汽车入股，入股截止期限为 2019 年 12 月 31 日。请您于 2019 年 12 月 31 日 18 时前到我公司签订入股协议，若逾期未签，则视为自动放弃，我公司将按照有关规定处理。

特此通告。

广安市广泰公共交通有限责任公司
广安红岩旅行社有限公司
2019 年 12 月 28 日

【简析】

这是一则办理性通告，文字简洁、明确，语气肯定、严肃，具有很强的约束性。

思考与练习

一、名词解释

1. 公告 2. 通告

二、填空题

1. 将下面内容填写完整

(1) 公告是一种适用于向_____宣布重要事项或者法定事项的公文。

(2) 通告是一种适用于在_____公布应当遵守或者周知的事项的公文。

(3) 公告按其性质、内容和发布机关的不同，一般可以分为_____公告和_____公告。

(4) 公告的制作者一般为_____的领导机关及领导人。

2. 为下面标题填写适当的文种(公告、通告)

(1) 中华人民共和国全国人民代表大会_____

(2) ××市交通管理局_____

(3) 国家税务局关于加强发票管理的_____

(4) 国务院关于保障民用航空安全的_____

(5) 中华人民共和国国务院_____

(6) 财政部关于 1993 年国债还本付息的_____

三、判断题

(1) ××百货公司告知公众优惠出售部分名优产品，使用公告。　　　　(　　)

(2) 国家税务局关于加强发票管理的通告。　　　　　　　　　　　　(　　)

(3) 中华人民共和国国家进出口商品检验局公告。　　　　　　　　　(　　)

四、简答题

(1) 公告与通告有何区别？

(2) 公告适用的范围有哪些？

第四节　通知、通报

一、通知的特点和种类

(一)通知的特点

通知是批转下级机关公文、转发上级机关和不相隶属机关的公文、传达要求下级机关办理和有关单位需要周知或执行的事项、任免人员时使用的公文。通知具有以下特点。

1. 广泛性

在所有公文中，通知的使用范围是最广泛的。任何一级机关、企事业单位、群众团体，无论是上级领导机关的重要决策，还是日常的行政工作，都可以使用通知这一文体。

2. 使用频率高

因为通知的适用范围广泛，行文简便，写法多样，所以在现行公文中使用频率最高。

3. 种类多

通知按其内容性质分，有发布性通知、批示性通知、指示性通知、一般事务告知性通知、会议通知、任免通知等。

(二)通知的种类

1. 发布性通知

发布性通知是上级机关发布一般行政法规、条例、办法等公文时所用的通知。

2. 批示性通知

批示性通知包括批转和转发两种形式。

(1) 批转通知，用于上级机关单位认为某一下级机关单位上报的报告或其他文件，具有普遍意义，于是对下级机关单位的文件加上批语，用通知的形式发给所属各下级机关单位，做工作借鉴、参考或执行。

(2) 转发通知，即上级机关单位、同级机关单位或不相隶属机关单位发来的公文，对本机关所属下级机关单位具有指示、指导或参考作用，加上按语，用通知的形式转发给下级机关。

3. 指示性通知

指示性通知是对下级机关工作有所指示和安排，而根据公文内容不适宜用"命令"和"指示"行文的，可用"通知"。

4. 一般事务告知性通知

一般事务告知性通知主要用来将最近决定的有关事项告知受文单位，如人事调整、机构的设立及撤销、机关单位隶属关系变更等。

5. 会议通知

会议通知是召开比较重要的会议之前,把有关事项告知给有关单位和人员时使用的通知。

6. 任免通知

上级机关在任免下级机关的领导人或上级机关的有关任免事项需要下级机关知道时,要发任免通知,如《××大学关于李××等三位同志担任处长职务的通知》。

二、通知的结构和写法

1. 标题

通知的标题一般有两种写法:①完全式标题,即由发文机关、事由和文种构成,如《国务院关于清理检查"小金库"的通知》。②由事由和文种构成,如某大学教务处发布的《关于做好期中教学检查工作的通知》。如果通知的内容紧急,可在标题中的"通知"前加上"紧急"两字,如《湖北省人民政府关于抗洪救灾的紧急通知》。

发布性通知标题中的"事由"一项,由"关于颁布""关于发布""关于实施""关于印发"等词与原文名称(不省略书名号)组成。

批示性通知的标题,一般要写"发文机关、事由和文种"三个要素(若被批转或转发的公文文种也是通知,为简明起见,可以省略文种一项),其中事由一项又有两种写法。

(1) 由"批转"或"转发"二字与省略书名号的原文名称组成,如《国务院办公厅转发全国妇幼卫生工作会议纪要的通知》。

(2) 由于原文标题较长,可由"关于转发"或"关于批转"四字与原文编号加"文件"二字组成,如《××省人民政府关于转发国发〔2003〕8号文件的通知》。

2. 主送机关

通知通常有特定的受文者,要标明主送机关。有些在大众媒介上发布的告知性通知,因受文范围广泛,可不写主送单位名称。主送机关在标题下、正文前顶格书写。

3. 正文

通知的正文一般包括前言、主体、结尾三部分。

通知的前言应写明发通知的原因、根据和目的。主体要求使用叙述性的语言,将通知有关的事项简明扼要地交代清楚。根据其内容情况,主体内容可篇段合一,也可多段行文或分条列项写出。通知的结尾一般提出号召、希望、要求等。不同种类的通知的正文写法也不完全相同。

(1) 批示性通知,正文一般包括转发对象和批示意见两部分。转发对象部分要写明被转发的公文的名称及原发文单位名称。批示意见根据实际情况,可长可短。此外,还要分别表明转发的目的,如要求下级"参照执行""遵照执行""研究执行""认真贯彻执行"等。

(2) 指示性通知的事项内容一般较丰富,要分条列项地写,具体地提出要求和措施、办法。指示要明确,要切合实际。

(3) 会议通知，正文一般包括召开会议的机关、会议名称、会议起止时间、地点、会议内容和任务、参加会议人员的条件和人数、报到时间及地点、与会人员所携带的文件材料等内容。

4. 落款和发文日期

通知落款的写法，与其他公文落款的格式基本相同。如果发文机关的名称在标题中已经写明，正文之后也可以不写落款，但应加盖机关印章。发文日期可写在全文末尾的右下方，有的也可以提前，置于标题之下。

三、通知的写作要求

拟写通知，主题要集中，重点要突出，措施要具体，并且还要讲求时效，不要贻误时机。

【例文2-8】

国务院办公厅关于延长2020年
春节假期的通知

国办发明电〔2020〕1号

各省、自治区、直辖市人民政府，国务院各部委、各直属机构：

经国务院批准，为加强新型冠状病毒感染的肺炎疫情防控工作，有效减少人员聚集，阻断疫情传播，更好地保障人民群众生命安全和身体健康，现将延长2020年春节假期的具体安排通知如下。

一、延长2020年春节假期至2月2日(农历正月初九，星期日)，2月3日(星期一)起正常上班。

二、各地大专院校、中小学、幼儿园推迟开学，具体时间由教育部门另行通知。

三、因疫情防控不能休假的职工，应根据《中华人民共和国劳动法》的规定安排补休，未休假期的工资报酬应按照有关政策保障落实。

国务院办公厅
2020年1月26日

【简析】

这是一则发布性通知。标题由发文机关、事由、文种三部分组成，正文部分说明了发布性通知的目的和要求，发文意图明确。

【例文2-9】

××公司关于地址迁移的通知

我公司已迁至北京市鼓楼西大街甲××号办公。新开户银行：北京市地安门分理处，账号××—××，原来的开户银行及账号于7月1日撤销。

特此通知。

××公司
××××年××月××日

【简析】

这是一则一般事务告知性通知,向人们告知迁移的地点及注意的问题。

四、通报的特点和种类

(一)通报的特点

通报是表彰先进、批评错误、传达重要精神或情况时使用的公文。通报的特点如下所述。

1. 内容的特定性

通报所反映的内容通常是具体的正反典型事例、工作中出现的新情况或有一定影响的事情。

2. 反映事物的典型性

通报内容必须具有典型意义,或在全局性工作中有一定的代表性。

(二)通报的种类

1. 表扬性通报

表扬性通报,主要用于表彰先进,即选择典型,在一定范围内加以表扬,号召大家学习。

2. 批评性通报

批评性通报,主要用于批评错误、揭露问题,处理责任事故,以达到惩戒、教育的目的。

3. 情况通报

情况通报,主要用于传达上级指示或会议精神,通报工作与活动的进展情况及动向、问题。

五、通报的结构和写法

通报一般由标题、主送机关和正文组成。

1. 标题

通报一般为完全式标题,即由发文机关、事由和文种构成。有的通报可省略发文机关,由事由和文种构成,如《关于××情况的通报》。

2. 主送机关

通报一般需要写明主送机关,如果受文范围较广泛,可省略不写。通报的书写格式与其他公文相同。

3. 正文

通报的正文通常由以下几部分组成。

(1) 主要事实。这一部分主要写明典型事例发生的时间、地点、有关人物或单位、事情的主要经过和情节、表现等。叙述事例的文字应详略得当，表述的语言应简洁平实。

(2) 分析事例的教育意义。这一部分应着重指出通报事例的重要意义或严重后果，揭示其中的实质性问题，从现象到理论加以认真分析，使人们对其有较为完整的认识。这部分内容应注意，分析要切合实际，议论要有分寸。

(3) 提出要求。根据实际情况，表明发文机关对事件或人物做出的处理、表彰决定，向下级机关提出要求、应采取的措施和规定。

六、通报的写作要求

1. 及时、快速

通报的内容都是新发生的事件和事情，与推动当前中心工作密切相关，因此，必须不误时机，否则，时过境迁，就会失去通报的价值。

2. 材料必须新颖、典型、具有代表性

通报必须选择新颖、典型、具有代表性的人与事，选择与中心任务有关的重大情况和事项，使人周知，引起重视或警惕，从而对各机关的工作有所启示与推动。

3. 通报的材料必须调查核实

无论是哪种通报，材料都要真实可靠，特别是批评性通报，通常被认为是对被批评者的一种处分形式，因此应特别慎重。通报应力求事实准确，评论要有分寸，以理服人，只有这样才能有说服力，才能起到教育的作用。

【例文 2-10】

关于对全市教育系统先进个人予以表扬的通报

各县(市、区)教育局，市直中小学校及幼儿园：

今年 9 月 10 日是我国第 36 个教师节，是尊师重教的重要节日。隆重庆祝教师节，对于激励广大教师和教育工作者守教育报国初心、担筑梦育人使命具有十分重要的意义。一年来，全市广大教师立足教育教学岗位助力打赢新冠肺炎疫情防控阻击战，开拓创新，奉献教育事业，涌现出一大批先进个人。为弘扬人民教师爱岗敬业和奋斗向上的昂扬斗志，促进教育事业又好又快地发展，现对全市教育系统 197 名先进个人予以通报表扬。

希望受表扬的个人珍惜荣誉，再接再厉，再创佳绩。全市广大教职工要以先进教师为榜样，进一步强化服务意识，立足本职，勤奋工作，提升教育水平，为全面建成小康社会、建设教育强国而努力奋斗。

附：先进个人名单

咸宁市教育局
2020 年 9 月 10 日

【简析】

这是一则表扬性通报。全文分为两部分,第一部分概括介绍先进事迹,第二部分提出号召和希望。该通报文字简洁、概括,材料典型。

【例文 2-11】

关于肥城矿业梁宝寺"8·20"煤尘爆炸事故的通报

各产煤省、自治区、直辖市及新疆生产建设兵团煤矿安全监管部门,各省级煤矿安全监察局:

8月20日,山东能源肥城矿业集团梁宝寺能源有限责任公司井下发生煤尘爆炸事故,造成7人死亡、9人受伤。为深刻吸取事故教训,严防同类事故再次发生,现将有关情况通报如下。

一、事故基本情况

该矿为国有重点煤矿,核定生产能力330万吨/年。主采3煤层,煤尘具有爆炸性。初步分析,事故直接原因是:该矿综放工作面采煤机截割过程中,滚筒截齿与中间巷(工作面内与运输顺槽、回风顺槽平行的煤巷)金属支护材料机械摩擦产生火花,引燃截割中间巷松软煤体扬起的煤尘(悬浮尘),导致煤尘爆炸。

事故暴露出该煤矿及其上级公司重生产、轻安全,没有牢固树立安全红线意识,不履行安全责任,领导干部在风险防控和隐患排查上失职失责,心存侥幸,思想麻痹,酿成严重后果。其具体教训有:一是安全措施不落实。该矿没有按照作业规程和补充措施的规定拆除巷道锚索和钢带,采煤机过中间巷时,锚索和钢带缠绕滚筒,摩擦产生火花。二是防尘管理不到位。该矿未严格按设计进行煤层注水,未对中间巷沉积煤尘进行清扫、冲洗;推采过程中支架间喷雾、放顶煤喷雾使用不正常。三是对重大风险隐患管控治理不力。事故前该工作面在采煤过程中采煤机滚筒曾多次因机械摩擦产生火花,但该矿未认真分析原因、未采取针对性的治理措施。四是开展专项整治流于形式,敷衍了事。该矿在煤矿安全专项整治三年行动中,仅排查出一般性问题、隐患28条,没有排查出存在的重大隐患和突出问题。五是未深刻吸取多次发生事故的惨痛教训,导致事故接连发生。2016年8月15日,该矿发生冲击地压事故,造成2人死亡;2019年11月20日,该矿发生火灾,造成11人被困。

二、有关要求

(1) 牢固树立安全发展理念。各地煤矿安全监管监察部门和煤矿企业要认真贯彻落实习近平总书记关于安全生产重要指示批示精神,坚持人民至上、生命至上,强化底线思维和红线意识,清醒地认识安全生产工作的艰巨性、复杂性。要针对四季度煤矿重特大事故易发多发的特点和煤矿安全生产存在的突出问题,加强研判,主动出击,采取针对性措施,坚决防范和遏制重特大事故。

(2) 深化煤矿安全专项整治三年行动。要紧紧围绕从根本上消除事故隐患的目标任务,以防范和遏制重特大事故为重点,将防范化解重大风险、落实企业安全生产主体责任、开展打非治违、推进落后产能淘汰退出等工作贯穿煤矿安全专项整治三年行动始终,扎实推进煤矿安全治理体系和治理能力现代化。严厉打击超能力、超强度开采、以掘代采、超层越界开采、开采保安煤柱和拒不执行停产停工指令等严重违法违规行为。对违规下达超能力生产指标和效益指标的,要追究相关上级部门和企业集团主要负责人的责任。

(3) 切实加强"一通三防"工作。近5年,煤矿重特大事故中瓦斯事故占比高,"一通三防"依然是煤矿安全的重中之重。要强化瓦斯"零超限"、煤层"零突出"目标管理；严格落实综合防灭火措施；严格落实综合防尘、预防和隔绝煤尘爆炸等措施及管理制度，加强防尘降尘设备及运行的检查维护，确保喷雾降尘运行正常，防止粉尘超标和爆炸。采煤工作面存在中间巷的煤矿，要对开采安全性进行评估论证，不安全的不得进行生产作业。对上半年开展"一通三防"专项监察期间发现的典型违法违规行为、重大隐患以及共性问题整改情况进行"回头看"，严厉查处瓦斯抽采、通风管理、监测监控、瓦斯检查不到位和出现事故征兆后不撤人、冒险作业等行为。

(4) 依法依规开展事故调查处理。责令山东煤矿安监局对该起事故进行提级调查，查明事故原因和该矿及上级公司等存在的相关问题，精准严肃追责；针对事故暴露出的主要问题和教训，认真开展事故警示教育活动；依法依规按程序对相关煤矿企业和其主要负责人实施失信联合惩戒。

请各省级煤矿安全监管部门迅速将本通报精神传达至辖区内所有煤矿。

国家煤矿安监局
2020 年 9 月 11 日

【简析】

这是一则批评性通报，叙述事实简洁清楚，处理决定和提出要求等内容层次清晰，语言表述肯定，有权威性，是比较典型的批评性通报写法。

【例文 2-12】

关于阜新氟产业开发区污水处理厂发生爆炸事故的通报

2020 年 7 月 11 日晚 8 时 40 分左右，阜新氟产业开发区污水处理厂水解酸化车间发生爆炸事故。事故发生后，阜新市委、市政府和阜蒙县委、县政府主要领导、分管领导及应急管理、消防、公安、生态环境等部门第一时间赶赴救援，现场已被有效控制。污水处理厂及邻近周边部分厂房、居民住房玻璃震裂，事故未造成重大财产损失，未造成人员死亡、重伤。两名轻伤人员留医院治疗，十五名人员留院观察，其他送医人员已经离院，事故原因正在调查中。

阜新蒙古族自治县人民政府
2020 年 7 月 12 日凌晨

【简析】

这是一则情况通报，叙述事实简洁清楚，通报了事故发生的时间、地点及进展情况。

思考与练习

一、名词解释

1. 通知　　2. 通报

二、填空题

1. 通报主要用于_____、_____、_____。
2. 通知的特点是_____、_____、_____。
3. 通报的主要表达方法是_____和_____。
4. 批转、转发公文皆可使用_____。
5. ××省人民政府关于××××年 1 至 8 月全省物价情况的_____。

三、简答题

1. 通报的写作有哪些要求？
2. 怎样理解"通知广泛性"这一特点？
3. 根据内容性质的不同，通知可分为哪几类？

四、写作训练

1. 根据下面的材料写一份通报

××××年××月××日，某造纸厂职工刘某在职工宿舍内使用电炉烧水，突然停电，刘某未将插头拔出便离开了宿舍。下午5:00来电，刘某不在场，因电炉长时间烘烤旁边的木床，引起一场火灾。因此厂里给刘某行政记过处分一次，并责令其按价赔偿火灾造成的损失。

2. 根据下列内容拟写一份通知

要求内容齐全，格式正确。无法标明的用××代替。

××省为了贯彻全国农村经济工作会议精神，总结、交流2020年农村经济工作的情况和经验，部署2021年农村经济工作任务，讨论修改农村经济工作管理办法和农业系统反腐倡廉的有关规定，推动全省农业的发展，省委、省政府决定：于2021年2月12日在××市召开全省农村经济工作会议。参加人员为各地(市)、县(市)委书记、行署专员、县(市)长，各地市、州、县农业局局长、省直厅局有关单位负责人。参加人员于2月11日到××市留芳宾馆报到，会期5天。与会单位对2020年深化农村改革、科技兴农、严肃党纪、端正党风、纠正行业不正之风等方面有哪些经验，请写成书面材料带到会上交流。

3. 根据以下材料写一份通报

××××大学××系××级学生张清于××××年5月6日晚9时经过学校广场时发现有5个男青年在对一位女生拉拉扯扯，立即上前制止。那5个男青年见只有张清一人，便上前殴打他，张清不但没有退缩，反而与歹徒进行了激烈的搏斗，胸部、腹部先后被歹徒刺了6刀，仍一直坚持到其他同学闻讯赶来抓住歹徒。学校领导听说并证实这一事件后，决定授予张清"优秀团员"称号，并通报全校。请代拟一份通报。

第五节 报告、请示

一、报告的特点和种类

报告是下级机关向上级机关汇报工作，反映情况，提出意见或建议，答复上级机关询问时使用的公文。

(一)报告的特点

1. 汇报性

报告是下级机关向上级机关反映本机关工作中的基本情况、工作中取得的经验教训、存在的问题以及今后工作的设想等，以使上级机关掌握基本情况、及时对工作进行指导。所以，汇报性是报告的特点之一。

2. 陈述性

报告属于陈述性的上行公文，它是下级机关向上级机关汇报情况、反馈信息、沟通上下级机关纵向联系的一种重要形式。上级机关收到下级机关的报告以后，一般不需批复。行文主要运用叙述的方式，概括地叙述工作的进程与有关动态、建议，直陈其事。报告中有时也适当地加以分析，提出看法，但要求在叙述的基础上采用叙议结合的方式。

(二)报告的种类

1. 工作报告

工作报告是工作进行到一定阶段，以书面形式向上级机关书写的汇报材料。工作报告要把前一阶段某项工作的基本情况、取得的成绩、存在的问题、经验教训阐述清楚，并做出恰当的分析和判断，对下一步工作提出具体意见。

2. 情况报告

情况报告是就某一问题或某一偶发事件，向上级书写的情况汇报。情况报告涉及的内容主要有两方面：一是工作反省方面的，对工作中出现的重大事故或失误，进行认真检查并总结经验教训；二是对公务活动中出现的新情况、新问题写成的书面报告，提供给上级机关了解掌握情况。

3. 呈转报告

呈转报告是下级机关向上级机关提出自己的工作安排、设想和建议，期望得到上级的认可和采纳，转有关单位执行的报告。

呈转报告的作者大多是某项业务的主管机关或部门，报告中提出的解决有关业务问题、处理业务工作的方法、措施等，需有关方面通力合作，但在自己职权范围内，又无权向有关协作单位和部门部署工作。因此，采取呈转的形式向上级领导部门做出报告，提出解决问题、开展工作的建议，待上级批准后，转发到有关单位具体贯彻实施。其结束语是"以上报告如无不妥，请批转有关单位执行"。

4. 答复报告

答复报告是下级机关答复上级机关询问时使用的报告。这种报告简单明了，其内容主要写明答复的依据及答复事项即可。

5. 报送报告

报送报告是下级机关向上级机关报送文件、物件时，随文件、物件写的报告。这种报告的正文内容比较简单，所报送的文件都是报告的附件。

二、报告的基本格式和写法

报告一般由标题、主送机关、正文、落款和日期组成。

1. 标题

报告的标题，通常有两种组成方式：一是完全式标题，由发文机关、事由和文种构成，如《××市爱国卫生运动委员会关于创建国家级卫生城市的报告》；二是由事由和文种构成，省略发文机关，如《全国物价大检查总结报告》。有的报告内容紧急，则在标题中"报告"两字前加上"紧急"字样。

2. 主送机关

写明主送的领导机关名称，在标题下、正文前顶格书写。

3. 正文

报告的正文一般由以下几部分组成。

(1) 报告的缘由。以简要概括的语言，写明报告的原因、依据和目的，要开门见山，直陈其事；而后用"现将有关情况报告如下"等承启语，转入报告主体。

(2) 报告的事实和问题。本部分为报告的核心、主体。要重点写明工作进展情况，采取的措施及取得的成效，存在的问题和不足，对今后工作的意见；或写明事情发生的基本情况，对事情做出准确分析、评价，说明处理结果或提出处理意见，等等。

(3) 结束语。报告的结束语常见的有两种：一是根据报告的事实或问题提出几点建议或意见，供领导参考；二是用"特此报告"或"请指正""请审查"等作为结束语。呈转报告常用"以上报告如无不妥，请予批转执行"等作为结束语。

4. 落款和日期

落款和日期写在正文之后，写法与一般公文相同。

注意：撰写报告，必须掌握实际材料，让事实说话，还要及时报告，不失时机。另外，在报告中不能夹带请示事项。

【例文 2-13】

关于我省清理整顿公司工作的报告

国务院：

我省自××××年××月清理整顿公司以来，坚持既坚决又稳妥的方针，抓紧清理整顿方案的拟订和实施，积极查处了公司违法违纪案件，努力加强公司的建设和管理，基本完成了党中央、国务院赋予我们的任务，达到了预期的目的，现将这项工作情况报告如下：

一、撤并了一批流通领域的公司，解决了公司过多过滥的问题。(略)

二、查处了公司违法违纪案件，整顿了公司的经营秩序。(略)

三、认真做好撤并公司的各项善后工作。(略)

四、加强了公司管理和法规、制度建设。(略)

××省人民政府
××××年××月××日

【简析】

这是一篇工作报告，原文 2000 多字，例文为节选稿。正文开头概括介绍了清理整顿公司的基本做法和效果，并在文种承启语之后，分四个方面，全面报告了清理整顿公司的工作情况。

【例文 2-14】

××市贸易局
关于百货大楼重大火灾事故的报告

省贸易厅：

　　××××年××月××日凌晨 2 时 40 分，我市江南区百货大楼发生重大火灾，经过两个多小时的扑救，于 5 时明火全部被扑灭。该大楼二层楼经营的商品以及柜台、货架、门窗等全部烧毁，直接经济损失达 50 万元。造成此次重大火灾的直接原因，是二楼一个体裁剪户经二楼经理同意从总闸自接线路，夜间没断电导致电线起火。

　　这次火灾的发生暴露了该大楼领导对安全管理工作极不重视、内部管理混乱、安全制度不健全、违章作业严重等问题，因而造成了惨重的经济损失，教训十分深刻。

　　火灾发生后，市政府、市贸易局十分重视，三次派人员到事故现场进行调查，并对事故进行认真处理，责令该百货大楼二楼经理刘××停职检查，对个体裁剪户李××罚款×××元，并听候进一步处理。

　　今后，我们要吸取教训，切实加强对安全工作的领导，尤其加强对零售企业的安全管理，及时消除各种不安全的因素和隐患，为企业创造良好的经营环境。

××市贸易局(印章)
××××年××月××日

【简析】

　　这是一篇情况报告。正文第 1 段简要地介绍了火灾情况、损失情况和失火的直接原因。第 2 段介绍火灾事故的深层原因、教训。第 3 段介绍对火灾的处理情况和结果。最后一段是作者单位的态度和措施。文章行文简洁、层次分明、构思周密。

【例文 2-15】

关于我校工会干部有关待遇的报告

市总工会：

　　××月××日函悉。现将我校工会干部有关待遇报告如下：

　　一、我校基层工会主席由教师兼任，每年减免工作量40学时。

　　二、部门工会主席任职期间享受本单位行政副职待遇，由教师担任的每年减免工作量30学时。

　　三、校工会委员任职期间减免工作量30学时，部门工会委员每年减免工作量15学时。

　　专此报告。

××大学工会
××××年××月××日

【简析】

　　这是一则答复报告。此报告是××大学工会接到上级工会来函询问工会干部待遇问题后所做的答复。正文的开头引叙来函，作为行文背景，接着以文种承启语导出主体。报告的主体，分条列项，言简意赅。结尾用"专此报告"作结。

三、请示的特点和种类

请示是下级机关向上级机关请求指示、批准时使用的公文。

上级机关是指有隶属关系的上级机关,即本机关的直接上级机关,包括领导与被领导的关系和业务上指导与被指导的关系两种情况。

(一)请示的特点

1. 期复性

请示是请求上级给予指示并期待上级批复的公文,期复性是它的特点之一。

2. 单一性

请示要求一文一事,因此具有内容集中、单一的特点。

3. 请示内容的限定性

并非事无巨细都要向上级请示,属于自己职权范围内的问题还是应该尽力由自己解决。请示的内容必须是在自己的职权范围内无法解决或无权解决的问题。

(二)请示的种类

1. 请求指示的请示

在工作中遇到重大或疑难问题,请求上级机关给予明确指示。

2. 请求批准的请示

凡需上级机关批准才能办理的事项,或工作中遇到必须处理但本机关无权处理的问题,都必须请求上级机关批准。

3. 请求批转的请示

对涉及范围较广,带有普遍性、全面性的问题,或较为重大、紧急的事项,需通过上级机关批转,发至有关单位贯彻执行时,使用批转性请示。

4. 请求帮助的请示

本单位应办或上级机关交办的事项,需一定人力、物力、财力,本单位难以解决,请求上级机关帮助解决。

四、请示的基本格式和写法

请示一般由标题、主送机关、正文、落款和日期组成。

1. 标题

请示的标题,通常有两种写法:一是完全式标题,即由发文机关、事由和文种构成,如《××市高教局关于自费生收费标准的请示》;二是由事由和文种组成,省略发文机关,如《关于实验技术人员职务工资问题的请示》。

请示的标题在使用动词时,不能与文种词语重复,即一个标题中不能出现两个请示。在表述主要内容时,一般只宜使用一个动词,如《关于请求批准购买×××的请示》这个标题,其中的"请求批准"应删去。

2. 主送机关

请示的主送机关只能写一个(即主管上级机关的名称),如需同时送达其他上级机关,可用"抄报"的形式在文后注明。

3. 正文

请示的正文一般由以下几部分组成。

(1) 请示缘由。这一部分是请示全文的导语,应开门见山,直接写明提出请示的原因、理由。文字要简洁,一般用叙议结合的表达方式,要求理由充分,言简意赅,清楚明白,尤其要注意行文语气,不可摆出论辩架势或使用教训语气。

(2) 请示的具体事项和意见。这一部分是全文重点,在向上级机关说明缘由之后,要提出请示的具体事项,即要求上级机关给予指示、批准的具体内容。请示事项要求真实、具体、准确,不能含糊笼统。有时还可以提出自己的意见和建议,供上级机关选择。但是提交请示的人必须表明自己希望上级机关批准哪种意见并说明理由,不能只是提出问题而期待给予答复。

请示是请求上级机关办事,因而行文语气要委婉,要体现出对上级机关的尊重,尽量用商量的口吻提出看法和要求。

(3) 请示结束语。可用"特此请示""专此请示""以上请示当否,请批复"等作为结束语。一般应另起一行书写。

4. 落款和日期

如果标题中已有发文机关名称,落款可省略,只要在正文之后标明成文日期即可。如果标题中没有发文机关名称,则在文后先写落款再写上成文日期。

五、请示的写作要求

(1) 贯彻"一文一事"的原则,如请求解决的问题多,可分几次写。
(2) 明确呈报的主送机关,不要搞多头请示。
(3) 一般不得越级请示。
(4) 请示应主动提出解决问题的意见、建议、方案、办法,供上级机关研究时参考。
(5) 请示的篇幅一般不宜过长,如果需要反映某些详情和数据,可列入附件。

六、请示与报告的区别

请示与报告都是上行文,都要反映情况、陈述意见,使用时要明确两者的区别。

1. 目的不同

请示的主要目的是向上级机关请求指示和批准，需要上级机关对所请示的事项给予答复、审批或给予解决；报告的主要目的是供上级机关了解情况，以便上级机关加强领导，一般不需要回复。

2. 时间不同

请示必须事前行文，请求批复。按照组织原则和职权范围，不能先斩后奏。报告则事前、事中、事后都可以行文。

3. 结构不同

请示一般要求一文一事，内容具体单一，行文结构较为稳定；报告内容广泛，可一文一事，也可反映多方面的情况，结构不拘一格。

【例文 2-16】

××市金沙区交通分队
关于绵阳路禁行 4 吨以上汽车的请示

××市公安局：

我区辖内主要马路绵阳路路面狭窄(仅 6 米)，近年来，马路两侧商店日渐增多，行人拥挤，往往占用马路行走，造成与自行车和汽车争道，以致交通经常堵塞，引发交通事故多起。为了保证附近单位及行人的安全，拟从 5 月 1 日起禁止 4 吨以上汽车在绵阳路通行。上述车辆可绕到附近的两英路行驶。如无不妥，请予批准为盼。

(公章)
××××年××月××日

【简析】

这是一篇请求批准的请示。请示理由充分，言简意赅。请示的事项具体明确，而且提出了自己的意见和建议供上级机关选择。

【例文 2-17】

关于承办省第××届大学生篮球赛的器材经费的请示

×××厅：

××××年××月举行的省第××届大学生篮球赛将由我校承办，按照比赛要求，需要改善设备和补充器材。为保证比赛顺利进行，希望×××厅能拨付专用经费。经核算，共需经费××万元，请审批。

附：省第××届大学生篮球赛器材设备预算表

××××大学
××××年××月××日

【简析】

这是一篇请求帮助的请示。本单位难以解决活动经费，请求上级帮助解决。理由充分，请示事项具体，体现了这类请示写作的特点。

📖 思考与练习

一、名词解释

1. 报告　　2. 请示　　3. 呈转报告

二、填空题

1. 常见的报告有_____、_____、_____、_____和_____。
2. 报告的特点是_____和_____。
3. 请示的特点是_____、_____和_____。
4. 请示与报告都是_____。
5. 撰写请示，必须注意_____，不可一文数事。

三、判断题

1. 报告一般不需要上级答复。（　　）
2. 报告事前、事中、事后都可以行文。（　　）
3. 报告的标题可以只写"报告"两个字。（　　）
4. 报告可以有多个主送机关。（　　）
5. 报告的结尾一般使用套语。（　　）
6. 报告中可以写请示事项。（　　）
7. 报告和请示都是陈述性公文。（　　）
8. 请示最多可以一文两事。（　　）
9. 请示一般不能越级，如果情况特殊，必须越级时，则应同时抄报被超越的机关。（　　）

四、简答题

1. 请示与报告有什么区别？
2. 撰写请示应该注意什么问题？

第六节　批复、函

一、批复的特点和种类

批复是上级机关答复下级机关请示事项时使用的公文。

(一)批复的特点

1. 针对性

批复属答复性的下行公文，是针对下级机关报来的请示公文被动制发的文件。批复内容简单，针对性强，除了回复一些具有共性的问题外，主送单位通常是单一的，即发给报送请示公文的单位。

2. 权威性

上级机关的批复都是依据党和国家的有关方针政策和下级请示的内容，有原则地、实事求是地给予明确的答复，下级机关一定要认真遵守与执行。因此，批复具有一定的权威性。

(二)批复的种类

1. 同意性批复

同意性批复，即对下级机关的请示表明肯定性意见的批复。

2. 否定性批复

否定性批复，是指上级机关出于全面考虑，不同意下级机关的请示的批复。这类批复要求充分讲明不同意的理由。

3. 指示性批复

指示性批复，是指在同意下级机关请示的同时，又对下级机关的工作做出有指导意义的指示性意见。

4. 解答性批复

解答性批复，是对下级机关的疑问做出解答的批复。

二、批复的格式和写法

1. 标题

批复的标题，要写明批复机关名称、内容与文种。有些批复，还要在标题中标明作者对所请示问题的态度，如《国务院关于同意在沈阳市进行经济体制综合改革试点的批复》。

批复的标题在形式上有以下两种。

(1) 单介词结构，与一般公文标题的主要内容表述形式基本相同，如《国务院关于安徽省宿县城镇改设宿州市的批复》。

(2) 双介词结构，它的表述形式为：

《××××关于××××××给××××××的批复》
(上级发文机关)介词(答复事项)(介词)(下级受文机关)

2. 主送机关

主送机关一般为"请示"的来文单位。

3. 正文

批复的正文由以下几部分组成。

(1) 批复依据。批复的开头通常要引述请示的来文作为批复的依据，如"××××年××月××日来文收悉"，或"××××年××月××日《关于××××××的请示》收悉"等。

(2) 批复内容。针对请示的事项，做出明确具体的答复。答复事项针对性要强，表达要准确。如果同意，必要时还可给予一定的指示；如果不同意，一定要阐明不同意的理由并且做出如何处理的指示，使下级机关有所遵循。

(3) 结束语。一般用"特此批复""此复"作为结束语。

4. 制发机关印章与成文日期

写法与其他公文相同。

注意：撰写批复，用语要简洁、准确，语气要肯定，不能用模棱两可、含糊不清的词语。

三、函的特点和种类

函是平行机关或不相隶属机关之间相互商洽工作、询问和答复问题、请求批准和答复审批事项时使用的公文。

(一)函的特点

1. 功能的多用性

函是行政公文中用途最广泛的文种之一。它主要是用于平行机关或不相隶属机关之间的行文，也可以用于上下级之间的公务联系。上至国务院，下至基层组织、各级政府机关、各社会团体、企事业单位都广泛地使用函来沟通信息。

2. 写作的灵活性

函在写作上的灵活性表现在：一是其篇幅短小，简洁自由；二是笔调灵活多样，与其他公文相比，限制相对要小一些。

3. 行文方向多向性

函是平行文，但可以多向发文。它既可以在平行机关及不相隶属的机关之间使用，也可以在上下级机关之间使用。

(二)函的种类

1. 按函的内容、性质和用途划分

按其内容、性质和用途划分，函可以分为商洽函、询问函、答复函和请示函。

(1) 商洽函。商洽函是平行机关或不相隶属机关之间商量和接洽工作，或请求协助解决某一问题的函。

(2) 询问函。询问函是向下级机关、平行机关或不相隶属机关询问工作情况或某一问题，或征求意见的函。

(3) 答复函。答复函一般用于答复有关机关询问的事项。

(4) 请示函。请示函是向上级有关业务主管部门请求批准事项的函。

2. 按函的行文方向划分

按函的行文方向划分，函可以分为发函和复函两大类。无论是商洽工作、询问事情，

还是请求批准事项，主动发函一方撰写的函称为发函，受函机关和单位针对来函所做的答复称为复函。

四、函的基本格式和写法

函一般由标题、主送机关、正文、落款和日期组成。

1. 标题

函的标题一般为完全式标题，要写明是"函"还是"复函"，如《××市人事局关于商调×××同志的函》《国务院办公厅关于公开发布天气预报有关问题的复函》。

2. 主送机关

写明受函单位名称。

3. 正文

函的正文一般由以下几部分组成。

(1) 开头。要开门见山，直截了当。如果是发函，开头应说明发函的目的、根据或理由。如果是复函，开头则先引述来文，然后用"经研究，现将有关问题函复如下"等过渡到下文。

(2) 主体。写明所商洽、询问、请示或答复的具体内容，要求明确具体，条理清晰。

(3) 结尾。函一般使用得体的收束语作为结尾。例如，给下级发函常用"以函复为要""以函复为盼"等；给平级发函常用"以函复为荷""盼复"等；给上级发函常用"恳请函复""特此回复""专此回复"等。

4. 落款和日期

正文结束以后，写上发函机关名称和发函日期。

注意：拟写函，应简短明快，不用套话。平行函应注意措辞，语气要委婉、恳切，讲究礼貌，不可强人所难，忌用指令性的语言。

【例文2-18】

××市公安局

关于绵阳路禁行4吨以上汽车的批复

××〔××××〕××号

金沙区交通分队：

你队××月××日《关于绵阳路禁行4吨以上汽车的请示》(××〔××××〕××号)收悉。经与有关部门研究，同意绵阳路禁止行驶 4 吨以上汽车(包括卡车、客车)，由××××年××月××日零时起实施。请做好设置标记等事宜，注意交通疏导。实行后的情况望及时了解并报告。此复。

（公章）

××××年××月××日

抄报：××市人民政府工交办

抄送：××市城建局，××市××区人民政府

【简析】

这是一则同意性批复。开头引述请示的内容作为批复的依据，格式规范，用语简要准确，语气肯定。

【例文2-19】

××公司关于选派技术人员进修的函

××大学：

我公司属于新建公司，为提高专业人员的业务水平和科研能力，经研究决定选派×××、×××、×××三位同志分别到你校中文系、计算机系、外语系进修一年，进修费用按国家规定的标准，由公司财务科统一一次付清。能否接受，请予函复。

附件：3名技术人员情况登记表

××公司

××××年××月××日

【简析】

这是一则商洽函，请求对方单位协助解决的问题明确，语气委婉、恳切。

思考与练习

一、判断题

1. 通知使用范围广泛，其行文方向可上行、下行，也可平行。　（　）
2. 向上级的请示可以同时向下级抄送。　（　）
3. 公文的法定作者是秘书。　（　）
4. 在情况报告中可以加入请示事项的内容。　（　）
5. 目前使用的行政公文有十三种。　（　）
6. 标题中除法规、规章名称加书名号外，一般不用标点符号。　（　）
7. 平级机关单位或不相隶属的单位之间，如有所请求，可以用请示。　（　）
8. 公文一律加盖公章。　（　）
9. 行政公文可以在左侧、右侧或白边装订。　（　）
10. 成文日期应使用汉字写明年月日，"零"写成"〇"。　（　）

二、选择题

1. 本机关将某项工作的情况报告上级机关，同时请求上级机关批准采用一些措施加以解决，此时应当选用的公文种类是（　　）。

A. 请示　　　　B. 报告　　　　C. 通报　　　　D. 函

2. 下列公文不属于下行文的是(　　)。
   A. 函　　　　B. 通报　　　　C. 通知　　　　D. 批复

3. 体现公文效力的最权威的凭信是(　　)。
   A. 文头　　　　B. 印章　　　　C. 领导的签署　　　　D. 标题

4. 政府为加强防汛工作需向下发一个文件，应选用的文种是(　　)。
   A. 通知　　　　B. 通告　　　　C. 通报　　　　D. 函

5. 某市政府把省政府文件加通知印发至各县政府和市直属单位，这种形式叫(　　)。
   A. 批转　　　　B. 转发　　　　C. 印发　　　　D. 翻印

6. 市文化局向市财政局请求拨款举办艺术博览会使用(　　)。
   A. 报告　　　　B. 请示　　　　C. 函　　　　D. 通知

7. 下列通知标题书写正确的是(　　)。
   A. ××市批转商业局《关于进一步做好粮油供应工作的报告》的通知
   B. ××市人民政府批转市商业局关于进一步做好粮油供应工作的报告的通知
   C. ××市人民政府批转商业局关于进一步做好粮油供应工作的报告
   D. ××市人民政府关于批转商业局《关于进一步做好粮油供应工作的报告》的通知

三、写作训练

1. 请指出下列公文的不妥之处，并说明正确的写法。

关于××××年元旦晚会准备情况的请示报告

××院长：

　　我院××××年元旦晚会将于31日在学院操场开幕，目前各系和学生们都积极地准备此晚会节目。这台晚会的节目已准备就绪。晚会节目有相声、拳击、小品等好节目。××院长和学生代表将在晚会上讲话。为了使晚会顺利进行，得花一笔钱，用于晚会评奖、演出服装的购买等，请您尽快批三千元下来。以上请示报告，当否，请指示。

××学院工会
××××年12月26日

2. 根据下面提供的材料，请以××市商业局的名义向××省商业厅起草一份公文。

(1) ××××年2月20日上午9时20分，××市××百货大楼发生重大火灾事故。

(2) 事故后果：未造成人员伤亡，但烧毁三层楼房一幢及大部分商品，直接经济损失792余万元。

(3) 施救情况：事故发生后，市消防队出动15辆消防车，经4个小时扑救，火灾才扑灭。

(4) 事故原因：直接原因是电焊工××违章作业，在一楼铁窗处作业时电火花溅到易燃货品上引起火灾，但也与××百货公司管理层及员工安全思想模糊，公司安全制度不落实、许多安全隐患长期得不到解决有关。

(5) 善后处理：市商业局副局长带领有关人员赶到现场调查处理，市人民政府召开紧急防火电话会议，市委、市政府对有关人员视情节轻重，做了相应处理。

要求：自拟题目，格式规范，文从字顺。

3. 为了丰富大学生的文化生活，锻炼大学生的综合素质，×××大学计划创办《大学生园地》杂志。请以所在学校的名义，向上级写一份请求创办《大学生园地》杂志的请示。

要求：按公文格式书写，标题完整，内容明确，文字标点使用规范。

第七节 决议、公报

一、决议的特点和种类

决议是经过会议讨论通过，对某些重大事项、重大问题做出决策，并要求贯彻执行的公文文件。

(一)决议的特点

决议具有以下三个特点。

1. 决策性

决议是针对重大问题和重大事项所做出的决策，一经形成，就会在较大范围内对党内的工作和生活造成重大影响。

2. 权威性

决议作为党的领导机构用于重要决策事项的公文，是在党的领导机构的会议上研究、讨论后形成的，代表着发文机关的意志，一经发布，其下属党组织和党员必须严格遵守，认真落实，不得违背，具有很强的权威性。

3. 严格的程序性

决议必须经会议讨论，并经表决通过之后才能形成，有严格的程序性。

(二)决议的种类

决议一般分为公布性决议、批准性决议和阐述性决议三种类型。公布性决议是为公布某种法规、提案而写作的决议；批准性决议是为肯定或否定某种议案的文件；阐述性决议是对某些重大结论的具体内容加以展开阐述的文件。

公布性决议，先写通过决定的会议及其做出公布议案的简单理由，再写公布内容，最后写注意事项及处理办法。批准性决议先写什么会议审议了某个议案，依据什么理由，决定批准否，再写对被审议案的具体评价，最后以"指出""认为"之语引出号召。阐述性决议则先概述某一事实，然后加以理论分析，最后写评断。

二、决议的格式与写法

决议一般由标题、通过日期和正文三部分组成。

(一)标题

决议的标题有两种形式：一种是由发文机关(或会议名称)、事由和文种构成；另一种是由事由和文种构成。

(二)通过日期

决议的通过日期即决议正式成文时间，一般写在标题下，在小括号内注明会议名称及通过时间，也可只写年月日。

(三)正文

正文由决议根据、决议事项和结语三部分组成。

1. 决议根据

一般简要说明有关会议审议决议涉及事项的情况，陈述做出决议的原因、根据、背景、目的或意义。

2. 决议事项

写明会议通过的决议事项，或会议对有关文件、事项做出的评价、决定，或对有关工作做出的部署安排和要求、措施。

3. 结束语

一般紧扣决议事项，有针对性地提出希望、号召和执行要求。有的决议可不单列这部分。

三、公报的特点和种类

公报一般指国家、政府、政党、团体或其领导人所发表的关于重大事件，或会议经过和决议等的正式文件，也有以会议的名义发表的公报。

(一)公报的特点

公报一般具有以下三项特点。

1. 重要性

公报是官方正式文件，所涉及的内容应是党内外、国内外普遍关心和瞩目的重大事件或重要决定。

2. 公开性

公报应当及时将国内外瞩目的重大事情或重要决议公之于众，告之天下，让国内外都有所了解。

3. 新闻性

公报的内容都是新近发生的事件或新近做出的决定，属于人民群众关心、应知而未知的事项，要求制作和发布迅速、及时，因此具有新闻性的特点。

(二)公报的种类

公报一般分为会议公报、事件公报和联合公报三种类型。

1. 会议公报

会议公报是用以报道重要会议或会谈的决定和情报的公报。这种公报一般用于党中央召开的会议。

2. 事件公报

事件公报是党的高级领导机关用以发布重大情况、重要事件的文件。高层行政机关、部门向人民群众公布重大决策、重要事项或重大措施时，有时也采用此类公报。

3. 联合公报

联合公报是一种特殊用途的公报，用以发布国家之间、政党之间、团体之间经过会议达成的某种协议，如《中俄联合公报》。

四、公报的格式与写法

公报一般包括首部、正文和尾部三部分。

(一)首部

首部包括标题和成文时间。

常见的公报标题有三种形式：第一种是直写文种，如《新闻公报》；第二种是由会议名称和文种构成；第三种是联合公报，由发表公报的双方或多方国家的简称、事由和文种构成。

成文时间，用括号在标题之下正中位置注明公报发布的年月日。

(二)正文

正文包括开头和主体两部分。

1. 开头

开头即前言部分。会议性公报要求概述会议的名称、时间、地点、参加人员等；事件性公报要求用最鲜明、最精练的语言概述事件的核心内容，即何时、何地、发生了什么重大事件；联合公报要求概述公报的来由，即在何时、何地、谁与谁举行了什么会谈或谁对谁进行了什么性质的访问等。

2. 主体

主体是公报的核心内容，要求把公报的内容完整、系统、有序地表达清楚。常见的正文主体部分有三种写法：一种是分段式，即每段说明一层意思或一项决定；第二种是序号式，多用于内容复杂、问题较多的公报；第三种是条款式，多用于联合公报。

(三)尾部

会议性公报和事件性公报一般没有尾部；联合性公报，要在正文之后写明双方签署人的身份、姓名和年月日，并写明签署地点。

思考与练习

一、填空题
1. 决议一般由_____、_____、_____三部分组成。
2. 公报主要有_____、_____、_____三种类型。
3. 公报的特点是_____、_____、_____。
4. 决议的通过日期(成文时间)写在_____位置。

二、简答题
1. 什么样的会议要使用决议？
2. 公报的用途有哪些？
3. 简述公报的适用范围。
4. 公报的框架是怎样的？
5. 公报正文怎么写？
6. 阅读几篇决议，看看决议有哪些常用语？

第八节 会 议 纪 要

一、会议纪要的概念

会议纪要是记载、传达会议情况和议定事项时使用的公文。

二、会议纪要的特点

会议纪要一般具有以下三项特点。

(一)提要性

会议纪要的依据是会议材料和会议记录，但它又不同于会议记录，它不能事无巨细、有闻必录。会议纪要必须对会议进行归纳整理、择取其要、提炼出精华，概括出主要精神，归纳出主要事项。

(二)指导性

会议纪要所记载的内容，是传达贯彻会议精神的主要依据，它一经下发，须对有关机关和单位具有指导作用。

(三)法定性和权威性

会议的议定事项反映了主持单位和与会人员的共同意志，具有法定性和权威性，对与会单位或下属单位具有约束力。

三、会议纪要的种类

会议纪要一般分为指示性会议纪要、研讨性会议纪要和凭据性会议纪要三种类型。

(一)指示性会议纪要

指示性会议纪要，是以会议研究通过的对有关方针政策的具体贯彻意见、对某方面工作的具体部署和要求为内容的会议纪要。

(二)研讨性会议纪要

研讨性会议纪要，是学术部门或团体召开会议，研究讨论一些学术性问题所形成的会议纪要。

(三)凭据性会议纪要

凭据性会议纪要，是参加会议的有关方面会谈的结果，其主要作用是向上级汇报，给有关方面知晓及本单位留存为凭据。

四、会议纪要的基本格式和写法

会议纪要一般由标题、正文两部分组成。

(一)标题

会议纪要的标题一般有两种形式：一是单一式的，如《××公司生产销售会议纪要》；二是复合式的，即正、副标题式，正标题概括会议主要精神，副标题一般是由会议名称和文种组成，如《党员文艺家要加强党的观念——首都部分文艺工作者座谈会纪要》。

(二)正文

会议纪要的正文一般由以下部分组成。

1. 会议概况

在会议纪要开头部分，以简要的文字写出会议的时间、会期、会址、主持人、参加人员、主要议程和议题等。

2. 会议精神和决定事项

根据会议的原始材料，经分析、概括、加工、整理，把会议的主要精神和成果反映出来，具体地写出会议研究的问题、讨论的意见、做出的决定等。这一部分为会议纪要的主体。

这一部分常见的写法如下所述：

(1) 综合记述式，即开门见山地把会议概况、议题、主要讨论意见、决议事项简明扼要地顺序叙述出来。

(2) 归纳分类式，即把诸多问题分类整理，按其内容联系和逻辑关系等归纳成几个方面，突出会议的中心和目的。

(3) 发言摘要式，即按与会人员发言的内容依次摘要整理，如实地反映出会议讨论情况、不同的观点和发言人的主要意见。

3. 会议的希望

会议纪要的结尾，一般要提出希望、号召，要求执行会议精神。有些会议纪要则是正文写完，就是全文的结束。

【例文 2-20】

关于协调解决沙面大街 56 号首层房屋使用权问题的会议纪要

××××年2月2日上午，市政府办公厅×××主任主持召开会议，协调解决沙面大街 56 号首层房屋使用权问题。参加会议的有省政府办公厅交际处、广东胜利宾馆、市商委、市国土房管局、广州市政府、市外轮供应公司等有关部门的负责同志。

会议认为，沙面大街 56 号首层房屋使用权的问题，是在过去计划经济和行政决定下形成的历史遗留问题。早几年曾多次协调，虽有进展，但未有结果。最近，按照省、市领导同志"向前看""了却这笔历史旧账"的批示精神，在办公厅的协调下，双方本着尊重历史、面对现实、互谅互让的原则，合情合理地提出解决这宗矛盾的方案。

经过协商、讨论，双方达成了一致的共识。会议决定如下事项：

一、市外轮供应公司应将沙面大街 56 号房屋的使用权交给广东胜利宾馆。

二、考虑到市外轮供应公司在 56 号经营了 30 多年，已投入了不少资金，退出后，办公地方暂时难以解决，决定给予其商品损耗费、固定资产投资和搬迁费等一次性补偿费共 95 万元。其中，省政府办公厅和广东胜利宾馆负责 80 万元。考虑到省政府领导曾多次过问此事和省、市关系，另 15 万元由广州市政府支持补助。

三、省政府办公厅和广东胜利宾馆的补偿款于××××年2月7日前划拨给市外轮供应公司，广州市政府的补助款于3月5日左右划拨；市外轮供应公司应于2月15日开始搬迁，2月20日前搬迁完毕并移交钥匙。

四、市外轮供应公司原搭建的楼阁按房管部门规定不能拆迁。空调器和电话等于2月20日前搬迁不了的，由广东胜利宾馆协助做好善后工作。

会议强调，双方在房屋使用权移交中要各自做好本单位干部、群众的工作，团结协作，增进友谊，保证移交工作顺利进行。

××市政府办公厅
××××年××月××日

【简析】

这是一篇凭据性会议纪要，采取了综合记述式写法，即开门见山地把会议概况、议题、主要讨论意见以及达成的共识简明扼要地进行了叙述。全文条理清晰，行文规范。

思考与练习

一、填空题

1. 会议纪要是记载、_____和_____时使用的公文。
2. 会议纪要由_____和_____组成。
3. 会议纪要主要有_____、_____、_____三种类型。

二、简答题

1. 简述会议纪要的特点。
2. 请阐述会议纪要的写作方法。

三、写作训练

请阅读下文，分析其存在的问题，并写出修改稿。

《×××学会会议纪要》

时间：××××年××月××日

参加人员：常务副会长×××，副会长×××、×××、×××，办公室主任×××，副主任×××，活动中心主任×××。

会议内容：

一、确定了学会的办公地点。根据××××年××月××日会议决定，×××、×××同志对学会办公地点进行了考察。经过比较，认为××大学办公条件优越，适合做学会的办公地点。会议决定，从即日起×××学会迁到××大学，挂牌办公。

通信地址：××市××区××路××号。联系电话：×××××××。

二、学会与××大学商定，由××大学给学会提供办公室、办公桌椅、电话和必要的办公费用。利用××大学的教学条件，双方共同组织有关活动。

三、增补了学会副会长。为便于开展工作，建议增补×××为学会副会长，负责学会的后勤保障和日常管理，先开展工作，以后提请××月份常务理事会确认。

四、制订了今年的活动计划。(略)

×××学会
××××年××月××日

第三章

事务应用文

事务应用文是党政机关、企事业单位、社会团体及个人在日常事务中使用的具有实用性、事务性和一定惯用格式的应用文体。它具有交流情况、部署和联系工作、总结经验、规范行为、留存备查等作用。事务应用文包括的种类很多,有规章制度、计划、总结、会议记录、简报、调查报告、学术论文等。

事务应用文尽管也用来处理公务,但这类文体却不是国家规定的公文。事务应用文尽管也具有惯用格式,但这些格式不全是规范统一的定式。

公务文书和事务应用文对于机关、单位,犹如人的左膀右臂,不可或缺,缺则严重影响公务运作。撰写事务应用文是开展公务活动的重要手段。

公务文书和事务应用文二者关系十分密切,但毕竟又是不同的两类文书。因此,人们有时将二者连用,以公务文书之长补事务应用文之短,即以公务文书为主件代发文机关立言,使整个文件具有权威性、指令性、周知性;以事务应用文为附件,使整个文件内容丰富、详尽、具体。

第一节 计划、总结

一、计划的特点和种类

计划是国家机关、企事业单位、社会团体及个人对今后一段时间的工作、生产与学习提出预想的目标,并制定出实现这个目标的具体步骤、方法和措施所使用的应用文。

制订计划,是一种科学的工作方法。"凡事预则立,不预则废。"有了计划,可以做到胸中有全局、奋斗有目标、行动有遵循,减少盲目性、被动性,增强自觉性。

计划,是一个统称,常见的设想、规划、打算、安排、意见、要点、方案等,都属于计划,只是由于内容等方面的不同,往往选用不同的名称。

(一)计划的特点

1. 预见性

制订计划一定要有科学的预见,依据对客观实际情况的精确分析,对未来一定时期的工作做出预想性安排。预见是否准确,直接影响所制订计划的成败。

2. 可行性

计划是为了实现目标而制订的。计划的各项指标及措施、方法的设置安排必须在必要而且可能的前提之下。达不到目标的计划是一纸空文,所以计划必须具备现实可行性。

3. 明确性

计划是效果检验的依据,因此计划中目标、任务、步骤、措施、方法都必须十分明确,不能含糊。明确的计划可以使人行有所依、查有所据。

(二)计划的种类

按照不同的标准,计划主要可分为以下几类。

(1) 按性质分，有专题性计划、购销计划、教学计划、科研计划、学习计划等。
(2) 按内容分，有工作计划、生产计划、购销计划、教学计划、科研计划、学习计划等。
(3) 按时间分，有长期计划、中期计划、短期计划、年计划、学期计划、季度计划等。
(4) 按范围分，有国家计划、部门计划、单位计划、个人计划等。

二、计划的基本格式与写法

计划的写作分条文式和表格式，有的两者兼用。

计划没有一成不变的模式，但任何计划在写作中都应体现内容构成的三要素。条文式计划是将三要素分解成若干条目，然后依内容的逻辑顺序逐条用文字表述；表格式计划是将三要素具体分解成表格的若干栏目。条文加表格式计划中，有的以文字叙述为主，列表格作为依据；有的以表格为主，附文字作为说明。

下面对条文式计划的格式加以详细说明。

条文式计划一般包括标题、正文、落款三部分。

1. 标题

计划的标题组成有四种情况：①一般是由四个要素组成，即单位名称、计划时间、计划内容和文种，如《××市 2001 年工作要点》；②由计划内容加文种组成，如《关于提高生产质量的计划》；③由计划单位名称、计划内容加文种组成；④由计划时间、计划内容加文种组成。

2. 正文

计划的正文一般包括开头、主体、结尾三部分。

(1) 开头。开头是计划的前言部分，主要阐明制订计划的背景、根据、目的、意义、指导思想等。篇幅的详略、长短要根据工作的重要程度、内容的多少来确实，总体上要求简练概括。

(2) 主体。计划的主体一般由目标、措施、步骤三部分构成，分别回答"做什么""怎么做""什么时间做完"的问题。有人将此称作计划的"三要素"。

目标，是计划工作、活动要达到的标准和要求，常被称作"目标任务"。它是对前言提出的总目标、总任务的分解与具体化，提出的应该是明确目标、主要任务与重要指标。

措施，是完成目标、任务的具体方法。如采取哪些手段，需创造什么条件，运用哪些方法，具体做哪些分工等。

步骤，主要指时间分配、人力物力财力的调度安排。如实现目标任务过程中所应做的时间安排，各个阶段任务的划分，各项任务的完成时限等。其他，如有关检查、落实、评比、修改计划等事项，可以分别写在条文里，也可在"措施、步骤"后面单独写。

(3) 结尾。结尾即计划的结束语。一般包括补充性说明，为完成目标任务而提出的希望、号召与建议，或执行计划应注意的事项等，收束全文。有的计划也可无结束语，主体收束，全文收尾。

3. 落款

在正文的右下方写上制订计划者的名称或名字,并署上日期。例如,作为文件外发者,还要加盖公章。

三、计划的写作要求

(1) 要符合党和国家的方针政策。制订计划必须以有关的方针政策为依据,要有全局观念,处理好全局与局部、长远和目前、国家、集体、个人三者的利益关系。

(2) 要从实际出发,量力而行。计划中的指标、措施,都应从本单位的实际情况出发,指标的提出要留有余地,经过努力能够实现。

(3) 要力求具体、明确。计划的内容具体,才利于实施、利于检查。一般不发议论,不叙述过程。要明确写出做什么、怎样做、达到什么标准。

四、总结的特点和种类

总结是党政机关、企事业单位、社会团体及个人对前一阶段社会实践活动进行系统回顾、分析评价,并从中得出规律性认识以指导今后工作的一种事务文书。

总结是对自身实践活动的回顾,又是人们思想认识从感性阶段向理性层次不断提高的过程。人们可以通过总结更深刻、更全面地认识过去,更理智、更坚定地走向未来,更顺利地开展以后的工作。

(一)总结的特点

1. 针对性

总结必须对本单位、本部门、本地区的工作实际进行检查、回顾和评价,并提出适合本单位或本部门特色的未来努力方向。

2. 客观性

总结必须注重内容的客观性,以客观发生和存在的事实为分析研究的基础,保证事实确凿无误。

3. 理论指导性

总结必须用科学的分析方法,提炼归纳出规律性的东西,用以指导今后的实际工作。

(二)总结的分类

(1) 按性质分,有专题总结、综合总结。
(2) 按内容分,有学习总结、工作总结、思想总结、科研总结、项目总结等。
(3) 按范围分,有地区总结、行业总结、单位总结、班组总结、个人总结等。
(4) 按时间分,可分年度总结、半年总结、季度总结、月份总结等。

五、总结的基本格式

总结一般由标题、正文、落款三部分组成。

1. 标题

最常见的标题是由单位名称、时间、主要内容和文种组成,如《××港务局 2002 年工作总结》。

有的标题由总结主要内容或主要观点概括而成。这种标题不标明"总结"二字,如《半年生产,全年供应》。这种标题简明扼要,突出重点,主要适用于写经验总结。

还有的标题采用双标题,正标题用来概括文章主旨和中心,副标题具体说明单位、时间和文种,如《改变经营方式,提高经济效益——××商厦经验介绍》。

2. 正文

总结的正文部分主要包括基本情况的概述、现有成绩与不足、经验或教训的总结、改进意见与设想等几方面内容。

(1) 基本情况概述,就是简单交代工作的时间、背景、事情的经过、基本成绩与收获等,为下一步的分析研究提供基本情况,给读者以总体认识。

(2) 现有成绩与不足,是总结的重要内容。一般先肯定成绩,叙述成绩表现在哪些方面,主要收获有哪些,列出确切的数据与典型事例,概括并阐述取得上述成绩的基本做法。同时,还要客观地指出工作中存在的不足,并分析这些工作不足的原因及其危害。

(3) 经验或教训的总结,是通过对实践活动过程进行分析,找出经验和教训,认真挖掘日常工作中深层次的内涵,将具体问题上升到一定的理论高度,从而总结出某些规律,用以指导今后的工作。

(4) 改进意见与设想,是在总结经验教训的基础上,明确今后的方向,提出改进的措施与建议。

注意:总结正文的写法,没有一成不变的模式。因总结目的的不同,总结内容的侧重点和结构安排也不尽相同,可灵活掌握,根据需要选用纵式结构、横式结构或纵横式结构。

3. 落款

总结的落款一般是署名和日期。单位名称在标题中已出现的,正文后可不必再署名。标题中没有单位名称的,要在正文右下方署明单位名称及年月日。凡单位向上呈报的文件式总结,署名之前可写上"以上总结,如有不当请指正"之类的结束语,落款处还应加盖公章。凡上级下发的总结,都要印鉴,以示负责。

六、总结的写作要求

1. 实事求是,一分为二

写总结必须从实际出发,实事求是地反映客观情况。同时也应坚持一分为二的观点,既肯定成绩，也指出缺点和不足。

2. 点面结合，抓住重点

不论何种总结，都应既有较为系统全面的回顾与评价，又有典型事例或突出经验的详细介绍与分析。或以成绩为主，注重经验总结；或以问题为主，侧重吸取教训。切忌面面俱到。

3. 突出个性，注重特色

任何单位、个人都有自己的特点。对生活进行独到的观察、理解，抓住本单位最突出、最能反映客观事物本质的特点，就能写出具有个性特色的总结。

【例文 3-1】

××××学校文秘专业实习计划

为了贯彻理论联系实际的教学原则，加强实践教学，使学生通过社会实践，运用课堂学到的知识，提高应用能力，培养创业能力和创新精神，根据教学计划，本学期安排秘书学概论和应用写作两门学科的专业实习。

一、内容和要求

(一) 了解基层单位秘书部门(办公室)的一般性工作。

(二) 了解机关文秘工作的内容及处理办法。

(三) 了解机关文书的制发、运转程序。

(四) 根据实习情况，学习编写简报。

(五) 通过社会调查，写出调查报告。

二、时间安排

××××年 11 月 14 日至 12 月 3 日共 3 周。分两阶段，第一阶段(11 月 14 日至 26 日)两周校外实习；第二阶段(11 月 28 日至 12 月 3 日)校内实习，整理材料，写出总结和调查报告，小组交流，选出优秀者(每组两人)在班上宣读。

三、实习安排

实习地点及分组安排表(略)。

四、组织领导与实习管理

(一) 由文化基础教研室负责实习领导，由×××、×××、×××三位老师带队并担任专业辅导。

(二) 聘请各实习点秘书为业务指导教师，协助完成实习中的教学工作。

(三) 校外实习期间，由实习单位统一领导，服从实习单位作息时间表。

五、实习生注意事项

……

××××学校实训处
××××年 6 月 8 日

【简析】

这是一份实习方案，它对于近期要完成的实习任务以及采取的措施、办法等写得较详细，使执行者有据可依，实施起来方便。

【例文 3-2】

××市××纸业股份有限公司
××××年质量工作计划

随着我国经济体制改革的深入发展，企业外部环境和条件发生了深刻的变化，市场竞争越来越激烈，质量在竞争中的地位越来越重要。企业管理必须以质量为重点，提高产品质量是增强竞争力、提高经济效益的基本方法，是企业的生命线。××××年是我厂产品质量升级、品种换代关键的一年，特制订工作计划如下：

一、质量工作目标

1. 一季度增加 2.5 米大烘缸一只，扩大批量，改变纸页的温度。
2. 三季度增加大烘缸轧辊一根，进一步提高纸页的平整度、光滑度，要求此项指标达到 QB 标准。
3. 四季度改变工艺流程，实现里浆分道，使挂面纸和小泥袋纸板达到省内外同行业先进水平。

二、质量工作措施

1. 强化质量管理意识，进行全员质量培训，培养质量管理骨干，使广大职工提高认识，管理人员工作方法更得当。
2. 成立以技术厂长为首的技术改造领导小组，主持为提高产品质量以及产品升级所需设备、技术改造工作，负责各项措施的布置、落实和检查工作。
3. 由上而下建立质量保证体系和质量管理制度，把提高产品质量列入主管工作厂长、科长及技术人员的工作责任，年终根据产品质量水平算奖金，执行奖惩办法。(办法另有方案)
4. 本计划已纳入××××年全厂工作计划，厂部负责检查监督，指导实施，各部门、各科室要协同配合，确保本计划的充分实施。

××市××纸业股份有限公司
××××年××月××日

【简析】

本篇计划前言简洁，一开始就扣紧质量的主旨，迅速进入计划的正文部分。主体采用条文式结构，写清了计划的"三要素"：目标(做什么)、步骤(分几步完成)、措施(怎么做)。计划中涉及的其他事项和注意问题，也在主体中写得很清楚。

思考与练习

1. 写计划或总结时，经常要用数据。请在下面空格中填上恰当的数字。
(1) 某公司 7 月份利润由 1 万元增加到 1.5 万元，增加____%。
(2) ×商品由 40 元降为 10 元，降低了____%。
(3) 原计划生产 1 万件产品，超额 5%，实际生产了____件产品。

2. 修改下列句子。
(1) 我们必须从收入和支出两个方面去研究问题。
(2) 员工超产百分之二十以上的给一等奖，超产百分之二十以下的给二等奖。
(3) 今年元旦以前河北区约能修筑公路十多公里左右。

(4) 前阶段，由于我们重视了抓生产，因而忽视了抓安全。
(5) 三中全会以来，我们厂增产幅度大，上缴利润之多，是绝无仅有的。
(6) 据不完全的判断，我公司有三分之一的年轻人是具有主人翁精神的。
(7) 今年要千方百计做好增收节支工作，使我乡的经济状况有显著好转。
(8) 经济核算搞得好不好，对办好企业具有十分重要的意义。

3. 请为自己制订一份寒假学习计划。必须有明确的要求、具体的措施。
4. 请根据你半年来的生活、学习情况写一份总结。

第二节 简 报

一、简报的概念和作用

(一)简报的概念

简报是政府机关、企事业单位、人民团体等组织用来汇报、反映、沟通情况和交流经验的一种载体。它不能代替正式公文，也不公开出版。日常工作中常见的党政机关、企事业单位、部队、学校以及各种生产、经营、服务机构等的通信、动态、情况反映、信息通报、内部参考资料等都属于简报的范围。由于简报具有简短灵活的特点，因此，它的使用范围很广泛，是一种有用的载体。

(二)简报的作用

1. 汇报作用

简报虽然不是公文，但可以通过它向上级汇报本单位、本部门、本系统、本地区的工作情况和重要动态，使上级能及时了解下情。实际工作中的情况通过简报呈报，既方便领导有针对性地指导下级的工作，又便于领导进行决策时做参考。

2. 交流作用

通过简报可以向平级单位传递信息，交流工作中的新情况、新问题、新经验、新成绩，便于相互了解、相互学习，从而促进各项工作的顺利进行。

3. 指导作用

简报可以用于向下级单位宣传党和政府的方针、政策，传达有关会议的精神，交流推广典型经验，倡导、表彰好人好事，批评不良倾向，指出应该注意的问题。在实际工作中，上级对下级工作的指导，有时就是通过下发简报的形式实现的。简报常常是上级领导开展工作、推动工作的重要工具。

二、简报的分类和特点

(一)简报的分类

简报的形式多样，内容繁多，从不同的角度、用不同的方法可以对简报做出不同的分类。常用的简报有以下三种。

1. 情况简报

情况简报也叫工作简报,一般有两种常用形式:一是综合性情况简报,二是专题性简报。综合性情况简报是在明确的主题贯穿下,综合反映生产、经营、服务等工作的情况和问题。这类简报既有广度,又有深度,不是有闻必录,什么都反映,而是抓住主要问题,反映最有价值的情况。专题性简报主要是将某一项专门工作的动态、进展、问题向主管部门反映,或向有关部门、下属单位做通报,借以传播信息,推动工作。

2. 动态简报

动态简报的特点是迅速及时、简明扼要地反映新近发生的事件、情况。这种简报内容新,反映快,动态性、时效性强。动态简报一般也有两种:工作动态简报和思想动态简报。工作动态简报主要反映本系统、本部门内部工作的正反两方面的新情况和新动态;思想动态简报主要反映公众对政府重大方针、政策的反映和认识,社会上某种思潮或思想倾向,各行各业、各阶层的思想状况等。这类简报多见于有关单位编发的"内部参考"。这种动态简报一般具有内部参考和保密性质,其流通、阅读范围有较严格的限定。

3. 会议简报

会议简报主要是及时报道某种会议的概况,会上交流的情况、经验,探讨、研究的问题,反映会议形成的决议和基本精神。会议简报不能只反映会议的一般进程,或者罗列一些议程,而要突出要点,为上级领导和有关部门提供新鲜内容和信息。会议简报一般以报道会议内容为主,既可以综合报道会议各个阶段的情况,也可以摘录大会发言或小组讨论发言。在编发发言摘要时,要力求准确、全面、如实地反映出发言者的基本观点和思想倾向,并且尽可能送交发言人或大会秘书处有关负责人审阅后再编发。

(二)简报的特点

1. 真实性

编写简报是一项严肃的工作。简报中所反映的材料必须真实、可靠,对事物的分析解释,必须坚持实事求是的科学态度,符合实际。事件、材料、数据要仔细核实。不管是反映成绩还是反映问题,都必须杜绝锦上添花或隐瞒真相的做法,更不能出于私情或个人好意而做夸大或简略报道。

2. 准确性

简报的准确性体现在内容、材料和语言等几个方面。内容要选择具有价值、值得重视的情况和问题;所运用的材料要经过调查研究,仔细核实,确保其真实性;语言的使用要准确、规范,要避免用词、用语不当,语义混淆。

3. 及时性

简报要写得快、编得快、印得快、发得快,以便及时向有关人员提供情况,使他们不失时机地处理问题,制定政策。重要的情况要在第一时间加以反映,可以一日一报甚至一日数报,以便更好地发挥简报的作用。随着现代通信技术的发展,可以充分利用网络、传真和专线电话等现代化手段,加快信息传递的速度。

4. 新鲜性

新鲜事物的产生,往往包含着事物发展的必然性、普遍性。简报报道的新情况、新经验、新动向应具有较大甚至很大的参考价值。如果简报反映的都是人所共知的旧闻,或仅有个案价值的事件,就失去了它的作用和意义。

5. 简明性

简报的篇章通常比较短小,因此,其内容必须简练。除综合性的简报外,一般简报均为一事一报,字数以千字左右为宜,最多不超过 2000 字,过长就不是"简报"了。如果可报道的内容确实很多,可以分几期编发。内容力求简明,行文以平实为宜,不需做艺术描述、理论阐述,只将"什么情况""怎么回事"写明即可。

三、简报的格式和结构

(一)简报的格式

1. 报头

报头设置在第一页的上方,约占全页 1/3 的篇幅,下边用横线与正文部分隔开,通常报头包括以下几方面的内容。

(1) 简报名称。用大号字写在报头正中部位,如"财经简报""金融动态"。简报名称可以套红,也可以不套红。文字常用印刷体或书写体,一般不用美术字,以示正规。简报名称宜相对固定。

(2) 期号。在简报名称下面居中写明期号并用括号括起来,一般写成(第一期)的形式,也可以写成序数形式,如"(1)"。

(3) 主编单位。在期号下,间隔横线之上的左侧,顶格写主编单位的名称。

(4) 印发日期。印发日期写在期号下,间隔横线之上的右侧。

(5) 密级与缓急程度。如简报需注明秘密等级、缓急等级,应在简报名称的左上方标明。

2. 按语、标题和正文

简报如有按语,则先写按语,再写标题,后写正文。正文一般由开头、主体和结尾三部分组成。

3. 报尾

报尾在简报末尾页的下方,也用横线与正文部分隔开。它有两个基本内容:一是发送范围,写在版尾的左方;二是印发的份数,写在报尾的右下方。

(二)简报的结构

1. 按语

简报的按语是简报编者针对简报的某些内容所写的说明性或评论性的文字。按语一般写在标题之前，并在这段文字的开头之处写上"编者按""按语"或"按"等字样。转发式的简报一般都加上编者按语，其他重要的简报也要加编者按语。简报的按语常常是根据领导的意见起草的，但按语不是指示、命令，没有指令性公文的作用。按语的特点是把简报的内容和现实工作联系起来，表明领导的意见，帮助人们加深认识，正确把握工作的方向，对下级的工作起到督促、指导的作用。

简报的按语一般有两类：一类是说明性按语，另一类是批示性按语。

说明性按语，是对简报的内容、作用和现实意义等做一些说明。这类按语一般文字很短，有时就一句话，例如：

编者按：根据中央领导同志的意见，现将中国人民银行关于东南亚金融风暴的报告摘登如下，供各单位参阅。

批示性按语，是针对一些有典型意义的事件和反映当前工作中存在的问题做出评论，表达领导机关的看法、意见或对下级的要求。

2. 标题

编写简报十分讲究标题的写作。好的简报标题能准确、简要、生动、醒目地概括全文的内容。一般来说，简报标题的写法类似于新闻标题的写法，但又不像某些新闻标题那样引题、正题、副题一应俱全。简报的标题可以采用正副标题的写法，正标题揭示文章的思想意义；副标题写出事件与范围，对正标题起补充说明作用。

3. 正文

正文是简报的中心部分，它通常由开头、主体和结尾三部分组成。

(1) 开头。简报的开头，常见的有三种形式：一是叙述式，即开门见山地把要反映的事件的时间、地点、任务、起因和结果在开头部分直接写出，使读者一目了然；二是结论式，先写出事情的结果或因此而得出的结论，然后再做具体说明或阐述得出结论的理由；三是提问式，即一开始就用一个或数个问题把主要事实提出来，引起读者的注意，然后再用回答的语气在主体部分做具体的叙述。

(2) 主体。主体是简报的最主要的部分，一定要写得充实、有力。要用有说服力的事实、数据、情况、问题等典型材料，支持简报的结论或让读者了解真实的情况，做出自己的判断。主体部分常用的写法主要有以下几种：一是按时间顺序写，即按照事件发生、发展和结束的自然顺序来写，这种写法比较适合报道一个完整的事件；二是按空间变换的顺序写，这种写法适用于报告一个事情的多个场面，或者用于围绕一个中心，综合报道几方面的情况；三是归纳分类表达，把所有的材料归纳成几个部分、几条经验、几种倾向或几种做法，分别标上序号或小标题，逐一写出；四是夹叙夹议法，就是边叙述情况边议论评说，这种方法适用于反映具有某种倾向性问题的简报；五是对比法，即在对比中展开叙述，既可以做纵横对比，也可以做好与坏、正与反的对比等。

(3) 结尾。简报的结尾有两种：一种是把主体部分的情况、事实叙述完后，干净利落地结束全文；另一种是用一句话或一段话收束全文。收束全文的句子，或用来总括全文的内容，或提出今后打算。对于未完事件或连续性事件，常用"事情正在处理中""事件发展情况将随时予以通报"等语句结尾，以加强简报的连续性。

【例文 3-3】

××××科技简报

第××期(总第××期)

××市科学技术局　　　　　　　　××××年××月××日

1. ××市高新技术产业基地龙头作用显著
2. ××市崛起高新技术产业群

××市高新技术产业基地龙头作用显著

　　××市高新技术产业区按照"一区多园"的布局，建设与发展各具特色，高新技术产业基地对高新技术产业发展的龙头作用显著。据××××年科技部的综合评价，××市高新区技术创新综合排名在 53 个国家级高新区中位列第 8 位，经济发展综合排名第 4 位。全年高新区实现技工贸总收入 555 亿元，同比增长 47%。其中，工业总产值 385.1 亿元；外贸出口 12 亿美元，同比增长 56%。

　　一、××科学城建设与发展势头迅猛。(略)

　　二、××新建区建设进展顺利。××新建区 669 万平方米的前期开发工作已基本完成；软件产业孵化中心首期 2.8 万平方米的建设工程将于今年春季竣工并陆续投入使用。目前，××软件园共有软件企业约 830 家，较建园前(××××年)增加 646 家。软件企业管理和产品开发迈向规范化、标准化，通过 ISO9000 质量体系认证和 CMM 等级认证的软件企业分别有 95 家和 5 家。据初步统计，××××年园内软件企业实现技工贸总收入 105.7 亿元，比上一年增长 23.27%，其中软件销售收入 56.02 亿元，比上一年增长 26.8%。

　　三、××信息园专业化特色明显。××信息园在有限的地域范围内，积极利用社会力量，整合周边资源，以一年一个新园区的发展速度，相继开发了汇华、华盛、丰伟、云山 4 个基地。××××年××月，××信息园以其专业化发展的园区特色，被国家信息产业部正式批准为全国首家"信息服务示范园"。目前，园内企业总数已达 770 家，比建园前(××××年)增加 660 家。××××年园内企业共实现技工贸总收入 80.3 亿元和税收 2.93 亿元，分别是建园前(××××年)的 4.4 倍和 6.6 倍。

　　四、民营科技园建设步伐明显加快。(略)

　　五、××资讯科技园建设进入新阶段。随着××开发区的建设启动，××资讯科技园也开始迎来前所未有的发展契机。首期开发的 26 万平方米建设用地，以及园内约 3000 米主干道路和绿化工程已相继建成投入使用；建筑面积为 6 万平方米的办公服务中心和孵化中心也已建成，目前正在进行对外招商工作。

××市崛起高新技术产业群

　　一、软件产业集群快速发展。(略)

　　二、生物医药产业起步发展。××市在加强研究开发、保持创新优势、组织重点攻关、研发一批技术成果的同时，着力推进Ⅰ、Ⅱ类新药的产业化，扶持一批生物医药企业上规模，推动生物医药产业发展。××××年以来，先后获得国家Ⅰ类新药证书 8 项，Ⅱ类新药证书 17 项；获得国家Ⅰ类新药临床批文 6 项，Ⅱ类新药临床批文 9 项；一批技术水平高和市场潜力大的新药项目已基本完成临床前研究，准备申报进入临床。一批生物医药企业快速成长……全市共有生物医药生产和销售企业 47 家，生产销售各类药物约 3000

个品种。据初步统计，××××年全市医药工业规模以上企业实现技工贸总收入 135 亿元，同比增长 15%。

三、电子信息产业成为三大支柱产业之一。(略)

四、新材料产业稳步发展。(略)

五、光电子产业异军突起。(略)

报：×××

送：×××

发：×××、×××、×××共印 150 份

【简析】

这是一份科技简报，全文包括"××市高新技术产业基地龙头作用显著"和"××市崛起高新技术产业群"两部分内容。正文前加小标题作为目录，用以说明简报的内容。主体部分内容分层叙述，每层前用一句话来概括段旨，起到提纲挈领的作用，让人一目了然。 简报的报头、报尾齐全，符合简报的格式要求。

思考与练习

一、名词解释

1. 简报　　2. 报头　　3. 报尾

二、简答题

1. 简报有什么特点？

2. 编写简报有哪些基本要求？

三、写作训练

1. 请用一句话概括下面的段落主旨。

(1)（　　　　　　　　　　　　）。

从计划经济到社会主义市场经济是我国经济体制的根本性转变，适应这一转变，高等学校的领导必须转变观念，树立市场经济观念、竞争观念、人才观念、名人观念。这样才能在激烈的竞争中立于不败之地，并发展自己。

(2)（　　　　　　　　　　　　　）。

一个人是否成为知名度很高的教师，关键在自己的努力，这是内在的、根本的因素，但是学校有关部门的宣传也是不可缺少的。在现实中，我们也常常看到这样的情况：甲某和乙某教学水平和科研水平成果相当，但由于校领导和有关部门宣传不同、支持不同，给他们出头的机会不同，两人的知名度截然不同。因此，必须从整体利益出发，加强对明星教师的宣传。

2. 编一份本班在学校运动会上取得成绩的简报。

第三节　规　章　制　度

一、规章制度的概念、作用和特点

(一)规章制度的概念

规章制度是规章、条例、规定、办法、细则、规程、制度、守则、公约、须知等的总

称，它是在一定的范围内制定的一种具有法规与约束力，要求有关人员必须按章办事、共同遵守的文件。也就是说，它是在一定范围内要求人们必须遵守的行为规范和准则。

(二)规章制度的作用

规章制度是一种使用范围十分广泛的应用文件。上至国家最高领导机关，下至最基层的企事业单位，乃至社会生活的某些方面，都需要制定规章制度规定有关人员应该遵守的事项和职责或应该达到的标准，以保证公务生活、生产活动、工作、学习、生活等有序、正常、协调地进行。为了创造良好的环境、建立正常的秩序，建立健全各种规章制度是十分必要的。

(三)规章制度的特点

1. 要求的统一性

规章制度的统一性主要是指规章制度的内容必须有法律和政策作为依据。任何规章制度的制定，都必须以国家颁布的各种法律法规，党和政府制定的有关路线、方针、政策为依据，统一在国家法律及党和国家的大政方针之下，不能借任何理由制定违背党、国家和人民根本利益的规章制度。

2. 规定的具体性

规定性是规章的主要特点。所谓规定的具体性，是指规章制度按照所涉及对象的性质、范围，限定人们可以做什么、不可以做什么、可以怎样做、不可以怎样做，用以规范人们的行为。因此，规定的内容必须具体、严密、细致、周全，对规章制度实施过程中可能出现的情况要有充分的估计。规章制度的内容要有逻辑性，要前后一致，缜密无隙。

3. 形式的条例性

规章制度的主要内容几乎都是以条款序列的，这是规章制度的规定性、严密性在形式上的具体体现。应该怎样做，不应该怎样做，怎样是对，怎样是错，界限要分清，要做出相应的规定，这就自然地形成了形式上的条例性。条例的安排要有层次性，层次应根据具体文种的内容需要来设置，可多可少。多的可以有编、章、节、目、条、款、项七级，少的只有一级。常用的多为条、款二级或章、条、款三级。

二、规章制度的分类

规章制度的种类很多，常用的有以下几种。

(一)章程

章程是党团组织、社会团体、学术组织等对其性质、宗旨、任务、组织结构、组成人员及其活动规则做出的规定，一般由本组织、团体制定并经其代表大会通过。章程是一种根本性的规章制度，具有很强的严肃性和法规性。例如，《中国共产党章程》，就是由中国共产党中央委员会制定，中国共产党全国代表大会通过的根本法规，每一名中国共产党党员必须无条件地遵守章程。同样，任何一个组织、团体的章程对该组织、团体的所有成员也都具有约束力。

(二)条例

条例由国家制定或批准的规定某些事项或某一机关的组织、职权等的法规文件，也指团体制定的章程。条例一般由主管该方面工作、活动的党和国家的相关部门根据有关法律、政策制定，由党的领导机关、国家权力机关或国家最高行政机关批准(通过)颁发。条例是具有强制性和约束力的法规性文件。在我国，根据工作、活动的性质和管辖的权限，有人大通过发布的条例，如《中华人民共和国学位条例》(1980年2月12日全国人大常委会通过发布)；由政府机构制定发布的条例，如《中华人民共和国失业保险条例》(1999年1月22日国务院制定发布)。

(三)规定

规定是政府机关、社会团体、企事业单位针对特定范围内的工作和事务或专门问题制定的要求和规范，也是一种具有强制性和约束力的法规性文件。规定所规范的对象和范围比较集中，措施和要求也比较具体。与规章、条例相比，规定的针对性更强，长期稳定性则相对少一点。从规定的制发机关、单位来看，有政府行政机关制定发布的规定，如国务院于1990年10月22日发布的《中外合资经营企业合营期限暂行规定》；有社会团体、企事业单位处理本团体、本单位的某种工作和事务所制定的规定，如《上海市公安局关于国庆期间交通管理的暂行规定》。

(四)办法

办法是政府机关、社会团体、企事业单位针对某项工作或某一方面的活动制定的具体要求与规范，是一种具有强制性和约束力的规定性文件。与条例、规定相比，它所规定的内容更具体，有些办法就是根据有关条例、规定中的某些条款制定的。例如，国务院发布的《产品质量监督施行办法》，就是根据国务院发布的《标准化管理条例》中的有关条文制定的，它比条例更具体，更具有操作性。此外，办法与条例、规定的使用范围也不同。条例、规定多用于某些重大问题、重要事项，而办法一般用于具体事务或某一事项，甚至是比较琐碎的事情上。例如，财经领域的资金管理、票汇结算、税务管理、信贷手续等工作，一般就是用各种办法来管理、规范、协调。

(五)细则

细则是政府机关、社会团体、企事业等单位根据上级机关发布的有关条例、规定或办法，结合本地区、本部门、本单位的实际情况，制定的具有一定补充性、辅助性、详细的实施规则。它也是一种规定性的文件，比条例、规则、办法更具体、更明确。在实际工作中，细则往往是实施条例、规定、办法等规章的补充性、辅助性文件。细则对原法律、法规的某一重要原则、重要事项或某些关键词语负有诠释的任务，或把上级发布的有关条例、规定、办法中较原则性的规范具体化、细密化，使其更加具体、更加明确，以利于贯彻实施。

(六)规则、规程

规则和规程都是政府机关、社会团体、企事业等单位管理具体事务或活动时所使用的规定性文件。通常,规则是指在一定范围内针对某一具体事项或活动制定的,要求有关人员共同遵守的准则。规程是指在一定范围内针对某一具体事项、活动或某项操作制定的,要求有关人员共同遵守的统一要求和规程。

在实际应用中,要注意规则、规程与规定、办法等文种的异同。和规定相比,规则、规程的使用范围有所不同:①规定是法规性文件,多用于重要的工作、问题,所涉及的领域较广泛;②规则、规程只是规定性的文件,多用于具体的事务性工作或某种活动、某种操作,所涉及的范围较窄。

办法与规则、规程既有共同之处,又有不同之点。①共同之处是,它们所规范的事情多是具体性的事务。②不同之处是,它们在规范人们的行为上侧重不同。办法侧重于对问题的处理和解决,重点是提出问题的措施和办法;而规则、规程侧重于统一的要求和规格,要点是提出管理事务或活动的章法程序。

(七)制度

制度是党政机关、人民团体、企事业等单位加强对某一部门工作的管理和严格组织纪律而制定的,要求有关人员共同遵守的规定性公文。制度的制定依据相关的法律、法规,一经颁布,有关人员必须遵守,若有违反,就要受到相应的处罚,所以制度具有很强的强制性和约束力。制度的使用范围十分广泛,凡是要求有关人员共同遵守,并按一定程序办理的事情,都可以使用制度规范人们的行为,以确保各项工作正常、有序地进行。除了通过一定的途径发布相关的制度外,还可以在某些场所张贴有关的制度。这样做,既能时时提醒有关人员,又方便其他人员进行监督。例如,在某些工作场合,张贴相关的"岗位责任制度"。这是制度的一个特点,实际工作中应注意加以合理的运用。

(八)公约、守则

公约是一定范围或行业内的成员或其代表,在自觉、自愿的基础上,经过集体讨论制定的需共同遵守的道德规范和行业准则。守则是政府机关、社会团体和企事业等单位根据上级机关的有关指示精神和实际工作需要制定的,要求所属成员严格遵守的行为准则。公约和守则是具有一定的规定性和约束力的文书。但是,它们的使用范围有所不同:公约多用于公共事业方面的道德、行为规范,如《交通大学爱国卫生公约》;而守则除了用于各行各业公共事业方面的道德、行为规范之外,还常常用于生产工艺等具体操作规范,如《水下焊接工艺守则》等。

三、规章制度的结构和写法

(一)规章制度的结构

由于规章制度的种类较多,涉及的内容又广,要把各种规章制度归入一种结构是不现实的，也是不必要的。但是，各种规章制度的结构又有许多相同之处，以下就规章制度的常用结构做一介绍。

1. 部首

(1) 标题。规章制度的标题一般有两种构成形式：一种是两元素构成法，即由事实和文种构成，如《水力资源保护条例》；另一种是三元素构成法，即由制文机构名称(或实施范围等)、事由和文种构成，如《财政部关于企业财务检查中处理财务问题的若干规则》。

(2) 制发时间和依据。一般在标题之下用括号注明规章制度通过的日期，或批准、公布的年月日。

2. 正文

(1) 总则。总则是关于制定各种规章制度的目的、意义、依据、指导思想、适用原则和范围等的说明性文字。规章制度制定的依据，通常是在正文的开始部分就给予明确。例如，《中华人民共和国人民警察使用警械和武器条例》第一章第 1 条就写明条例制定的依据："根据《中华人民共和国警察法》和其他有关法律的规定，制定本条例。"

(2) 分则。分则也就是规范项目，这是规章制度的实质性规定内容，是要求具体执行的依据。例如，1993 年 4 月 22 日国务院发布的《股票发行与交易管理暂行条例》，其分则部分就对"股票的发行""股票的交易""上市公司的收购""保管、清算和过户""上市公司的信息披露""调查和处罚"以及"争议仲裁"等事项，分别列专章做了规定。

(3) 附则。附则是对规范项目的补充说明，其中包括用语的解释和解释权、修改权、公布实施的时间等项目内容，一般放在正文的最后。例如，《社会保险费征缴暂行条例》最后一章(第 5 章)为附则，共三条："第二十九条　省、自治区、直辖市人民政府根据本地实际情况，可以决定本条例使用于本行政区域内工伤保险费和生育保险费的征收、缴纳。第三十条　税务机关、社会保险经办机构社会保险费，不得从社会保险基金中提取任何费用，所需经费列入预算，由财政拨付。第三十一条　本条例自发布之日起施行。"

(二)规章制度的写法

如上所述，各类规章制度的结构略有差异，写法也就有所不同。下面对一些常用规章制度的写法做一简单的介绍。

1. 章程

(1) 标题。章程的标题一般由组织名称和文种构成。组织名称为政党、社会团体、学术组织或企事业单位等的名称，文种即章程，如《中国作家协会章程》。

(2) 发布的时间。章程是由一定的会议通过的，因此，要在标题之下，居中写上通过该章程的会议名称和时间，并加上圆括号。

(3) 正文。章程的正文都是以条文的形式写成的。正文一般分为序言、主体、附文三个部分。序言也称总则，是正文的开头部分，通常要写明制定章程的意义、目的、根据、章程适用的范围以及总的原则精神等。主体又称分则，由若干条款组成，写出章程的具体内容，是正文的主要部分。每一条目陈述一个具体问题，如果所陈述的问题较复杂，可以在这一条目下面再分几条来叙述。为求表述清楚，每章里的条款应当按问题之间的联系和逻辑顺序排列。

(4) 附文。附文或称附则，是主体部分的补充和说明，列于章程的最后。一般用于明确章程的修改权、解释权、具体实施细则的制定权以及其他需要说明的事项等。附文的形式可以单独列为一章，也可以不做一章，只写两三个条款放在最后。

(5) 署名。一般企业的章程署名，通常放在尾部，写明制定章程的企业名称、时间、章程通过的年、月、日。如果在标题下已有这两项内容，可以省略不写。如果是中外合营企业的章程，署名一般在正文下方，分别写上合营各方单位名称、法定代表人(或代理签署人)、职务等。书写位置一般是甲方在左，乙方在右；其下写明年月日并加盖单位印章。

2．条例

(1) 标题。条例的标题一般有两种构成形式：一种由事由和文种构成，如《广告管理条例》；另一种由施行范围、事由和文种构成，如《上海市市政建设管理条例》。如果条例在内容上还不够成熟，尚待进一步修改，可以在标题中标明"暂行""试行"等字样，如《事业单位登记管理暂行条例》。

(2) 制发时间、依据。一般在标题之下用括号注明该条例通过的日期及会议名称，或条例批准、公布的年、月、日和机关名称。如果条例是随"命令""令"等文种同时公布的，这项内容可以不写。

(3) 正文。条例的正文一般由总则、分则和附则三部分组成。总则是关于制定条例的目的、意义、依据、指导思想和适用原则、范围等的说明性文字。总则表述要简洁明了。分则是规范项目，是条例的实质性规定内容。为方便理解和执行，分则各章可分为若干条款加以陈述。附则是对规范项目的补充说明，其中包括用语的解释、解释权、修改权、公布实施的时间等内容。条例的正文基本上采用通篇条文式结构，它有两种表达方法：一种是条款式，全文按序列条；另一种是章条式，全文分若干章，第一章为总则，最后一章为附则，中间为分则。其中，分则各章可以设标题表明该章内容，每章下包含若干条，分别写出有关规定事项，条的顺序按整个条例编排，不按章单排。这种表达形式纲目清晰，表意明白，便于理解、执行，多用于内容庞杂的条例。

3．规定

(1) 标题。规定的标题一般有两种构成形式：一种由事由和文种构成，如《关于对外贸易中商标管理的规定》；另一种由制文机关名称、事由和文种构成，如《中华人民共和国海关关于进出境旅客通关的规定》。如果属于短期内适用或尚待进一步修改的规定，在标题的文种前加上"暂行""试行"等字样，如《驰名商标认定和管理暂行规定》。

(2) 制发时间、依据。规定的时间、依据写在标题之下，用括号注明规定制发的日期和会议，或通过的会议、时间，或批准、发布的机关、时间等。如果规定是随"命令""令"等文种同时发布的，这项内容可以不写。

(3) 正文。规定的正文内容一般由总则、分则和附则组成。总则交代制定规定的缘由、依据、指导思想、适用原则、范围等。分则说明规范项目，即规定的实质性内容和要求。附则说明有关执行要求等。正文的结构形式基本上采用通篇条文式，也有的是绪言加条文式。两者的区别在于总则内容安排的形式：通篇条文式，总则就在第1章或第1条加以表明；而绪言加条文式是在条文前面加一段绪言，作为总则的内容，然后以条文形式说明分则、附则内容。规定的条文部分有三种表达方法：第一种是标序列述式，按序号依次写明规定内容；第二种是条款式，按序列条，把规定的内容用条款逐条加以明确；第三种是章条式，全文分若干章，第一章为总则，最后一章为附则，中间为分则。

4. 办法

(1) 标题。办法的标题一般有两种构成形式：一种由事由和文种构成，如《票汇结算办法》；另一种由发文机关、事由和文种构成，如《国家科委关于科学技术研究成果的管理办法》。如果属于试行或尚待进一步完善的办法，需在标题的文种前加上"暂行""试行"等字样，如《商品交易市场登记管理暂行办法》。

(2) 制发时间、依据。时间、依据写在标题之下，用括号注明制发的日期、或制发、批准办法的机关、会议及时间等。有的办法随"命令""令"等文种同时发布，这一项目内容可不写。

(3) 正文。办法的正文内容由总则、分则和附则组成。总则是关于制定办法的目的、意义、依据、指导思想、适用原则和范围等的说明文字；分则是规范项目，即办法的实质性内容和要求，执行办法的具体依据；附则是对规范项目的补充说明，其中包括用语的解释、解释权、修改权、公布实施的时间以及执行要求等。办法的正文一般是通篇条文式结构，通常有两种表达方法：一种是条款式，全文按序列条，条下有时设款分项；另一种是章条式，全文分若干章，第一章为总则，最后一章为附则，中间为分则。其中，分则各章可以设标题表明该章内容，每章内容分若干条，分别写出有关规范事项。

四、规章制度的写作要求

(一)依法定规，按法制度

规章制度的制定必须严格依据党和国家的有关法律、法规、方针、政策进行。如上所述，章程、条例与规定等规章制度是必须严格遵照执行的；办法、细则、规则、制度等规章制度是规定性的文件，也须遵照执行。各类规章制度公布之后，对相关的人和事具有明显的强制性和约束性，起着规范行为的作用。因此，它们的内容及制定过程必须符合党的有关方针、政策和上级指示精神，必须符合政府的法律、行政法规和法令，这是规章制度写作的第一要求。

(二)实事求是，切实可行

在制定各种规章制度时，一定要坚持实事求是的原则，要进行深入细致的调查研究，切实领会党和政府的相关法律、法规、方针、政策和上级指示精神，充分掌握实际情况。只有这样，才能制定出符合国情、符合实际的切实可行的规章制度，才能对相关的工作起到管理、指导、规范等作用。

(三)结构严谨，内容具体

各种规章制度都是要求人员遵照执行的，因此，在写作时就要做到结构严谨，条文清晰，内容明确，便于执行人员理解和操作。同时，语言要准确、严谨、周密，不能有疏漏、含糊和歧义，充分体现规章制度的严肃性。

(四)定期检查，及时修订

制定各种规章制度是一项十分严肃的工作，各种规章制度一经发布，都具有相对稳定性。随着社会的飞速发展，新情况、新问题层出不穷，为了适应客观形势的发展，符合实际情况的需要，在实施过程中对各类规章制度不断进行完善，是十分必要的。根据社会的实际发展和需要，修改那些不适应的内容，补充一些必要的新内容，是规章制度写作的特殊之处，尤其是那些写明"试行""暂行"的规定、办法等，都要定期检查，适时地进行修改或补充。

【例文3-4】

全国青少年网络文明公约

要善于网上学习　　不浏览不良信息
要诚实友好交流　　不侮辱欺诈他人
要增强自护意识　　不随意约会网友
要维护网络安全　　不破坏网络秩序
要有益身心健康　　不沉溺虚拟时空

【简析】

公约多用于公共事业方面的道德、行为规范。这则公约内容高度概括，有针对性和可行性，语言通俗易懂，易于记忆和执行。

【例文3-5】

××××协会章程

第一章　总　则

第一条　本团体的名称：××××协会。英文译名：××××，简称××。

第二条　本团体是由××××、××××、××××等单位共同发起并自愿结成的地方性、专业性、非营利性社会组织。

第三条　本团体坚持中国共产党的全面领导，根据中国共产党章程的规定，设立中国共产党的组织，开展党的活动，为党组织的活动提供必要的条件。

第四条　本团体的宗旨是遵守宪法、法律、法规和国家政策，遵守社会道德风尚，促进××××研究及开发，加强各高校、科研机构及企业之间的交流合作，提高××××自主研发能力，加快××××产业发展步伐。

第五条　本团体接受×××科学技术协会、××市民政局的业务指导和监督管理。

第六条　本团体的住所设在××省××市。

第二章 业务范围

第七条 本协会具有调查研究、提出政策建议、组织协调行业自律、反映会员意见、沟通信息、咨询服务、国际交流和技能培训等基本职能。

主要业务范围：

(1) ……

(2) ……

(3) ……

(4) ……

第三章 会　　员

第八条 本团体的会员为单位会员、个人会员。

第九条 申请加入本团体的会员，必须具备下列条件：

(一)拥护本团体的章程；

(二)有加入本团体的意愿；

(三)在本团体的行业领域内具有一定的影响。

第十条 会员入会的程序是：

(一)提交入会申请书；

(二)经理事会讨论通过；

(三)由理事会授权秘书处发给会员证。

第十一条 会员享有下列权利：

(一)本团体的选举权、被选举权和表决权；

(二)参加本团体的活动；

(三)获得本团体服务的优先权；

(四)对本团体工作的批评建议权和监督权；

(五)入会自愿、退会自由。

第十二条 会员履行下列义务：

(一)执行本团体的决议；

(二)维护本团体合法权益；

(三)完成本团体交办的工作；

(四)按规定交纳会费；

(五)向本团体反映情况，提供有关资料。

第十三条 会员退会应书面通知本团体，并交回会员证。会员如果连续 1 年不交纳会费或不参加本团体活动的，视为自动退会。

第十四条 会员如有严重违反本章程的行为，经理事会表决通过，予以除名。

第四章　组织机构和负责人产生、罢免(略)

第五章　资产管理、使用原则(略)

第六章　章程的修改程序(略)

第七章　终止程序及终止后的财产处理(略)

第八章　附则(略)

【简析】

本章程开门见山,直述条文,条目清晰,语言简明,格式正确,符合章程的写法。

思考与练习

一、名词解释

1. 条例   2. 细则   3. 办法   4. 公约

二、填空题

1. 规章制度的特点是_____、_____、_____。

2. 章程是一种根本性的规章制度,具有很强的_____性和_____性。

三、简答题

1. 规定和条例有什么区别?
2. 公约和守则的适用范围有哪些?
3. 规章制度的写作要求有哪些?

四、写作训练

根据自己所参加的学校社团或自己的兴趣爱好,拟写一份社团组织的章程或守则。

第四节 会 议 记 录

一、会议记录的概念和作用

会议记录是开会时把会议的基本情况和会上的报告、讨论的问题、发言、决议等内容记录下来的书面材料。

会议记录是对会议整个情况的真实记载。它的作用在于正确地反映会议情况,作为整理会议文件、汇报会议精神、研究工作等存查备考的一种历史资料。

二、会议记录的格式和写法

(一)会议记录的格式

会议记录一般分为两部分。

第一部分,记录会议的组织情况,包括会议名称、开会时间、地点、出席人、列席人、主持人、记录人等,这些内容要在会议主持人宣布开会之前写好。

第二部分,记录会议的内容,一般包括会议主持人的发言,会上的报告或传达了什么事情,讨论了什么问题,做出了什么决议等。

(二)会议记录的写法

会议记录的写作方法主要有两种。

一是摘要记录。这是一般会议常用的方法。它不是有言必录,而是只记录发言要点、结论和会议上讨论的问题,以及通过的决定、决议等主要内容。

二是详细记录。这种记录一般用于重要会议。它要求详细记录，特别是对领导人讲话和重要决议，要尽量记原话，这种记录一般采用速记法，会后还要进行整理。

三、会议记录的写作要求

会议记录一般有四点要求：一是记录速度必须快。精力要集中，要跟上会议发言的速度，如果跟不上发言速度，记录断断续续、残缺不全，就失去了它的意义，将不利于内容的贯彻执行。二是记录要准确。会议记录是会议情况的真实记录，所以一定要如实准确地记录会议内容。如实地反映会议情况，准确记录领导人的重要讲话和主持人结论性的发言。三是要使用专用记录本。最好使用专用记录纸，这样不仅是为了规范，也是为了便于保存、便于保密。四是会议结束后，会议记录要由主持人和记录人签字。

【例文3-6】

××公司项目会议记录

时间：××××年××月××日上午××时
地点：公司第一会议室
出席人：各分公司与直属部门的经理
缺席人：×××(出差)
主持人：×××
记录人：×××
一、主持人讲话
今天主要讨论一下"××××"的兴建立项以及如何开展前期工作的问题。(略)
二、发言
第一分公司×××：该项目的选址应定位在×××以北，×××以南……(略)
第二分公司×××：该项目应以体育健身为龙头带动其他餐饮娱乐。(略)
市场部×××：汇报该项目市场调查与预测的结果。(略)
财务部×××：汇报公司的资金状况。(略)
技术部×××：汇报建筑项目投、招标情况。(略)
策划部×××：讲述三种关于该项目的前期策划设想，前期的宣传投入应该加大。(略)
财务部×××：前期宣传投入要慎重，理由有三……(略)
市场部×××：前期宣传投入要慎重，理由有三……(略)
策划部×××：前期宣传投入一定要加大，因为……(略)
三、决议
(一)一致通过该项目的选址定在××地段(举手表决)。
(二)一致通过该项目第一期投入人民币×××万元(举手表决)。
(三)(略)
四、散会(上午××时)
主持人：×××(签名)
记录人：×××(签名)

【简析】

这是一份格式规范的会议记录。记录依据会议的程序,紧扣会议主题,分为主持人讲话、集体发言讨论、会议决议三部分,条理清楚,重点突出。

思考与练习

一、填空题

1. 会议记录的写作方法主要有两种,一是_____,二是_____。
2. 会议记录的作用在于正确地反映会议情况,作为_____、_____和_____的一种历史资料。

二、简答题

1. 会议记录和会议纪要的区别在哪里?
2. 会议记录要求记得快,又要绝对真实,如何保证做到这两点?

三、写作训练

学校或班级开会时,写一篇会议记录。

第四章

日常应用文

应用文写作

日常应用文是一个十分广泛的概念，主要是指个人或单位在处理日常事务、解决实际问题时经常使用的各类文书。它是应用文中使用频率最高、使用范围最广，与人们的日常生活最直接、最密切的文书。日常应用文的种类较多，常见的有条据类、告启类、书信类等。这类应用文，写作格式上没有统一的规定，结构比较灵活，写起来也不困难。但要真正写好，也不是那么容易的事。本章主要介绍日常应用文的基本格式和用语习惯，以及各自的特点和注意事项。

第一节 一 般 书 信

一、书信简述

书信是日常生活中使用最广泛的一种应用文体。无论是个人还是单位，无论是给家人、亲友还是给单位，都可以使用。例如，在家事方面，平辈对平辈，长辈对晚辈，晚辈对长辈；社交方面，邀请与婉拒，请托与推荐，求职与应聘，祝贺与感谢，所有这些方面的事情都可以用书信来表达。人们用书信来交流思想、互通情况、倾诉感情、讨论问题、联络关系、商洽工作、处理事务，等等。可以说，没有什么内容不可以见于书信。

同样，没有什么表达方式不可以用于书信。在信中，介绍过程动态、奇闻趣事、个人经历，可以用叙述；介绍事物性状、原因结果、影视剧情，可以用说明；对他人论事说理、纵横天下、表达思想见解，可以用议论；向恋人袒露心扉、倾诉衷肠、表白情怀，可以用抒情；向朋友介绍某一热烈的场面或某一迷人的景物，可以用描写。只要你有热情，你可以用各种各样的方式，在书信中表述各种各样的事情。

二、一般书信的分类

书信可分为一般书信和专用书信两大类。一般书信具体又分为以下三种。

1. 兄弟姐妹间的书信往来

兄弟姐妹在工作、生活、学习中经常会遇到一些问题，需要相互交流，寻求解决的办法。同时，兄弟姐妹由于地位平等而又从小生活在一起，彼此非常了解，所以有些事情不愿向长辈讲，也不愿当面向对方去说，所以这样的书信就既具有家书的性质又具备一般的朋友书信的性质。

2. 同学、朋友间的书信

同学、朋友是人生交往中重要的对象，同学、朋友之间的相互理解和支持较亲属而言有过之而无不及，所以给同学、朋友写信是书信中最常见的一种。

3. 其他一般书信

这是一种在生活、工作、学习中为交流思想而写给非亲属、朋友、同学等人的信件，这类信件在书信中占有较大比重。

三、一般书信的写作要求

(一)一般书信的写作格式和要求

一般书信包括称呼、问候语、正文、结语、署名和日期、信封的使用等部分。

1. 称呼

书信的开头称呼，表达了写信人和收信人之间的关系和感情。给长辈写信，一般都是平时怎么称呼，书信上就怎么写。称呼单独写于第一行，从顶格写起，后面加冒号，表示有话要说。

2. 问候语

问候语紧接称呼之下，单独成行，空两字写。

3. 正文

这是书信的主体部分，另起一行，首行空两字写起。正文一般有数行，甚至有好几段。写信时要求语意和语气都贯通顺畅，一般不加段序，更不加小标题。

4. 结语

正文写完以后，要写一些表示敬意或祝愿的问候语作为结尾。人们最常用的是"此致敬礼""恭祝快乐"之类的词语。"此致"或"恭祝"可紧接在正文后面或另一行空两字。"敬礼""快乐"等词语须另起一行顶格写。

5. 署名和日期

书信写完了要署上自己的名字。署名应和前面的称呼相对应。给熟悉的人写信可以不写姓，只写名字即可；给不太熟悉或初次接触的人写信要署全名；给长辈或年龄长于自己的平辈的书信，应在名字前面写上称呼，如"女儿 兰兰""弟 小伟""学生 海英"等。

6. 信封的使用

别看一个信封简简单单，如何使用它却是很有讲究的。我国邮政早已实行自动化分拣处理信函，为了使信函完好无损、准确快速地投递到收信人手中，国家技术监督局早在1994年就开始实施统一使用国家标准信封的方法，推行"信封标准化、书写正规化、贴邮票规范化"。为礼貌起见，一般都是收信人姓名的字号稍大，收信人地址的字号次之，寄信人地址的字号稍小。

(二)一般书信的写作注意事项

1. 称呼要得体

给长辈写信，称谓带上姓名是不礼貌的，给平辈写信直呼姓名过于严肃，给晚辈写信直呼姓名过于冷漠。另外，称呼对方名中的单字，是亲昵的表示，恋人、夫妇之间用得较多，给普通的亲朋好友写信时也这么称呼，就有肉麻之嫌。

2. 问候语要恰当

平辈之间的问候比较随便，但切不可用"祝你进步""祝你向上"之类的语句，不然就会给人老气横秋、居高临下之感。另外，要根据对方的具体情况和书信中的具体内容用一些特定的问候语。例如，长辈身体欠佳，可写"敬颂大安"；对方心情不好，可写"谨祝快乐"；对方事业受到挫折，可祝他"诸事顺利"。

3. 条理要清楚

一封信如果写几件事，最好是一事一段；一件事比较复杂，或一个问题需要深入讨论，就要适当分段。内容安排上，一般是急事先写，近事先写，主要事先写。先解答来信中提到的，再写自己想说的。

4. 言之有物，流露真情实感

写信是有什么写什么，什么事都可以写，但不要无事找事，浪费读信人的时间。特别是议论事情的，要言之有物，不要废话连篇。行文中要表露自己的真情实感，不要矫揉造作。

5. 正确书写信封

信封上收信人姓名后面的称呼是给邮递员投递时使用的，但也反映了寄信人对收信人的尊重与否，以"同志""先生""女士""小姐"和收信人的职务为多，也可按对方的工作性质写上教授、老师、会计、师傅等。但是，切不能写成"父亲""大人""吾妻"等字，要被人取笑的。

【例文 4-1】

辅导员写给大一新生的一封信

亲爱的各位同学：

九月的阳光是明媚的，大学的校园也会因你的到来而更加充满朝气！

古人云：大学，是为大人之学，乃初学入德之门。你是否怀着一分激动，伴着一分好奇，踏入大学校门。大学，一个美丽而又令人幻想的名字。在这里，你将学会一生当中最重要的知识；在这里，你将会结识来自五湖四海的朋友；在这里，你也许会找到人生中的伴侣；在这里，你将会获得踏入社会后的人生经历和财富。

大学，寄托了太多的希望。自己的远大抱负，也许从踏入大学那一刻才真正爆发，真正的理想和现实的碰撞会在这里发生。而踏入大学的天之骄子们，选择只有一个：为自己的人生负责，不留半点遗憾！

大学同时也寄托了父母、朋友、老师的期望。是否记得当你踏上大学征程的列车，父母恨不得把所有的好东西都塞进你的箱包，还不忘叮嘱万千。期望永远是我们前行的动力，大学是这种动力孕生的殿堂。大学是一个知识和自由同行的地方。学到多少，取决于你如何去挖掘。

刚刚跨入大学校园，我想你一定会问自己这样两个问题：我来这儿做什么？我将成为一个怎样的人？当思索这两个问题时，你正是在为大学四年或者更长远的未来树立一座灯塔，尽管前路漫漫，航灯迷烁，但一步步走来的你将不断地修正航向，向着人生的最高点进发。

大学，同样是一个锻炼人和铸造人的地方。大家会渐渐发现：大学里面学到的不只是如何做学问，更是如何做人。做人的学问会让你终生受用！总之，大学这个神秘的殿堂，最终是要看你如何把自己打造得更加完美！

"长风破浪会有时，直挂云帆济沧海"。希望你在大学里读万卷书，汲百代精华，踏实走好每一步，过好大学每一天，为自己的将来打下坚实的基础。

×××

××××年××月××日

【简析】

这是一位辅导员写给刚入大学校园的学生们的一封信。信的内容言简意赅，围绕大学的功能，与学生们畅谈理想未来、使命担当。特别指出：大学是一个锻炼人和铸造人的地方。在大学不仅学知识，更要学会做人，字里行间寄托了老师对学生们的殷切期望。

思考与练习

1. 你是如何理解书信的？
2. 一般书信的写作要求有哪些？
3. 试写一封家书，叙述你入学以来的学习、生活和对亲人的真挚感情。

第二节 介绍信、证明信

一、介绍信的特点和种类

(一)介绍信的特点

介绍信是介绍本单位人员前往有关单位联系工作、商洽事宜、了解情况、办理事务或出席会议时使用的一种专用书信。介绍信的特点主要有以下两点。

1. 证明性

介绍信是机关团体必备的具有介绍、证明作用的书信。接收介绍信的人，可以凭借此介绍信同有关单位或个人联系，商量洽谈一些具体事宜；而收看介绍信的一方则可以从对方的介绍信中了解来人的职业、身份、要办的事情、要见的人、有什么希望和要求等。介绍信是联结双方关系的一个桥梁，旨在证明来人的身份，以防假冒。

2. 时效性

介绍信就相当于一个在一定时间内的有效证件，它可以帮助对方了解你的身份、来历，同时也赋予了你一定的责任和权利。所以，介绍信一般开列出一定的时日期限，这是一种在限期内才具备有用性的一种专用文书。

(二)介绍信的种类

介绍信的分类方式可以有很多种，角度依据不同，则可以分为不同的类别。一般来讲，介绍信通常可以分为书信式介绍信和印刷式介绍信两种。

二、介绍信的结构与写法

(一)介绍信的结构

介绍信一般应包括标题、称谓、被介绍者简况、事由、署名日期和有效期等一些内容。不同形式的介绍信的写法，其格式内容也略有差异。

1. 书信式介绍信

书信式介绍信，包括标题、称谓、正文、结语、落款五部分。

(1) 标题。在信纸的第一行居中写上"介绍信"三个字，字号略大些。

(2) 称谓。在第二行顶格写明联系单位名称(全称)或单位负责人姓名及尊称，后面加上冒号。

(3) 正文。正文要另起一行，空两字用"兹""今""现"做首起。介绍信的内容要写明以下几点。

① 要说明被介绍者的姓名、年龄、政治面貌、职务等。如被介绍者不止一人，还需注明人数。其中，政治面貌和被介绍者的年龄有时可以省略。

② 写明要接洽或联系的事项。

③ 提出的希望和要求，如"请接洽""请给予方便""敬请大力支持""请予接洽为盼""请接洽并予协助"等。

(4) 结语。紧接正文之后或另起一行空两字写上"此致"，再起一行顶格写"敬礼"等表示祝愿和敬意的话。

(5) 落款。出具介绍信的单位名称写在正文右下方，并署上介绍信的成文日期，加盖单位公章，有的还要注明本介绍信的使用期限。这种介绍信写好之后，一般装入公文信封内。

2. 印刷式介绍信

不带存根的印刷式介绍信的内容、格式同书信式介绍信大体一样，这里主要介绍带存根的介绍信。带存根的印刷式介绍信一般由存根联、间缝和正式联三部分组成。

(1) 存根联部分。

① 第一行。正中写"介绍信"三个字，字号要大；紧接"介绍信"的字后，用括号注明"存根"两个字。

② 第二行。在右下方写有"××字×号"字样。如是市教委的介绍信就写"市教字×号"，如是县政府商业局的介绍信可写"县商字×号"，"×号"是介绍信的页码编号。

③ 正文。正文要另起一行写介绍信的内容，具体有以下几项：被介绍对象的姓名、人数及相关的身份内容介绍，还要写明前往何处何单位。具体说明办理什么事情，有什

要求等。

④ 结尾。结尾只注明成文日期即可，不必署名，因为存根仅供本单位在必要时查考。

(2) 间缝部分。

存根部分同正文部分之间有一条虚线，虚线上有"××字第××号"字样。这里可照存根第二行"××字×号"的内容填写。要求数字要大写，如"壹佰叁拾肆号"，字号要大些，便于从虚线处截开后，在存根联和正文联各有一半字迹。同时，应在虚线正中加盖公章。

(3) 正式联部分。

① 第一行。正中写"介绍信"字样，字号较大。有的还可以在标题前冠以单位名称，如"××职业技术学院介绍信"。

② 第二行。在右下方有"××字××号"字样，内容按照存根联填写。

③ 称谓。称谓要顶格写，写明所联系的单位或个人的称呼或姓名，后面加冒号。

④ 正文。另起一行，空两格再写介绍信的具体内容。内容同存根联内容一样，主要写明持介绍信者的姓名、人数，以及要接洽的具体事项、要求等。

⑤ 结尾。写明祝愿或敬意的话，一般要写诸如"请接洽""请指教""请协助"等类的话，后边还要写"此致敬礼"。最后要注明该介绍信的有效期限。

⑥ 落款。在右下方要写本单位的全称，并加盖公章，同时另起一行署成文日期。

(二)介绍信的写作要求

介绍信是介绍来人身份、建立一种良好的合作或有效办理某项事情的有效凭证。所以，在写或填写介绍信的时候，务必注意以下事项。

(1) 要填写被介绍人的真实姓名、身份，不得虚假编造，冒名顶替。

(2) 所接洽办理的事项要写清楚，与此无关的不要写，要简明扼要，不可太长。

(3) 务必加盖公章，以免以后造成不必要的麻烦。查看介绍信时，也要核对公章和介绍信的有效期限。

(4) 有存根的介绍信，存根联和正式联内容要完全一致。存根底稿要妥善保存，以备今后查考。

(5) 用钢笔或毛笔书写，字迹要工整，不得涂改。有涂改的地方，须加盖公章，否则此介绍信将被视为无效。

三、证明信的特点和种类

(一)证明信的特点

证明信是单位或个人证明有关人员的身份、职务、经历等真实情况或证明有关事件事实真相的一种专用书信，通常也被称为"证明"。证明信通常具有以下特点。

1. 凭证的特点

证明信的作用贵在证明，是持有者用以证明自己身份、经历或某事真实性的一种凭证，所以证明信的第一个特点就是它作为凭证的作用。

2. 书信体的格式特点

证明信是一种专用书信，尽管证明信有好几种形式，但它的写法同书信的写法基本一致，大部分采用书信体的格式。

(二)证明信的种类

证明信的分类有很多种，依据不同，分类也不同。比如，从证明信的内容来看，我们可以将证明信分为证明某人身份、证明某人某一时期的工作经历和证明某件事情真相的证明信等。从性质上分，可以把证明信分为以单位名义出具的证明信和以个人名义出具的证明信两种。从格式上分，可以把证明信分为手写式和印刷式两种。我们认为后一种分法是较合理的。

(1) 手写式证明信，一般是该单位的负责人或文书根据真实的档案或调查的材料，组织书写的一种证明性书信。篇幅可长可短，视具体情况而定。

(2) 印刷式证明信，是一种较方便的事先把格式印好，只需填写主要内容的一种证明信。这种证明信一般留有存根，以备今后查看。这是一种较为正规的证明信。

四、证明信的结构和写法

(一)证明信的结构

不论是哪种形式的证明信，其结构都大致相同，一般都有标题、称呼、正文、结语、落款等。

1. 标题

证明信的标题通常由以下两种方式构成。

(1) 单独以文种名做标题。在第一行中间冠以"证明信""证明"字样。

(2) 由文种名和事由共同构成。一般也是写在第一行中间，如"关于×××同志××情况(或问题)的证明"。

2. 称呼

在第二行顶格写上受文单位名称或受文个人的姓名称呼，然后加冒号。有些供有关人员外出活动证明身份的证明信，因为没有固定的受文者，开头可以不写受文者称呼，而是在正文前用公文引导词"兹"引出正文内容。

3. 正文

正文要在称呼写完后另起一行，空两字书写。要针对对方所要求的要点写，即需要证明的问题，其他无关事项的不写。例如，证明的是某人的历史问题，则应写清人名、何时、何地及所经历的事情；若要证明某一事件，则要写清参与者的姓名、身份，以及其在此事件的地位、作用和事件本身的前因后果，也就是要写清人物、事件的本来面目。

4. 结语

正文写完后，要另起一行，空两字写上"特此证明"四个字。证明信不写致敬语。

5. 落款

落款即署名和写明成文日期。要在正文的右下方写上证明单位或个人的姓名和称呼，成文日期写在署名下另起一行，然后由证明单位或证明人加盖公章或签名、盖私章，否则证明信将是无效的。单位名称要写全称。

(二)证明信的注意事项

(1) 以个人名义发出的证明信，为了提高可信度，可由其所在单位组织签署意见，写明书写证明信者的政治面貌、工作情况等，以便审阅证明信的人了解证明人的情况，从而鉴别证明材料的真伪与可信程度。

(2) 个人所写的证明信的内容如果本人不太熟悉，应写"仅供参考"的提示性语言。因为证明信有时是作为结论性证据的，所以要实事求是，严肃认真，要言之有据。

(3) 对于随身携带的证明信，一般要求在证明信的结尾注明有效时间、过期无效的期限。

(4) 证明信的语言要十分准确，不可含糊其词。证明信不能用铅笔、红色笔书写，若有涂改，必须在涂改处加盖公章。

【例文4-2】

介绍信(存根××)

××字第××号

兹介绍×××、×××等同志××人，前往××联系××。

××××年××月××日

·········第·················号···············介绍信

介 绍 信

××字第××号

××：

兹介绍×××、×××等同志××人，前往贵处联系××事宜，敬请接洽并给予协助。

　　此致

敬礼！

××(公章)
××××年××月××日

(有效期××天)

【简析】

例文中存根联与正式联由间缝上下隔开。在存根联部分，有标题"介绍信(存根)"，在第二行有"××字××号"字样需要填写，在正文处需要依次填上姓名、人数、相关身份内容及前往何处需办理什么事情等。结尾处写有祝愿或敬意的话及有效期限。

【例文 4-3】

证 明 信

×××局党委：

  ××同志，男，现年××岁，××××年××月考入我校学习，系×××教授的研究生。××××年××月毕业，学校为其颁发了毕业证书。

  因本人毕业证丢失，特此证明。

××××大学(盖章)

经办人：×××(签名)

××××年××月××日

【简析】

  这是一则以组织名义所发的证明信，语言准确并且实事求是、严肃认真。这则证明信最大的优点是篇幅短小精悍，寥寥数语把所要证明的事情梳理清楚，值得借鉴。

📖 思考与练习

1. 介绍信与证明信有什么不同？
2. 常见的介绍信有哪几种形式？
3. 证明信的写作应注意哪些事项？
4. 暑假期间，你计划到××公司从事社会实践活动，请你代表学校草拟一封介绍信。
5. ××省××市电视机厂工程师罗伟光同志(男，40岁)、技术员刘志敏同志(男，35岁)，前往豫、冀、晋、秦等省检查并重点修理该厂出产的××牌电视机。请你代表该厂草拟一封证明信。

第三节　感谢信、慰问信

一、感谢信的特点和种类

(一)感谢信的特点

  感谢信是受到帮助的单位或个人对于帮助、关怀、支援过自己的单位或个人表示感谢的信。在现实生活中，单位与单位或个人与个人之间，互相帮助，互相支援，表现出崇高的风格，涌现出许多好人好事。为此，受到帮助、得到支援的一方，为了表示感激之意，常常采用感谢信的形式，给对方写信，以示谢意。人们称这一类的信为感谢信。感谢信除有感谢的意思之外，还有表扬的意思。所以，感谢信除了送给对方或对方所在单位外，也可以寄到报社、电台、电视台播报。

(二)感谢信的种类

1. 按感谢对象的特点来分

(1) 给集体的感谢信。这类感谢信，一般是个人因在困难时，受到了集体的帮助，使自己渡过了难关，走出了困境，所以要用感谢信的方式表达自己的感激之情。

(2) 给个人的感谢信。这类感谢信，可以是个人也可以是单位集体为了表达因某个人曾给予的帮助、照顾而写的信。

2. 按感谢信的存在形式来分

(1) 公开张贴的感谢信。这种感谢信包括登报感谢信、电台广播感谢信，或电视台播报的感谢信等，总之是一种公开的感谢信。

(2) 寄往单位或个人的感谢信。这种感谢信直接寄给单位或个人。

二、感谢信的结构与写法

(一)感谢信的结构

感谢信通常由标题、称呼、正文、结尾和落款五部分构成。

1. 标题

感谢信的标题写法通常有以下几种形式。

(1) 单独由文种名称组成，如《感谢信》。
(2) 由感谢对象和文种名称共同组成，如《致××公司的感谢信》。
(3) 由感谢双方和文种名称组成，如《××大学××系致××厂的感谢信》。

2. 称呼

写在开头顶格处，要求写明被感谢的机关、单位、团体或个人的名称或姓名，然后加上冒号。

3. 正文

从称呼下移一行空两字开始写，要求写上感谢的内容和感谢的心情。正文应分段写出以下几个方面。

(1) 感谢的事由。精练地叙述事情的前因后果，叙述对方的好品德、好作风。叙述时务必交代清楚人物、事件、时间、地点、原因和结果，重点叙述关键时刻对方的关心、支持和帮助所产生的效果。

(2) 揭示意义。在叙事的基础上指出对方的关心、支持和帮助对整个事情成功的重要性以及体现出的可贵精神，同时表示向对方学习的态度和决心。

4. 结尾

写上敬意的话、感谢的话，如"此致，敬礼""致以最诚挚的敬礼"等。

5. 落款

署上发文单位名称或发文者的姓名，并且写上成文日期。

(二)感谢信写作的注意事项

(1) 要把被感谢的人物、事件，准确地叙述清楚，使对方能够想起来，组织上也能具体地了解是什么人、在什么时间、什么地点做了什么好事，得到了哪些帮助，这些帮助又产生了哪些效果。有时别人在做好事或帮助他人时，可能自己并不在意，所以详细的叙述就显得尤其必要。

(2) 在叙述过程中，要怀着感激的心情加以议论、评价，以便突出其深刻含义。

(3) 感谢应真诚、朴素，表达谢意的行动要符合实际，说到做到，切实可行。感谢时，要照顾到感谢对象的一些诸如身份、年龄、性别、学历、修养、职业、境遇等情况。

(4) 在语言上要求精练、简洁，遣词造句要把握好一个度，不可过分雕饰、华丽多彩，否则会给人一种不实、虚伪之感。在篇幅上切记不可太长，话不在多，点到为止。这样的话也许更有余味，更能表达出自己的感谢之情。

三、慰问信的特点和种类

(一)慰问信的特点

慰问，安慰问候。慰问信是以组织或个人的名义，向在某方面做出特殊贡献或遇到意外损失、遇到巨大灾难的集体或个人表示关怀和问候的一种专用书信。慰问信在行政机关、企事业单位、社会团体中应用广泛。慰问信有以下三个特点。

1. 发文的公开性

慰问信可以直接寄给本人，但大多是以张贴、登报，在电台、电视上播放的形式出现的。

2. 情感的沟通性

无论是对有突出贡献者的慰问，还是对遭遇困难者的慰问，情感的沟通是支撑慰问信的一个深层基础。慰问正是通过这种或赞扬(表达崇敬之情)，或同情(表达关切之意)的方式来达成双方的情感交流和相互理解。节日的慰问，尤其是为某一群体而设的节日的慰问，更是起着相互沟通情感的作用，如"三八妇女节""教师节"等的节日慰问。

3. 书信体的格式

慰问信采用书信体格式书写。

(二)慰问信的种类

从慰问的对象来看，慰问信可分为三种类型。

1. 对做出贡献的集体或个人的慰问

这类慰问主要针对那些承担艰巨任务、做出了巨大贡献甚至牺牲，取得了突出成绩的先进个人或集体，如"慰问抗洪抢险的解放军战士""慰问保家卫国的边防军人""慰问春节期间仍坚守岗位的铁路工人"等，鼓励他们戒骄戒躁，继续前进。

2. 对遭受困难或蒙受损失的单位或个人的慰问

这类慰问常常是针对那些由于某种原因(如车祸、火灾、地震、暴雨等)而暂时困难或蒙受了巨大损失的集体或个人，对他们表示同情和安慰，鼓励他们克服暂时的困难而努力工作，尽早改变现状。例如，对灾区人民的慰问、对老少边区群众的慰问。

3. 节日慰问

这是一种上级对下级、机关单位对支援群众进行的一种节日问候。一般表示对他们以前工作的肯定和赞扬，并祝福他们在今后的工作、学习、生活中心情舒畅，做出更大的成绩，如"春节慰问""教师节慰问"。

四、慰问信的结构和写法

(一)慰问信的结构

慰问信通常由标题、称呼、正文、结尾、落款五部分构成。

1. 标题

标题通常由以下三种方式构成。
(1) 单独由文种名称组成，如《慰问信》。
(2) 由慰问对象和文种名共同组成，如《给抗洪部队的慰问信》。
(3) 由慰问双方和文种名共同组成，如《朱德致抗美援朝将士的慰问信》。

2. 称呼

标题下空一行，顶格写上受文者的名称或姓名称呼。如果是写给个人的，应在姓名之后加上"同志""先生"等字样，后加冒号，如"海口市人民政府：""巴金先生："。如果对象多，要一一写进去。对象的前边，多加"敬爱的""亲爱的""尊敬的"等字，表示尊重。

3. 正文

正文需另起一行，空两字写慰问的内容。正文一般由发文目的、慰问缘由或慰问事项等部分构成。

(1) 说明写慰问信的背景、原因，如"值此 2006 年新春佳节即将到来之际……""正当举国人民在欢度国庆的日子里……""正当你们和全国人民一道为实现祖国的富强而努力奋斗时，突然遇到了×××自然灾害……"的具体背景和形势；接着写表示深切慰问的话，如"致以节日的祝贺""致以亲切的慰问"等。

(2) 慰问缘由或慰问事项。概括地叙述对方的先进思想、先进事迹，或战胜困难、舍己为人、不怕牺牲的可贵品德和高尚风格；或者简要叙述对方所遭受的困难和损失，以示发信方对此表示关切的程度。慰问信要表现出发信方的钦佩或同情之情。

4. 结尾

结尾部分表示共同的愿望和决心，如"让我们携手并进，为早日实现祖国的四个现代化而共同奋斗！"，又如"……困难是暂时的，最后的胜利一定属于我们！"等。接着写祝愿的话，如"祝你们取得更大的成绩""祝节日愉快"等，但"祝"字后面的话应另起一行，空两字写，不得连写在上文末尾。

5. 落款

落款部分署上发文单位或发文个人的称呼，并在署名右下方写上成文日期。

(二)慰问信写作的注意事项

(1) 向对方表现出亲切、关怀的感情，使对方有一种情谊深厚、温暖如春的感觉。

(2) 在较全面地概括对方的可贵精神的同时，提出殷切希望，勉励他们继续努力工作，刻苦奋斗，取得胜利。

(3) 行文要诚恳、真切，文字朴实、精练，措辞要恰切，篇幅要短小。

【例文4-4】

致广大志愿者的一封感谢信

志愿者朋友们：

新冠肺炎疫情暴发以来，全区广大志愿者积极响应党和政府的号召，联防联控、守望相助、同舟共济，营造了"全民战'疫'"的和谐氛围，打响了一场群防群治的"人民战争"。在学雷锋纪念日到来之际，×××新城党工委、管委会及全区人民，向你们致以衷心的感谢和诚挚的问候！

疫情期间，广大志愿者坚持全区"一盘棋"，不计酬劳、迎风战雨，坚守于执勤卡点；入户排查、宣传劝导，穿梭于街头巷尾；多方筹措、慷慨捐赠，服务于物资保障；热心结对、跑腿代办，揪心于困难群众；协助生产、助力复工，活跃于流调现场……疫情防控的角角落落，都有你们的身影，都有你们默默的付出，都有你们无私的奉献，你们是平安新城的坚定守护者。

疫情防控，志愿同行。希望你们继续当好防疫宣传的劝导员，在确保自身防疫安全的同时，劝导市民做到不串门、不聚会、不聚餐，戴口罩、勤洗手、常通风，根据全区防疫工作的需要，继续当好执勤力量的补充，积极参与外来人员登记排查、公共场所消杀，协助做好疫情防控工作。

复工复产，志愿同行。希望你们继续当好企业复工、项目复建、商铺复市的服务员，开展惠企政策宣传、审批事项帮办、用工招聘、场地消毒、物资发放、人文关怀等志愿服务。

文明实践，志愿同行。希望你们继续当好新城的建设者，积极参与文明一米线劝导、市民不戴口罩纠正、清洁家园、困难帮扶等志愿服务，倡导文明行为，推动市民素质和社会文明程度提升。

春天已经到来。众志成城的火焰必将冲散新冠肺炎疫情的阴霾，让我们树立战"疫"必胜的信念，持续弘扬"奉献、友爱、互助、进步"的志愿服务精神，共同迎接春暖花开！

中共×××市×××新城工作委员会
×××新城管理委员会
××××年××月××日

【简评】

这是一封致广大志愿者的感谢信。信中充分肯定了广大志愿者在疫情期间的默默付出、无私奉献,是平安新城的坚定守护者。同时,希望广大志愿者继续做好疫情防控的一系列工作,结尾号召树立战"疫"必胜的信念,持续弘扬志愿服务精神,符合感谢信的一般写法。

【例文 4-5】

致离退休老干部的慰问信

尊敬的各位老领导、老专家、老同志们:

大家好!秋风送爽,花果飘香。值此重阳佳节来临之际,谨向您致以节日的祝贺和亲切的问候!

悠悠岁月铭记着广大离退休老干部的奋斗足迹,在革命、建设和改革开放的不同时期,你们披肝沥胆、呕心沥血、攻坚克难、无私奉献,为××县的农业发展和科技进步做出了重要贡献。您的经验和智慧是我们农业系统的宝贵财富,现在农业事业的发展成果凝聚着您的心血和汗水。

近几年来,我局以"农业稳县"战略为契机,在县委、县政府的正确领导和省市农业主管部门的大力支持下,以推进现代农业为抓手,积极发展蔬菜、桑蚕等特色产业,大力推进农村能源建设,深入开展农业技术服务和农业基础设施建设。通过公路沿线万亩油菜景观带和建设粮油高产创建、测土配方施肥、病虫害统防统治等关键技术措施的应用,有效带动了粮油生产,使传统农业和现代农业有机结合,使农业和农村经济快速发展。

最美不过夕阳红,温馨又从容。老干部是党和国家的宝贵财富。我们将继续发扬尊老、敬老、爱老、护老的光荣传统,认真贯彻落实党的各项方针政策,为广大离退休老干部创造和谐幸福的生活环境。同时,我们殷切地希望您继续发挥余热,继续发扬"自强、自律、自立"的优良传统,加强学习,崇尚科学,与时俱进,思想常新,一如既往地关心和支持全县农业发展和农业部门建设,并为此做出更大的贡献。

最后,祝全体离退休老干部节日快乐、家庭幸福、身体健康、延年益寿,在祥和、和谐的氛围中,幸福地安度晚年。

【简析】

这是一封致离退休老干部的慰问信。该慰问信首先向广大老干部致以节日问候,接着肯定了老干部过去的工作,表达了对老干部的崇敬心情。其次,介绍在县委县政府领导下的农村农业发展形势,希望老干部发挥余热,一如既往地关心和支持全县农业发展和农业部门建设。最后,祝愿老干部幸福安度晚年。这封慰问信措辞诚恳、真切,充满关怀之情;文字朴实、精练,篇幅短小而精悍。

思考与练习

一、名词解释

1. 感谢信   2. 慰问信

二、简答题

1. 感谢信的写作有何注意事项?

2. 慰问信可分哪几种类型？正文如何写？

三、写作训练

1. 在教师节来临之际，请以校学生会名义，给全校教师写一封感谢信。

2. ××地区暴雨成灾，大部分地区被淹，交通受阻，许多人的生命和财产受到威胁和损失。××公司员工因距离较远，不能前去抗涝救灾，决定捐些钱和衣物。在寄钱和衣物的同时，还准备寄去一封慰问信。请你代为起草这封慰问信。

第四节　推荐信、邀请信

一、推荐信的特点和种类

(一)推荐信的特点

推荐信又称推荐书、引荐信，是指向用人单位推荐优秀人才或者向自己的熟人和朋友介绍(引荐)人才，希望对方接纳、任用时所写的一种专用书信。一般来讲，推荐信具有以下特点。

1. 荐举贤能

向用人单位介绍、举荐自己或自己了解的优秀人才，能够使有才能的人可以为用人单位所用、为社会造福。一个没有才能的人既不可能有自荐的信心，同时也不会得到别人的信任而受到举荐。

2. 公私兼顾

无论是以单位名义发文向有关单位推荐人才，还是以个人名义向组织推荐或向个人推荐人才，这其中均有举荐人才、公私兼顾的特点。从某个角度来说，举荐信可以认为是一种私人之间的通信。凡是写举荐信的人均希望自己的举荐可以成功，得到承认。

(二)推荐信的种类

1. 按推荐者的情况来分

推荐信按推荐者的情况分，可以分为"自荐信"和"推荐信"两种。

所谓自荐信，是指写信人为了在某单位获得一份工作或在自己原有的单位获得更好的职位而写的一种推荐自己的信件。

推荐信则是写信人向某单位或个人推荐别人的一种信件。

2. 按推荐信的投发对象来分

推荐信按投发对象来分，可分为目标明确的推荐信和广泛性的推荐信。

所谓目标明确的推荐信，是指写信人明确自己推荐信的投发对象，根据对象的情况可以目标明确地行文的一种推荐信。

广泛性的推荐信，指写信人只是推荐被推荐人的才能而暂时并无明确的推荐单位的一种推荐信。这种推荐信，往往可以同一内容一式多份，向同类性质的单位广泛投寄。

二、推荐信的结构和写法

(一)推荐信的结构

推荐信一般由标题、称呼、正文、结语和落款五部分组成。

1. 标题

标题一般由文种名构成,即在第一行正中写上"推荐信"三个字。若写推荐信方同收推荐信方关系较熟,则可以不要标题。

2. 称呼

在第二行顶格写上用人单位的名称或负责人姓名,或只写对方领导的职务,如"尊敬的××局局长:"。如果推荐人同收推荐信的人是熟人、朋友,则也可以用常见的私人信件一样的称呼,如"王雄兄:"。

3. 正文

(1) 介绍基本情况,如姓名、年龄、学历与学位、职业等。

(2) 介绍突出特点,如学业成绩、专业特长、外语水平、业务能力、工作业绩等。如果是自荐信,更要写明自己在原来岗位未能发挥或没有机会发挥的潜能和特长。

(3) 表达自己希望能办成此事的态度和愿望,恳请领导给予被推荐人工作或晋升机会,如"特此推荐""该同志适合从事××工作""本人乐于推荐此人到贵单位任职"。

以个人名义写的推荐信,通常在正文开始前先做自我介绍,写明自己的姓名、工作单位、现任职务、职称、成就、与被推荐人的关系、通信地址等,以增强可信度。按照国际通用的写法,这些内容要写在称呼前面。推荐人的身份、资历可以从一个侧面说明推荐意见的分量,所以要尽量请社会名人、权威人士、有关专家、教授、导师及其他有影响力的人来写推荐信。

4. 结语

一般写祝颂语作为结语。

5. 落款

落款部分是在正文右下方署上推荐者的姓名,以及成文日期的年月日。有些推荐信附上一些与被推荐人业绩有关的材料,注明自己的详细通信地址,以备以后必要时联系之用。

(二)推荐信写作的注意事项

1. 尊重事实,客观推荐

写推荐信的人要本着对自己、对用人单位、对被推荐人负责的态度,客观、公正地向用人单位提供被推荐人的真实情况。自荐信所列的个人材料要真实、具体,既表现出自己胜任某项工作的信心,同时也应态度诚恳、谦虚。

2. 突出重点

推荐是否成功，还在于能否引起对方的兴趣。推荐的理由越充分、事实越具体，推荐的意见就越容易被重视和采纳。所以，介绍被推荐人时，不要面面俱到，只需把他具有能胜任某一方面的工作的才能说清楚即可，做到重点突出，详略得当。

3. 礼节周全

推荐信一般包含请求的意思，写推荐信的人的目的在于能推荐成功，所以语言要简洁明快，文明有礼，不可用命令、指示等口气讲话，以免于事无益。

三、邀请信的特点和种类

(一)邀请信的特点

邀请，即请别人到自己的地方来或到约定的地方去。邀请信又称邀请书，是行政机关、企事业单位、社会团体或个人邀请有关人士前往某地参加某项活动或事宜的专用书信。邀请信一般有以下两个特点。

1. 礼仪色彩

同请柬一样，邀请信也具有邀请的功能，要求有一些礼仪色彩。但相较而言，邀请信更恳切、热情、朴实一些。它没有请柬的庄重严肃，但却也礼貌周到，普遍受到人们的喜爱。

2. 书信体格式

邀请信在用语上比请柬随意，而且要求有较详细的邀约内容，所以采用书信体的格式。

(二)邀请信的种类

在国际交往以及日常的各种社交活动中，这类书信使用广泛。英文邀请信可分为以下两种。

1. 请柬

这种邀请信格式严谨而固定，一般适用于较庄重、严肃的场合。

2. 一般的邀请信

这种邀请信通常适用于一些平常的事情的邀请，而且邀请人同被邀请人之间很熟悉。

四、邀请信的结构和写法

(一)邀请信的结构

邀请信通常由标题、称呼、正文、结语和落款五部分组成。

1. 标题

邀请信的标题一般由两种方式构成。

(1) 单独以文种名称构成，如《邀请书》《邀请信》。

(2) 由事由和文种名称共同组成，如《关于出席博鳌亚洲论坛的邀请信》。

2. 称呼

标题下第二行顶格写被邀请的单位或个人的名称或姓名，也就是要写明主送对象，如"×××大学："" ××同志：" "××教授："。

3. 正文

正文部分通常要求写出举办活动的内容、活动目的、活动时间、活动地点、活动方式、邀请对象以及邀请对象所做的工作等。若附有票、券等物也应同邀请信一并送给主送对象。

若相距较远，则应写明交通路线，以及来回接送的方式等。其他差旅费及活动经费的开销来源、被邀人所应准备的材料文件、节目发言等也应在正文中交代清楚。

4. 结尾

结尾部分写上礼节性的问候语，如"敬请光临""敬请莅临""恳请光临指导""致以敬意"等。

5. 落款

落款部分署上发文单位名称或个人的姓名、发文日期。邀请单位还应加盖公章，以示慎重。

(二)邀请信写作的注意事项

1. 措辞讲究

邀请信的主要内容类似于通知，但又有几分商量的意思。它不能是行政命令式的态度，所以在用词上一定要礼貌，宜用期盼性语言表达，突出"请"意，避免使用"务必""必须"之类的强制性词语。有些邀请信在开头还应解释一下自己不能亲自面邀的原因，以免引起不必要的误会。

2. 有关信息的交代要清楚

邀请信是被邀请对象进行必要准备的一个依据，活动的各种事宜务必在邀请信中写清楚、写周详，使邀请对象可以有备而来，也使活动主办方减少一些意想不到的麻烦。

3. 制作宜精美

邀请信装帧尽可能美观、大方，以示对被邀请者的尊重。

4. 文种选择需根据使用的场合和情况确定

隆重的礼仪场合多用请柬；参加学术研讨会、纪念会、订货会多用邀请信，一般的会议发通知即可。邀请的事项单一，用请柬；邀请的事项较复杂或需要向被邀请者说明有关问题，则用邀请信。

【例文4-6】

<h3 style="text-align:center">推 荐 信</h3>

××先生:

　　××先生2019年毕业于××大学中文系文学专业。在校学习期间,各科成绩优良,曾先后发表过小说《×××》、剧本《××××》等十多部作品,还翻译过外国文学剧本《×××》。

　　××先生有较强的研究能力,社会知识比较丰富,富有钻研精神。近闻贵司想请他参加系列片的编写工作,我深信他是可以胜任该项工作的。

　　顺颂近安。

××大学中文系教授××
××××年××月××日

【简评】

　　这是一封以个人和专家双重身份书写的推荐信,内容简明扼要、客观公正,评价中肯,特别是能突出重点,着重介绍工作能力和实绩,给人以较深刻的印象。

【例文4-7】

<h3 style="text-align:center">邀 请 信</h3>

××同学:

　　大地迎来了三春,暖风吹开了百花,满山遍野,呈现出一片蓬勃的生机,各级学校,也放春假了,想你们学校当然也不例外。我已约好了四位同学,准备去×××旅行。我想你是一位喜爱游山玩水的人,尤其你的照相技艺高超,有你同行,一定更加有意义,特地写信给你,欢迎你同去。现已决定于××月××日上午9时,在我处集合出发,希望你在那时准时到来,并记住带上照相机!万一你因有事不能去,请你给我一个回信,免得让大家空欢喜一场。再见。

　　祝幸福!

同学××
××××年××月××日

【简评】

　　这是一封约旅行的邀请信。文中将要交代的事情逐一列出,具体可行,如将已约的人数、旅行的地点、具体的时间及出发的地点交代得十分明白。对方前往时应带的物品也一并列出,而且为防意外,要求对方如果不去务必给个回信,虑事可谓周全。文章不长,注重了礼仪用语。它没有请柬的过分庄重和严肃,但轻松明白,让人感到亲切自然。这是一篇严谨有序,写得较为圆满的邀请信。

思考与练习

一、名词解释

1. 推荐信　　2. 邀请信

二、简答题

推荐信与邀请信的写作有何不同?

三、写作训练

1. 学校学生会即将改选，请你以班级辅导员的身份写一封推荐信，推荐某同学为学生会主席候选人。

2. ××××年××月××日为海南××学院建校十五周年大庆日，请代学校写一封邀请信。时间、地点、活动形式等可以模拟酌定。

第五节 求 职 信

一、求职信的特点和结构

求职信是求职者向有关企事业单位，介绍自己的基本情况，提出供职请求，并要求对方考虑、答复的文书。

(一)求职信的特点

一般而言，好的求职信具有下列几个特点。

1. 针对性

写求职信必须针对实际情况(用人单位的实际情况、自己的实际情况)，针对读信人的心理，针对自己的求职目标。

2. 自荐性

写信人和读信人不熟悉，必须由写信人毛遂自荐，因而要恰如其分地介绍自己。求职信必须向未来的雇主介绍你和你的价值。

3. 竞争性

择业择人是双向选择，求职就是竞争。要想在竞争中取胜，必须突出自己的优势。

什么是自己的优势？在写求职信之前必须十分明白。自己没有优势，就会失去竞争力，因此，要在求职前努力创造自己的优势。这些优势不是自己编写出来的，而是在实践中得到考验、验证，而且有证明书可以做证，并将它复印成为附件附上。例如，科研成果、学术论文、获奖证书、学历证书、英语考级证书、秘书考证证书、会计考证证书、报刊发表的文章、重大比赛参赛证书、参加重大工程项目证书等。

(二)求职信的结构

一般来说，求职信属于书信，故其基本格式也应当符合书信的一般要求。一个人的书信如果写得精彩，那么可以肯定他的求职信也不会写得很差。求职信的基本格式与书信无异，主要包括收信人的称呼、引语、正文、结语、附件、落款六个方面的内容。

1. 称呼

由于读信人一般是用人单位的负责人，求职者不知其名，因此，如果写给国家机关或事业单位的人事部门负责人，可用"尊敬的××处(司)长"称呼；如果是"三资"企业领导,则用"尊敬的××董事长(总经理)先生称呼;如果是各企业厂长(经理)",则可称之为"尊敬的××厂长(经理)"称呼。如果在招聘启事中已告知了联系人的姓名,则可以写上姓名,称"××先生""××女士";如果是写给院校人事处负责人或校长的,可称"尊敬的××教授(校长、老师)";如果打探到对方是高学历者,可以用"××博士""××硕士"称呼,则其更容易接受,无形中会对你产生一种亲切感。

2. 引语

求职信的开头首先要写明求职的缘由。如果是在没有招聘启事的情况下,求职者自己到企业去求职,开头要写明写信的缘由,表明写信的目的;如果是求职者看了报上的招聘启事之后写的,则采用启事为引子,自然导入正文。例如,"得悉贵公司正在拓展省外业务,招聘新人,且昨日又在《××商报》上读到贵公司招聘广告,故有意角逐营业代表一职。" 记住,不要在信中出现"冒昧""打搅"之类的客气话,他们的任务就是招聘人才,何来"打搅"之说?如果你的目标公司并没有公开招聘人才,你也并不知道他们是否需要招聘新人时,你可以投石问路,如"久闻贵公司实力不凡,声誉卓著,产品畅销全国。据悉贵公司欲开拓海外市场,故冒昧写信自荐,希望加盟贵公司。我的基本情况如下……"这种情况下用"冒昧"二字就显得很有礼貌。

3. 正文

正文是求职信的重点部分。

(1) 写出个人背景,介绍自己与应聘职位有关的学历水平、经历、成绩等,令对方从阅读时就对你产生兴趣。但这些内容不能代替简历,较详细的个人简历应作为求职信的附件。

(2) 说明能胜任职位的各种能力,这是求职信的核心部分。其目的无非是表明自己具有专业知识和社会实践经验,具有与工作要求相关的特长、兴趣、性格和能力。总之,要让对方感到,你能胜任这项工作。在介绍自己的特长和个性时,一定要突出与所申请职位有联系的内容,应依据招聘条件,一一如实作答,千万不能写上那些与职位毫不沾边的东西。比如,你应聘业务代表一职,在求职信中大谈"本人好静,爱读小说"等与业务无关的性格特征,结果肯定是失败的。

4. 结语

结语主要以诚恳的态度提出自己的愿望与要求,如希望对方能给自己一个面试的机会、盼望答复、静候回音等,然后以"此致敬礼"做结束语。例如,对"三资"企业、民营企业,可用惯用语:"恭祝大安""即颂春安(夏天用"夏安",秋天用"秋安"等)""祝贵公司财源广进"等。

5. 附件

在信后附上有关资料,如简历表和其他证件的复印件等。简历表项目有:姓名、性别、籍贯(出生地)、年龄、民族、免冠近照、住址、电话、邮政编码、婚姻状况、学历、学位、工作简历、外语水平、特长、爱好、兴趣、工作职务。证件复印件有:学历证书、身份证、工作证、户口证、健康证、待业证、商调证明、职称资格证、技术资格证以及能证明自己优势的有关材料等。

6. 落款

落款部分按照中国人的习惯，直接签上自己的名字，并用"敬上""谨上"以示礼貌和谦逊。国外一般都在名字前加"你诚挚的、你忠实的、你信赖的"等形容词，这种方法不能轻易效仿。然后在署名的下方，用阿拉伯数字写上时间。

为了方便联系，别忘了在结尾认真写明自己的详细通信地址、邮政编码和联系电话。如果让你的亲朋好友转告，则要注明联系方式、联系人的姓名以及与你的关系。

二、求职信写作的注意事项

1. 语言要简洁、集中，文面要整洁

在篇幅上应注意不能过长，要言简意赅，因为求职信很多，用人单位没耐心去阅读洋洋几千字的长篇大论，但又不能过短，以至表达不清楚，给人以马虎之感。一般应在一千字左右。求职信文字的整洁美观很容易引起用人单位对求职者的好感。相反，如果字迹潦草，龙飞凤舞，则会给用人单位留下不好的印象。现在绝大多数毕业生的求职信是用计算机打印出来的，但如果你的钢笔字很好，建议还是工工整整地手写，这样能给人以亲切之感，同时也向用人单位展示了自己的特长。

2. 要符合实际、客观

求职信的核心部分是自己胜任工作的条件，应客观表明你的经历、知识、专业技能和特长，注意不能说大话。尽量在动笔之前着眼于现实，对单位的情况应有所了解，以事实和成绩来恰如其分地介绍自己，重要的是要有针对性地突出自己的特长。

3. 富于个性、不落俗套

求职信的首要目的是力求吸引对方，引起对方的兴趣。有的同学千篇一律，喜欢用客套话、空话来开头，事实上这并不好，应注意在开头时就能用一两句富有新意的话去吸引读者。比如，一位在外地求学的毕业生在给家乡所在地一家单位写求职信时写道："我的故乡，请接受一名游子对您的问候"，一开始就拉近了与用人单位的距离，或者直接切入主题，比如写："从××得到贵单位招聘人才的信息"，也能使用人单位主管感到单位名声在外，或者是广告费没白花，无形中增加了求职信的分量。如果用计算机打印求职信，建议最好能准备几份，根据不同的单位来选择内容。如果是给"三资"企业去信，最好用中文和英文各写一份，这样既可自荐又可表现你的外语水平。

在内容上要突出适合于所求职业的特长和个性，不落俗套，起到吸引和打动对方的目的。如果单位是招聘在实验室工作的科研人员或者是档案管理人员，而你却在信中大讲自己多么好动，爱好音乐，生性活泼，是文体活动积极分子，介绍这些与专业职位不相干的特长不但不能起到好的作用，还会适得其反。如果了解到用人单位招聘从事营销、公关或者是管理工作，那么最好应突出在校的实践活动，突出组织、协调能力和自信心，这样才能"投其所好"，赢得机会。

4. 杜绝错别字

求职信中字词的选择能反映出一个学生做事是否仔细、严谨，一篇内容很好的求职信往往会因为错别字而起到不好的效果。从实践来看，往往会出现"别字"现象，比如将"出'生'在农村"写成"出'身'在农村"，"再接再厉"写成"再接再励"，"作为"写成"做为"等。所以，毕业生在寄求职信前应仔细审阅，发现错别字及时纠正，但不要在信上涂改，最好重写一份，不要因小失大。

5. 不要规定对方，以免引起反感

有的求职者求职心切，在语言上因表达不好，引起用人单位反感。比如，①"我家人都在某市，故很想去贵单位就职"，本来是要表达去了以后能安心，但给人感觉你是为和家人在一起才去的，对单位并不感兴趣；②"本人××月××日前复信为盼"，表面上看相当客气，但却限定对方时间，容易引起反感；③"本人谨以最诚挚的心情应聘于贵单位，盼望获得贵单位的尊重考虑"，这似乎在说你不聘用我，就是不尊重我，让人难以接受；④"现有多家单位欲聘我，所以请您从速答复我"，单位会认为，既然有别的单位要你，还来我这里干什么？这些都是不成功的例子，应避免出现。

【例文 4-8】

求 职 信

××进出口公司：

我叫徐××，××大学国际贸易系××级本科毕业生，中共党员。四年大学苦读，我在德智体各方面都取得了较全面的发展，学习成绩一直在年级前三名，综合积分专业排名第一。××××年通过浙江省计算机二级等级考试，××××年通过全国大学英语六级等级考试，具有良好的英语写作与会话能力。连续四年获得省优秀三好学生称号。

大学四年来，我先后担任国际贸易××班班长、系学生会主席、校《学生通讯》主编，承办"校园十大青年歌手""月光书会"等多项校园活动。业余时间我特别注重计算机能力培养，选修、自学了各类计算机课程，能熟练运用 C++语言、Fortran 语言、VEP50 数据库语言、Windows 98 等操作。

××××年暑假实习期间，参与××公司对俄罗斯畜产品贸易谈判工作，获得实习单位的好评。

贵公司从事国际贸易，正是我向往的工作单位，如果能到贵公司工作，我相信我的工作能力一定不会让你们失望，我一定会珍惜这一难得的机会，努力做出自己的贡献。

  此致

敬礼！

徐××

××××年××月××日

附个人履历 1 份(略)

【简析】

　　这是一位本科毕业生写的求职信。首先，他介绍了自己的政治面貌、所学专业以及在校苦读获得的成绩；其次，介绍自己的特长及各种能力，如组织能力、实践能力等；最后，提出该公司是自己向往的工作单位，并信心十足地表明愿为公司做出自己的贡献，表达了希望为公司效力的强烈愿望。态度诚恳、愿望强烈，值得借鉴。

【例文 4-9】

求　职　信

××大学人事处负责同志：

　　我是一个渴望得到用武之地的在职人员，女，22 岁。一年前，我从临江大学教育系管理专业毕业，由国家分到本市，后由市教委分配到市直机关幼儿园当了幼儿教师。一年来，在非所学(所长)的岗位上已耽误了许多宝贵时光，这对国家、对个人无疑都是损失，故本人渴望寻找一个能发挥自己所长的地方。

　　现将本人情况略做介绍：本人能力方面长于语文学科，高中时以 108 分单科成绩被高校录取，在校期间曾在省报发表过小说两篇，在《光明日报》发表大学生暑假调查报告一篇，曾获学校硬笔书法比赛二等奖(正楷)。以前曾被市直×机关借用做文字工作，写过多种计划、总结、报告，为×副市长的电视讲话写过讲稿。另外，我的英语学科一直是中学、大学期间的强项，成绩名列前茅。大学三年级时在省级刊物上发表过翻译作品两篇。大学四年级时通过了国家英语四级考试。由以上情况可知，本人适合担任秘书工作或外语公共课教学工作。

　　负责同志，我完全有把握地说，如果你们能让我担任以上两个方面的工作，我一定会让你们满意。我自己也一定珍惜这来之不易的工作，奋力做出自己的贡献。

　　　此致
　敬礼！

求职者：×××
××××年××月××日

【简析】

　　求职者能针对求职目标叙述自己的基本条件、专业水平、业务能力、成绩特长，表达自己的愿望。语言得体，态度诚恳，符合求职信写作的基本要求。

📖 思考与练习

1. 求职信有什么特点？
2. 求职信写作有哪些注意事项？
3. 拟毕业求职，写一封求职信。(必须实事求是，不能随意套用例文内容)
4. 试分析下面这篇求职信的不足之处，然后提出修改意见。

尊敬的经理先生：

据悉贵公司正筹备扩大业务，招聘新人，特冒昧自荐。

我叫王志强，男，20 岁，本市人。我是××学校××专业班的学生，再有一个月就毕业，结束学习生活。我在校成绩一直很好，如经理能给我这个机会，我保证竭尽所学，为公司效力。

兹奉上学习成绩表、操行评定表、履历表、近照等资料，供公司参考，殷切地等候贵公司回复。

　　　　此致
敬礼！

王志强
二〇二一年十一月三十日

通信地址：××市××路××号
邮政编码：××××××

第六节　申　请　书

一、申请书的概念和分类

申请书是个人向组织、下级单位向上级单位或有关部门表达愿望、提出请求时所使用的一种专用文书。申请书的使用范围非常广泛，几乎涉及各行各业的方方面面。在日常生活和工作中，凡需要请求解决的问题、希望得到批准的事项都必须按程序向有关组织或单位递交申请书，然后组织或单位才能依据申请书给予审核批准。

申请书有表达愿望和提出要求两类，又有个人申请和集体申请之分。

二、申请书的结构

申请书一般由标题、称呼、正文、结语、落款五部分组成。

1. 标题

首行正中写明"申请书"三个字，或简写为"申请"，也可以根据申请书的内容，写明具体名称，如"入党申请书""留学申请书"，还可以写明具体要求，如"关于要求参加抗洪抢险突击队的申请书""关于参加计算机培训班的申请书"等。标题的字号要略大些。

2. 称呼

称呼也叫"台头"，即在标题下空一两行顶格处写出接受申请书的组织、机关、团体、单位的名称或有关负责同志的姓名，如"团支部""市工商局""××同志""尊敬的先生、女士"等。名称后面加个冒号，表示下面有话要说。

3. 正文

正文是申请书的主体，一般由两部分内容组成。

(1) 申请的事项或理由，要先叙事后讲理。

(2) 申请者的愿望和请求。需要叙述的事实和阐述的理由较多时，应适当归类分段，以便于领导研究处理。

4. 结语

结语一般写表达愿望和请求的话，如"恳请批准""请领导审核批准""敬祈核准""请求组织批准""请组织考验我"等，也可以写表示祝颂的话。另起一行空两格写"此致"，再另起一行顶格写"敬礼"。结语还可以写表明态度和决心的话做结语。

5. 落款

落款处签署申请单位的名称或申请人的姓名，并在署名下注明申请的详细时间。

三、申请书的写作要求

1. 实事求是

实事求是、诚实认真，这是写申请书的基本原则和基本态度。申请书要真实客观地表达愿望，反映情况要真实，叙述事实要准确，提出要求要明确具体。申请书既要符合政策，又要符合情理，还要体现个人服从组织、下级服从上级的精神。不应为了达到某种目的而故弄玄虚，有意渲染；更不能不择手段，任意弄虚作假，歪曲编造事实，甚至提出一些非分无理的要求。

2. 简明扼要

申请的内容应简明扼要，凝练单一。说明申请事项应开宗明义，单刀直入，叫人一目了然；阐明申请事由要条理清晰，充分透彻，使人信服。表达愿望和要求要明确具体，使上级单位及领导能迅速了解具体情况，理解申请者的愿望和要求，便于准确地把握事实，及时研究批准，不应笼统抽象、含糊空泛，让人不知所云。

3. 朴实诚恳

申请书的语言力求质朴平实，坦率诚恳。用词要准确，文字要精练，文笔要凝练，做到言简意赅，简洁明快，还应态度庄重，语气真诚，做到不卖弄辞藻，不说空话套话。不要拖泥带水，东拉西扯，也不要生硬刻板，强词夺理，更不要盛气凌人，用命令式的口吻说话。只有朴实、诚恳的语言，才能打动人心，得到理解，并最终达到申请的目的。

注意：写入党申请书还有特殊的要求。

第一，要表明申请入党的愿望。

第二，要阐明申请入党的原因。要结合本人成长过程及思想进步的过程，写清对党的认识，说明要求入党的动机。

第三，向党组织汇报本人的思想、工作、学习等情况。第一次写申请书，还要向党组织介绍本人的简历及家庭状况，以便让组织进行全面的了解和考察。

第四，对照党员标准，具体分析本人的优点和缺点，说明成绩，找出差距，提出今后的努力方向。

第五，表明自己的决心和态度，表达出希望得到组织的帮助、教育，争取早日加入组织的迫切愿望。

写入党申请书，要严肃认真，真心实意。不能弄虚作假，有意隐瞒，欺骗组织。文字要精练，做到言简意赅，字迹工整，不能马虎潦草。

【例文 4-10】

调动申请书

尊敬的院领导：

　　我是水利系水工建筑教研室主任。因我家庭生活有实际困难，特向组织提出调动工作申请。

　　我父亲已 70 岁高龄，还患有冠心病、高血压。我母亲也已 68 岁，患痛风病多年。长期以来，我不能照顾年迈多病的父母已深感内疚。我与妻子分居五年，五年来，她身负照看父母的重任。特别是今年我的孩子出生后，她一个人更是忙得不可开交，上有父母、下有婴儿，还要上班，十分辛苦。我每星期来回奔波，已力不从心，疲劳难言。花费许多车旅费不说，对工作也造成了较大影响。

　　再者，我们教研室人员超编，已出现有人无课可上、人浮于事的现象。我负责的工作，自有年富力强的同志来承担，这样更有利于学校的发展。一年前，我曾请求组织将我妻子调入我院图书馆工作，但由于编制有限，最终不能解决问题。

　　现在，距我家不远的××水利科学研究所急需科研人员，且与我的专业对口。经联系，已同意我调入该研究所工作。这样，我既可以更好地发挥自己的专长，又能尽孝尽责，照顾好父母、孩子。

　　根据党的有关解决知识分子夫妻分居问题的政策，鉴于我家的具体困难，我恳切地请求院领导能理解我的要求，批准我调入研究所工作。我一定加倍努力工作，报答党的关怀。

　　　　此致
敬礼！

水利系　×××
××××年××月××日

【简析】

　　这份请求调动工作的申请书写得非常得体，称呼谦恭有礼，行文直截了当，陈述理由充分透彻，提出的要求明确具体。困难是实实在在的：父母年迈多病，孩子年幼待哺，妻子一人无法应付。要求也合情合理：既解决了个人的困难，又不影响教学工作，也体谅了学校编制的难处，还满足了对方单位工作的需求；既符合人之情理，又符合党的政策。最后还表达了对党的关怀的感激之情。再加上语言朴实诚恳，态度真诚恳切，这样的申请书一定能得到领导的理解。

思考与练习

1. 什么叫申请书？
2. 申请书的结构由哪些部分组成？
3. 申请书写作有什么要求？
4. 根据自己的实际情况写一份入党申请书。

第五章

宣传应用文

宣传应用文是指起宣传、报道、介绍作用的应用文体。其写作，或是为贯彻党的方针、政策，或是为完成某项工作任务，或是为报道某些新情况、新经验，展示社会发展方向，或是为宣传某些观点思想，普及某些知识。

宣传应用文包括新闻、通讯、演讲稿、广播稿、解说词等。此外，讲话稿、会议报告、述职报告、启事、海报、喜报等，也可划入宣传应用文的范畴。我们在这一章，只具体介绍前五种宣传应用文。

宣传应用文具有极强的政治性、强烈的时效性、内容的针对性等特点。说它具有极强的政治性，是因为它是贯彻落实党的方针政策的宣传工具，必须站在党和国家的立场，按照党的方针政策及有关规定进行宣传报道，自觉地把自己的行文与党的方针政策及规定统一起来。说它具有强烈的时效性，是因为它揭示社会发展趋向，所报道的新情况、新经验，稍纵即逝，必须快速、及时地宣传报道。说它具有内容的针对性，是因为它具有明确的甚至是特定的对象，如演讲稿、广播稿、解说词都是针对某些对象而言，不是泛泛而谈。

第一节 新　　闻

一、新闻的特点和种类

新闻的概念有广义、狭义之分。广义的新闻，是消息、通讯、新闻、特写、新闻评论、新闻图片、新闻专访、调查报告等诸种新闻体裁的总称。狭义的新闻，专指消息。本节所讲的新闻，是就狭义而言，如新华社、通讯社所发的"电讯"，电台、电视台的"本台消息"，报纸刊登的"本报讯"。

关于新闻的定义，国内外新闻界颇有争议。我国新闻界一般认同曾任过中宣部部长的陆定一给新闻下的定义。陆定一早在 1943 年发表的《我们对于新闻学的基本观点》中指出："新闻的本源，乃是物质的东西，乃是事实，就是人类在与自然斗争和在社会斗争中所发生的事实。因此新闻的定义就是新近发生的事实报道。"（《中国报刊研究文集》第 33 页，上海人民出版社 1960 年版）。这个定义并不十全十美，有待于补充、修正。①仅仅说新近"发生"还不够，还应加上新近"发现"。例如，《三峡都市报》于 2005 年 11 月 8 日有关中法联合考古队在巫山"龙骨坡掘出中国最早的石器""巫山人有望改写人类起源历史"的报道的事实，几千年前就发生了，经过几千年后才发现并报道的，也属于新闻。②新近发生和发现的事实不能不分轻重都报道，还得看有无报道价值，只有那些具有社会意义、能引起群众关注的事实才能作为新闻报道。③"报道"是通过报纸、杂志、广播、电视、网络等把新闻告诉群众。"告诉群众"只是一个过程，怎么能说是新闻呢？虽然没有在媒体上报道发表，但能引起广大群众关注的事实，谁又能说不是新闻呢？因此说新闻是"报道"是不妥的，应该说是"事实"。由此看来，新闻的定义应该说成是新近发生或发现的具有社会意义、能引起群众关注的事实。

(一)新闻的特点

新闻具有真、新、快、短的特点。

真，即真实性。这是新闻文体与文艺文体最本质的区别，也是新闻的生命。失去真实性的新闻，违背了《中国新闻工作者职业道德准则》，会给党和国家、人民带来极其严重的危害。因此，新闻要写真人真事，说真话，反映真实情况，不允许有半点虚假，也不能掩盖和歪曲事实。

新，新闻所报道的事实必须是最近发生或发现的新鲜事，要报道新信息，为受众提供新情况、新问题、新经验、新知识。只有新鲜的事实才能提供新的有价值的新闻，要尽可能报道"第一次"发生的事，甚至是"第一个"出现的、处于萌芽状态的事情。

快，新闻讲究时效性。时效性与新闻价值是成正比例的，"当天是金子，隔天是银子，后天便是石子。"我们应牢记在心，要做到快采、快写、快编、快发，快速地、及时地报道。在信息竞争日趋激烈的今天，新闻的刊发时间甚至不是以天计，而是以时、以分、以秒计。

短，用简洁的语言、短小的篇幅，直陈事实，寥寥数语，显出精神。新闻通常只有三五百字，短的只有几十个字，稍长的不过上千字。唯其短，才能发得快，保证报道事实的新鲜；唯其短，才能发得多，增加报纸、电台、电视刊载播放的信息量。

(二)新闻的种类

按照不同的分类标准，可把新闻分为不同的种类。按新闻体裁的性质来分，有政治新闻、军事新闻、外事新闻、经济新闻、科技新闻、文教新闻、体育新闻、社会新闻等；按新闻事实发生的地域、范围来分，有国内新闻和国际新闻；按篇幅长短来分，有长新闻和短新闻；按新闻传播手段来分，有文字新闻、图片新闻、广播新闻、电视新闻和网络新闻等。现在国内比较通行的是按写作特点与报道内容来分，把新闻分为动态新闻、综合新闻、经验新闻、述评新闻、特写新闻、人物新闻、社会新闻。

1. 动态新闻

动态新闻是迅速及时、简明扼要地报道国内外最新动态的新闻，它将社会生活中发生的新变化、新成就、新动向、新情况报道给读者或听众，这种新闻又被称作"纯新闻""硬新闻"，即新闻特征最鲜明的新闻。其特点是篇幅短小、主题集中、一事一报、简洁明快。它侧重只报道发生了"什么事"，而不需说明事件的详细经过，甚至有的动态新闻一般不写导语，不交代背景，只有一两百字。报纸上大多数的短新闻，尤其是简讯、短讯、简明新闻、标题新闻、新闻集锦，均属动态新闻。

动态新闻常用倒金字塔式写法，把最重要的内容写在最前面，把较重要的内容写在中间，把最不重要的内容写在最后面。

2. 综合新闻

综合新闻，是以综合反映全面情况为内容的一种新闻。它是围绕一个中心，综合全国或某地区、某部门、某战线的带有全局性的情况。在内容上，综合新闻常常是一地(包括单位)多事或多地(包括单位)一事。

综合新闻写作中，要着重掌握两条要求和方法。一是组织好材料。或按横式组织法，在导语中概括全面情况之后，在主体中，按具体情况的地点(包括单位)或类别并列地加以叙述；或按纵式组织法，在导语中概括全面情况之后，在主体中按事件的发展过程或前因后果逐步深入地加以叙述。二是点面结合。所谓"面"，就是能反映全面或一个方面的情况的概括与统计；所谓"点"，就是能反映全面或一个方面的情况的具体事例。点面结合是综合新闻的常用写法，如写某市干部、群众观看电视文献纪录片《邓小平》的新闻，可先在导语中概括介绍干部、群众观看纪录片，引起了强烈反响，然后，在主体部分依次从工人、农民、部队、学生这几个群体来叙写反响的具体情况。"面"上材料较概括、实在，具有全局性；"点"上材料具体、典型，具有代表性。这样写，既有广度，又有深度。在导语写作时，为了避免单纯使用概括方法的抽象与枯燥，可以先从一个具体事例写起，然后再概括全面情况。

3. 经验新闻

经验新闻又称典型报道，它是报道典型经验，用以推动全局、指导工作的一种新闻体裁。在写作时，要注意两点：①一定要把经验写深写透。如保持党员先进性教育活动的新闻的导语中可以这么写："为了确保党员先进性教育活动不走过场，不出疏漏，我们突出抓好'诚、公、严、细、准、真'这六个字，严格把住'领导关、学习关、政策关、指导关、质量关、整改关'这六道关。""诚、公、严、细、准、真"这六个字和"领导关、学习关、政策关、指导关、质量关、整改关"这六道关就是经验。主体部分便可对如何抓好"六个字"和如何把好"六道关"进行具体叙写。②要注意写出效果。如果没有好的效果，经验就值得怀疑，经验也就失去了应有的意义。例如，《石门农村党员真情换诤言》的新闻："为了搞好保持党员先进性教育活动党性分析、民主评议阶段的工作，石门县委组织广大农村党员开展'上千家门，暖万民心，以真情换诤言'活动，使'征求意见表'的回收率达到 98%。全县 22 800 多名农村党员共收到农民群众的意见和建议 30 000 多条。""上千家门，暖万民心，以真情换诤言"是经验，使"征求意见表"的回收率达到 98%，共收到农民群众的意见和建议 30 000 多条"便是开展活动的效果。

4. 述评新闻

述评新闻又称新闻述评。通常是就国内外重大的新闻事件、国内带有一些倾向性的问题，采用夹叙夹议、边述边评的形式。或针对事件，介绍因由；或分析动向，评价是非；或指示意义，指出趋势；或提出期待解决的现实问题，以引起重视。在写法上，既要叙述事实，又要分析评论，做到就实论虚，就事论理，虚实结合，以理服人，帮助受众，提高认识，加深理解。这种新闻的依据是事实，着眼点却是评论，因此事实的叙述比较概括、扼要，但评论也要一针见血，鞭辟入里。

5. 特写新闻

特写新闻是用特写的手法(即用电影近镜头)描写新闻事件中人物活动片段和事件场景的一种新闻。它的特点是用形象的语言，生动地再现人物活动的背景，给人以如见其人、如闻其声、如临其境的感受。这种新闻重在描写，并要有富有特征的典型人物、事件、场景、细节。这是与其他新闻的不同之处。但这种描写多采用白描写法，不事雕琢，重在传神。

6. 人物新闻

人物新闻是以人物为主的新闻，用以迅速、及时、集中、突出地反映新闻人物最重要的贡献，最重要的事迹、最闪光的思想品德和精神风貌。写作上要求抓住新闻人物的本质特征，选取新鲜的、具有普遍教育意义的典型事实，来表现人物的先进思想、精神风貌。不要求面面俱到，而要求写出人物的"新"。在"新"字上做文章，突出一点，不及其余。它报道的人物可以是做出新业绩的著名人物，也可以是在某件事情上，表现出新的精神风貌的"普通人"。它的容量比较小，篇幅不长，文字朴素，这是它不同于人物通讯的地方。

7. 社会新闻

社会新闻是一种通过典型事例，反映社会生活、社会问题、道德风尚的消息报道。在内容上，它以社会道德伦理为基础。在写作上，它富有人情味，讲究趣味性，能引起社会的广泛兴趣。它既可以用来歌颂社会上的新风貌、新人物，又可以揭露某些社会问题，鞭挞某些丑恶社会现象。由于它多用来伸张正义，抵制邪气，影响社会舆论，所以在写作时往往要有叙有评，评中有褒有贬。

二、新闻的结构和写法

(一)新闻的结构

在长期的写作实践中，新闻形成了一些富有特征的结构形式，常见的主要有以下五种。

1. 倒金字塔式结构

这是一种以新闻事实的重要性依次递减为顺序安排材料的结构方式。它把最重要、最精彩、最有吸引力的新闻事实或结论写在最前面，即写在导语里，然后按照"重要—次重要—次要"的顺序安排其他事实材料，以最不重要的事实结尾。这种结构从内容的重要性次序来看，塔底在上，塔尖在下。这是新闻特有的一种结构形式，也是新闻最基本的结构形式。

这种结构形式具有以下优点：①符合受众的阅读心理，便于读者阅读吸收；②便于编辑对内容的修改删节；③模式化的结构便于作者掌握和应用，写起来比较快。所以，这种结构形式现已成为新闻的"经典结构"形式。

2. 金字塔式结构

这种结构形式，或按事件发生、发展的时间顺序组织材料，或按事实发展的逻辑关系，将报道的事实按其内在联系逐一写出，最后写出事件的结局或得出结论。这种结构与倒金字塔式结构相反，把主要事实放在后面，前面设置了种种悬念，吸引受众弄清事件的全貌。这种结构保持了故事的完整性，将情节步步推进，事件的高潮放在后面出现，使读者读来兴趣盎然，有引人入胜、渐入佳境的感觉。这种结构形式多用于报道故事性较强的新闻事件。

3. 倒金字塔与金字塔结合式结构

这种结构形式，通常是在第一段导语里开门见山地叙述最重要、最精彩、最使人感兴趣的事实，这部分类似倒金字塔式结构，但又不把最主要的事实都集中在导语里。导语之后的主体、结尾部分则按事件发生、发展的时间顺序或事实发展的逻辑顺序叙述，在结尾时再对主要事实加以说明，这又类似金字塔式结构。这是一种有头有尾、头尾呼应的写法，更显得结构完整。它既可以发扬上述两种结构形式各自的长处，又避免各自的短处；既有一个好的新闻导语，以便开门见山、一目了然，又有一个好的结尾，使读者兴趣盎然，使新闻结构严谨。这种结构一般适合内容丰富而重要的动态新闻、综合新闻、述评新闻。

4. 散文式结构

这种结构形式借用了散文的结构方式，像散文那样运用灵活、自由的手法组织安排段落和层次，富于变化，浑然天成。这在新闻结构已经模式化的今天，无疑是一种突破。

5. 引语式结构

这种结构形式通篇引用他人的讲话，或是引用某人的语言来叙述新闻事实，解释人们关注的问题；或引用几个被采访者的语言，作为对某个重大事件或对某个普遍感兴趣的事情的反应。前者多半摘录某人的讲话和所做的报告，后者往往是若干人即兴式的三言两语。

(二)新闻的写法

一条新闻通常包括标题、导语、主体、背景、结尾五个组成部分，但其写法相当灵活，导语、背景、结尾不一定在每则新闻里都有，其取舍视语境和功能的要求而定。

1. 精心拟题

新闻的标题是对新闻内容最精练的概括，传递新闻内容的精粹；是对新闻实质的画龙点睛，引导受众理解新闻主题；可以吸引受众，使其产生阅读或收听的兴趣。因此，人们把新闻的标题称为新闻的"眼睛"。

下面主要介绍三种标题的写法。

(1) 单行标题。单行标题力求简洁明了，用一句话或词组提炼出新闻内容的精华，显得醒目、易记。例如：

重庆反腐倡廉教育反响强烈
"小儿郎"上学堂，且看家长接送忙
新郎接新娘，乐坏丈母娘

(2) 双行标题。双行标题又称复式标题，是由肩题和正题或正题与副题搭配组成。正题又叫主题、主标，是标题的主体，可实可虚，但常以概括内容为主，因而又称为实题。与之相配的肩题又称引题、眉题，副题又叫子题、辅题。这两者常以阐明意义、渲染气氛、说明背景、补充印证为主，称为虚题，它们与主题虚实结合、相得益彰。例如：

(引)彩灯映照笑脸，歌声洋溢大厅
(主)中央领导同志和首都小朋友喜迎新春
(主)京剧舞台上的"洋"贵妃
(副)美国留学生魏莉莉主演《贵妃醉酒》

(3) 多行标题。多行标题是新闻标题的标准形式，由正题、引题、副题组成。正题概括新闻的中心思想、主要事实，是新闻内容的精华所在。它是新闻中独立存在的、必须具备的标题，是多行题的主体，字号最大，占据位置比例也最大，是最受人注目的部分。引题是与正题搭配、为正题服务的，其作用是介绍背景、烘托主题、引出正题或揭示新闻事实的意义，以辅助正题。引题置于正题之上(横排)或之前(竖排)，字号小于正题。副题也是与正题搭配、为正题服务的。副题对正题起补充、说明、印证、注释的作用，它位于正题下(横排)或之前(竖排)，字号小于正题。副题与引题一样依附正题而存在，不是新闻必须具备的标题。多行标题信息量丰富、宣传声势大，常用来报道比较重大的新闻事实。例如：

(引)全国自来水笔、圆珠笔普遍供应饱和
(正)上海制笔何以一枝独秀
(副)诀窍是：多方搜集国内外情况，密切掌握市场需求，不断开发新产品

此外，标题还有虚实之分。实题是揭示新闻事实的题目，多用精练的一句话报道事实；虚题是摆观点，或点明主题思想，或表现政策精神的题目。例如：

(引、虚)商品搭配是一种不正之风
(正、实)商业部规定：严禁

标题的实与虚要根据其反映的内容而定。一般情况是单行标题多为实题，双行标题与多行标题有实有虚，虚实并举。引题、正题可实可虚，而副题都是实题。

值得注意的是：标题的制作要准确、鲜明、生动、简洁。

准确——指事实准确、观点准确和用词准确。这是衡量标题好坏的首要标准。

鲜明——指标题观点清晰、用词醒目、态度明朗。

生动——指标题要新鲜活泼、形象生动。常用对比、比喻、借代、粘连、比拟等修饰手法，借用成语、谚语等来增强标题的形象性和生动性。

简洁——就是要求文字凝练、明快，用最少的文字概括出新闻的主要事实和本质。

2. 提炼导语

导语是新闻结构中的开头部分，被称为新闻的"窗口"，常常是单独的一句话或一小段，用以概括新闻最重要、最新鲜的事实；或提炼新闻事实的精华，揭示主题。由两个以上自然段组成的导语称为复合导语。

按照不同的分类方法，导语有多种写法。

(1) "六要素"导语和"部分要素"导语。"六要素"导语，即要求导语写出全部要素(何时、何地、何人、何事、何故、如何)。这是导语写作的传统写法，但随着新闻向短小、多样、生动的方向发展，强求每条新闻必须具备六要素，未免过于拘泥陈腐。随着时代的发展，"六要素"导语逐渐向"部分要素"导语演变。现在写新闻多半是采用"部分要素"导语。

事实的发生总是离不开人，因此导语要素中的"人"不可缺少。这个"人"可以是一

个人，也可以是几个人，还可以是某个团体、某个部门。事实与"时间、地点"是分不开的，因而有些新闻导语则是以"时间、地点"作为强调的要素。事出有因，"何故"多见于主体，在导语里并不多见，只是出现在描写性导语里。总之，导语要以事实为核心，根据不同情况突出强调性要素。导语写作应从分析强调性要素入手。

(2) 导语的表达方式。从表达方式来看，新闻的表达方式常有叙述式、描写式、提问式、引语式、议论式、结论式、诗词式等。

叙述式——叙述式导语又称直叙式导语。用直接叙述的方法，简明扼要地写出新闻中最新鲜、最主要的事实。

描写式——描写式导语是对新闻里主要的事物，或现场环境做出生动、简洁的描绘，以渲染气氛，吸引读者。

提问式——提问式导语，是先把问题鲜明地提出来，以引起读者的关注、重视，然后引出下文，展开叙述。

引语式——引语式导语是开门见山地引用新闻人物的语言。

议论式——议论式(评论式)导语，对新闻先做评论，说明意义，其余方面再做叙述或分析。

结论式——结论式导语是先做结论，然后再做说明叙述。

诗词式——诗词式导语是在新闻开头写出受众喜闻乐见的诗词。

导语除了上述表达方式外，还有对比式、对话式、比兴式、类比式、特写式、数字式、观感式等写法。

导语的写作要注意：一是要有事实。要有实质性内容，用新鲜的事实来说话，最忌说空话、套话、废话，使人不知所云。二是要生动活泼，切忌呆板。六要素都可进入导语，关键是看哪一项要素最具新闻价值，按照新闻价值孰轻孰重的原则安排组合，强调其重要者。三要简洁明快，言少而意丰，字少而事明，但不要把话说尽，背景材料尽可能不写或简略写。

3. 展开主体

主体指导语之后的主干部分，是发挥主题的核心内容。它紧承导语，扣住中心，用充分典型的具体材料，印证导语中已点明的新闻事实，回答导语中提出的问题，使事实更加清楚，使主题更加鲜明。可以说，主体是对导语内容的具体化，也是对导语的解释、说明和补充。

新闻主体的写作方法，主要有以下三种。

(1) 按时间顺序写，即按事件发生、发展的先后顺序安排层次。这种写法常用于重大事件的新闻、特写性新闻和故事性强的新闻。其好处是事件发展的脉络清楚，能给读者以清晰、完整的印象。

(2) 按逻辑顺序写，即按照事物内在联系的逻辑关系(因果、主次、前后、点面等关系)安排层次。它一般依次排列出几件事或一个问题的几个侧面，然后对它们逐个加以叙述。动态新闻、综合新闻、经验新闻、述评新闻等通常都采用这种方法。

(3) 将时间顺序与逻辑顺序结合起来安排层次，多用于内容较复杂的动态新闻、经验新闻、社会新闻。

主体的写作需注意：内容充实、材料具体、层次清楚、逻辑严密，主体与导语的文字力避重复。

4. 揭示背景

背景即背景材料，是对新闻人物、事件的历史、环境、原因等的说明，或是对事件意义的解释。背景能帮助读者理解新闻内容，烘托和深化主题，同时能增加知识性与趣味性。它不是新闻结构中必须具备的部分，但作为一个体现新闻价值的重要因素，它对许多新闻来说是不可缺少的。

新闻的背景材料一般分为对比性材料、说明性材料、注释性材料三种。

(1) 对比性材料。对比性材料包括今昔对比、正反对比、彼此对比。通过对比突出新闻所报道事实的意义，突出新闻价值。例如，写今日新区建设成就，可以交代过去的情况，如"一年前这里还是杂草丛生，野兔出没，人迹罕至的荒野。"

(2) 说明性材料。说明性材料是通过历史背景、地理背景、人物背景、事物背景等情况的说明来解说新闻事实产生的原因、条件或环境。其中，历史背景材料的说明是用来交代原因和阐明意义；地理背景材料是用来说明事件发生的地理条件或介绍某个地方的地理环境；人物背景材料是用来介绍人物身份、经历、特长、爱好、家庭状况与周围的关系，使读者对人物有更多的了解；事物背景材料主要是对新技术、新动态做必要的说明，以帮助受众了解事物的意义和价值，增强新闻的知识性、可读性。

(3) 注释性材料。注释性材料是对新闻中出现的一些较难理解的内容，如科学技术项目的名称、作用、意义，产品的性能、特点、使用方法，人物的出身、经历、性格、特点以及所用的名词术语、技术性知识等加以注释说明的材料。它用以帮助受众全面地理解新闻内容。

背景不是新闻的独立部分，而是从属部分。写或不写，取决于新闻内容表达的需要和读者对新闻内容理解的难易程度。一般来说，有关重要事件，新情况、新问题、新技术，以及政策性强的新闻，应该适当交代背景。

背景在新闻中没有固定位置，可安排在导语之后，也可安排在导语之中、主体之中或新闻的末尾。背景可独立成段，也可穿插在事实的叙述中。但不论怎样安排，写作时都要注意以下三点。

(1) 背景必须同新闻事实直接有关，能突出事件的意义或表现主题，但不能游离于主题之外。凡是与新闻的事实、主题关系不大的，必须舍去。

(2) 材料不宜过长，文字简明扼要，以免喧宾夺主，影响主要事实的叙述。

(3) 力求写得生动有趣。要善于从历史典故、知识趣闻中撷取精华，增加背景材料的生动性。

5. 重视结尾

结尾是新闻的最后一句或最后一段话，是新闻的收笔。好的新闻结尾，是新闻主体部分的自然延伸或归属，常与导语相呼应。其作用是阐明事实的意义，或指出事件发展的趋势，加强主题的表达，并给读者完整的印象，也可给受众留下思索的余地。写作时力争做到"龙头凤尾",绝不能因为新闻的倒金字塔式结构而误解为可以"虎头蛇尾"地草草收场。

常见的新闻结尾有四种形式。

(1) 小结归纳式——对新闻的主体部分中的事实结果,进行简要概括。例如,《人民日报》刊登的《人民子弟兵奋力破冰救青年》的结尾,是对事件结果的概括。

"为了表彰彭怀亮、乔晓亮和刘顺义舍己救人的精神,人民解放军空军某部党委给他们每人记三等功一次,并发出通讯,号召所有部队指战员向他们学习。"

(2) 评论感想式——对所报道的人与事说明实质,进行评论。这可以是作者的议论,也可以是新闻人物的谈话。例如,《人民日报》刊登的《天津 88 位老农游览北京》的结尾,道出了事件的实质。

81 岁的老大娘高徐氏说:"我这辈子连县城都没去过,没想到年岁这么大了,还能游一次北京。今天的社会真好啊!"

(3) 希望启发式——根据报道的事实或问题提出希望,进行启发。例如,新华社播发的《当官不为民做主,不如回家卖红薯》的结尾,提出了希望,进行启发。

我们一些在领导岗位上的同志,是不是可以向唐成学点什么?

(4) 形象描述式——在结尾时形象地描述新闻事实中富有特写的情景,以加深受众的印象和感受。例如,《北京市工农美术服务部增开夜市》的结尾,把赞扬和感叹寓于写景之中,给新闻增添了感情色彩,耐人寻味。

几时许,皓月当空。站在路边向北望去,一些商店橱窗的灯光正陆续熄灭。而这里,顾客依然进进出出,丝毫没有减少。

新闻的结尾除了上述常用的几种外,还有引语式、反问式、展望式、探讨式、背景式等等表达形式,这里不再枚举。

应当注意的是:在写新闻时写不写结尾,写什么样的结尾,要根据导语与主体表达情况来考虑。如果新闻主要意思在主体中已写完,便可戛然而止,宁可无尾,也不能重复累赘。

三、新闻的写作要求

(一)以事实为本

事实是新闻的本源,没有事实就没有新闻。新闻报道是社会生活的客观反映,报道的是客观事实。记者不能根据自己的观点或偏见报道事实,更不允许对任何事实妄加评判,因为妄加评判的事实就不是事实发生的本来面目,就会不客观、不公正、不准确。新闻报道事实与文学作品反映事实不同。新闻报道的事实是社会上发生的真实的事实,文学作品反映的事实却是虚构的事实。前者是展现事实,后者是用事实说话。因此,"用事实说话"的观点是值得商榷的,因为它给人一种理解,为了表达一种观点去报道新闻。如果是这样,就不符合新闻传播的一般规律——不带任何主观意图地传递客观信息。新闻报道的目的在于展现事实,不讲述、不解释,以质朴的文字,抓住事物的特征,不加渲染,淡淡几笔,简明生动地刻画出事物的形貌。

(二)强调时效性

这里包含时间与时机两个问题。"时间"问题比较好理解,即与其他新闻文体相比,它要求进行最迅速、最及时的报道。尤其是在当今的信息社会,计算机逐渐普及、通信异常发达,新闻报道更为神速,往往一个世界性或全局性的大事,几分钟便能通过广播、电视让大家都知道。因此,新闻特别强调时效性,要求在第一时间里见诸受众。"时机"问题怎样理解呢?比如,评比模范学生、优秀团员的稿子放在"五四"青年节期间发表才算好时机,太提前、太推迟刊登都不合适。因此,新闻写作既要强调时效性,又要选择适当的时机发表,不能单纯为了快而放松把关、降低质量。

(三)力求短小精练

新闻的篇幅宜短不宜长。因为唯其短,才能发得快,保证报道事实的新鲜;唯其短,才能发得多,增加播放的信息量,增强宣传效果。"我们应该研究一下文章怎样写得短些,写得精粹些"(毛泽东《反对党八股》)。要写得短小精练,首先,要抓住问题的要害,写起来才不会拖泥带水;其次,要舍得割爱,去掉不必要的引申和评价,去掉不必要的渲染和夸张,去掉不必要的事例和客套;最后,文字必须简洁、概括,把最主要的、最精彩的内容叙写出来,做到短小精练。

(四)注意可读性

可读性包括两方面:一是指内容上要有一定的价值,也就是要有用。新闻的价值包括指导性、启发性、警示性、知识性和趣味性。虽不要求每篇稿件同时具备这几"性",但总要有其中之一"性"。二是指形式上要生动活泼,能吸引人。尽量做到形式多样、语言准确简洁,形象地写出人物的具体活动,事件的生动细节。当然,不同新闻体裁的要求不尽一致,写述评新闻可以多一点议论性,写特写新闻、人物新闻应该多一点形象性、多一点文采。

【例文5-1】

中国空间站首次举办天宫画展
神舟十三号航天员喜提"新年礼物"

新华社北京1月1日电(记者李国利、张瑞杰)

"青春与星空对话"天宫画展1月1日在中国空间站正式开展,共展出20余幅由中西部地区青少年创作的太空主题绘画作品。

这是中国空间站首次举办天宫画展。在当天举行的"元旦京港澳天宫对话"活动中,神舟十三号航天员乘组对绘画作品进行了现场展示和介绍。

2021年下半年,中国载人航天工程办公室联合中国航天基金会、航天科工集团有限公司二院208所等单位组织开展"青春与星空对话"中西部青少年与载人航天面对面活动。带着对浩瀚太空的无限遐想和美妙憧憬,孩子们在画纸上勾勒出了自己想象中的火箭、飞船、空间站和神奇的太空生活,并作为送给航天员的"神秘新年礼物"乘天舟飞向"天宫"。

2022年元旦前夕，神舟十三号航天员乘组开启了这份新年礼物。惊喜之余，他们决定在中国空间站里举办一场天宫画展，向更多人传递孩子们的梦想，点燃更多人追梦圆梦的星火。

据介绍，"青春与星空对话"系列主题活动将贯穿空间站建造和运营，并结合重大任务常态化开展，目的是在广大青少年心中播撒仰望星空、飞天逐梦的精神火种，激发弘扬航天精神、投身航天事业的热情动力。

(资料来源：根据新华网资料整理。)

【简析】

本则新闻标题点明事实，导语简要概括天宫画展开展的时间、地点和展出太空主题绘画作品的数量。主体部分具体介绍了此项活动的开展情况，结尾说明系列主题活动的常态化开展以及活动目的。语言简洁，格式规范，符合新闻的基本要求。

【例文 5-2】

"元旦京港澳天宫对话"活动京港澳三地联动举行

新华社北京1月1日电(记者刘欢、张瑞杰、高蕊)

"元旦京港澳天宫对话"活动于2022年1月1日下午成功举行。正在天宫空间站执行任务的神舟十三号乘组与来自北京、香港和澳门的约500名青年学生，在新年第一天进行了一场别开生面又富有意义的互动交流活动，共话"太空梦"，一起向未来。

此次活动由香港特区政府、澳门特区政府、香港中联办、澳门中联办、中国载人航天工程办公室、中央广播电视总台主办，在京港澳分别设置三个会场，与天宫空间站进行实时连线互动。北京主会场设在中央广播电视总台演播厅，香港分会场设在香港大学陆佑堂，澳门分会场设在澳门大学。

"元旦京港澳天宫对话"开始前，中国载人航天工程长征七号运载火箭系统总设计师程堂明、中国载人航天工程空间站系统副总设计师柏林厚回答了京港澳青年学生的提问，与学生们分享了科研工作者不畏艰难、开拓创新的感人故事。

15时15分许，备受期待的"元旦京港澳天宫对话"正式开始。对话活动以"青春""梦想""奋斗"为关键词，正在"太空出差"的航天员翟志刚、王亚平、叶光富结合自身飞天感受，与学生进行了热烈而真诚的互动交流。

来自清华大学、香港大学和澳门大学等高校的青年学生把握住这一千载难逢的机会，踊跃举手提问。航天员的回答声情并茂，活动现场掌声不时响起，大家都为航天员的爱国情怀、敬业精神点赞。

"有国才有家，无论我们飞多高、飞多远，强大的祖国永远是我们最坚强的后盾，爱国主义将永远是激励我们飞天的动力源泉。"对话过程中，翟志刚分享了自己的经历，鼓舞年轻人不畏艰险，克服困难。他表示，大家只要把国家的利益摆在心中的最高位置，就一定能一往无前。

"飞天梦永不失重，科学梦张力无限。"作为中国首位太空授课女教师，王亚平说，希望"天宫课堂"这样一个点燃梦想的平台能够引导更多青少年抬起头仰望星空，心里种下一颗颗热爱科学、追寻梦想、探索未知的种子。而这一颗颗梦的种子有一天一定会生根发芽，绽放出更多更加绚烂的花朵。

"在太空中我们身体虽然失重，但是我们的心里却非常踏实。"叶光富说，有千军万马的支持保障，有千锤百炼的艰苦训练，还有千遍万遍的预判推演，以及来自前辈们在航天实践中积累和分享的宝贵经验，我们有信心、有决心、有能力坚决完成任务，请祖国和人民放心！

活动期间，神舟十三号航天员乘组还带领青年学生参观了一场以"青春与星空对话"为主题的特殊画展。这是在中国空间站首次举行的"太空画展"，共有 20 余幅中西部地区青少年创作的太空主题绘画作品亮相中国"天宫"。

相聚的时光宝贵又短暂，三地联动的气氛欢快又热烈。有幸获得提问机会的清华大学航天航空学院学生代雯告诉记者，看到航天员精神状态良好、中国空间站整洁有序，更加深刻地感受到了祖国航天事业的发展进步，特别荣幸和骄傲。我们年轻人一定要心怀梦想、脚踏实地，努力接好航天事业的接力棒。

2021 年 10 月 16 日，神舟十三号载人飞船成功发射，开启中国迄今时间最长的载人飞行。翟志刚、王亚平、叶光富将在天宫空间站核心舱在轨驻留 6 个月。

(资料来源：新华网。)

【简析】

本则新闻标题属单行标题，一句话点明新闻关键内容。导语简要概括活动的时间、地点和互动交流的人员，主体部分详细介绍了此项活动的主办单位、分会场的设置情况和互动交流内容，结尾说明神舟十三号载人飞船成功发射的时间以及航天员在天宫空间站核心舱在轨驻留的时间。

思考与练习

一、名词解释

1. 新闻　2. 经验新闻　3. 述评新闻　4. 倒金字塔式新闻　5. 新闻要素

二、选择题

1. 狭义新闻的基本特点是（　　）。

　　A. 新颖性　　　　　　B. 真实性　　　　　　C. 时效性
　　D. 报道性　　　　　　E. 简短性

2. 按照写作特点，新闻可分为（　　）。

　　A. 动态新闻　　　　　B. 述评新闻　　　　　C. 特写新闻
　　D. 综合新闻　　　　　E. 人物新闻

3. 新闻的常见结构形式有（　　）。

　　A. 倒金字塔式结构　　B. 金字塔式结构　　　C. 引语式结构
　　D. 散文式结构　　　　E. 倒金字塔与金字塔结合式结构

4. 制作新闻标题要注意（　　）。

　　A. 准确　　　　　　　B. 鲜明　　　　　　　C. 含蓄
　　D. 简洁　　　　　　　E. 生动

5. 导语的表达方式有（　　）。

　　A. 叙述式　　　　　　B. 特写式　　　　　　C. 引语式

  D. 结论式　　　　　　E. 展望式

三、填空题

1. 新闻的特征有_____、_____、_____、_____。
2. 新闻有狭义和广义之分。狭义新闻是指_____。
3. 新闻的核心就是_____。_____是新闻区别于其他文体的显著特征。
4. 导语是新闻结构中_____部分，被称为新闻的"窗口"。
5. 新闻的六要素是指：何时、何地、何人、_____、_____、_____。

四、判断题

1. 新闻就是对新近发生或发现的一切事实所做的报道，其中的核心就是事实。（　）
2. 只有真实发生的事实才可以成为新闻。（　）
3. "当天是金子，隔天是银子，后天是石子"这句话强调了新闻的时效性。（　）
4. 新闻应该具备六要素。（　）
5. 新闻必须具备六要素。（　）
6. 新闻不一定要具备六要素。（　）

五、写作训练

1. 从报纸上选出几则新闻，先盖住标题，仔细阅读内容，然后给每则新闻拟 1～3 个标题，再对照原标题加以比较，看看谁好谁差，为什么？
2. 请阅读几则新闻，读完后逐个进行分析，看看标题拟得好不好，概括出报道的主要内容了吗？能体现新闻的主题吗？能否吸引读者？如果这几则新闻让你拟标题，你将怎样拟写？
3. 练习用叙述式、描写式、评论式、提问式写导语。写好后看看是否高度概括了事实，是否能吸引人。
4. 就学校"教育教学改革"的典型事例，写一篇有导语、主体、背景、结尾的经验性新闻。写时注意交代"五个W"。

第二节　通　　讯

一、通讯的特点与种类

  通讯，是综合运用多种表达方式，具体、生动、形象、深入地反映新闻事件、典型人物、工作经验、社会风貌的一种新闻报道形式。它是记叙文的一种，是报纸、通讯社、广播电台常用的新闻报道的另一种主要文体。

小知识

  通讯和新闻一样，具有真实性和时效性两个鲜明特点。要报道真人真事，内容要完全真实准确，连细节也不能合理想象，不能夸大或缩小。一般要求报道及时，事实新鲜，不能比新闻(消息)迟得太多。但它与新闻有明显的区别，主要表现在以下五方面。

  (1) 从内容上看，通讯的容量大。新闻只扼要提供事实，简明准确报道，篇幅较短；而通讯则重在完整地描写事件发展的过程和人物行为的变化，通过多侧面来反映人物和事件，以展现新思想、新风尚，篇幅较长。

(2) 从形式上看，通讯灵活多变。新闻由于以事实为本，在表现形式上有固定格式，即按导语、主体、结尾的格式写作；而通讯由于是具体、形象地描写人和事，没有固定格式可循，比较灵活。

(3) 从表达上看，新闻因是展现事实，重在叙述，可以有一点描写，但一般不抒情，尽量避免议论；而通讯因是形象地反映，则可以综合运用叙述、描写、抒情、议论等多种表达方式。

(4) 从语言上看，新闻要求准确、简略、通俗、易懂；而通讯则要求具体、生动、形象，多用修饰手法，讲究文采，富有感情，以求形象性和感染力。

(5) 从人称上看，新闻只用第三人称做客观报道；而通讯则使用各种人称，主客观都可以。

(一)通讯的特点

一般来说，通讯有四大特点。
(1) 严格的真实性。通讯强调真实，真实是通讯的基础，也是通讯的生命。
(2) 报道的客观性。通讯应客观地反映人物事件，揭示事物的本质和主流。
(3) 较强的时间性。通讯强调一个"新"字，因为"新"才能及时反映社会各种情况，反映事件的发展和变化，因此必须具有较强的时间性。
(4) 描写的形象性。通讯常采用文学笔调，运用各种艺术表现手法写人叙事。

(二)通讯的种类

1. 人物通讯

它是以报道各条战线上的先进人物为主的通讯。它着重揭示先进人物的精神境界，通过写人物的先进事迹，反映出人物的先进思想，使之成为社会的共同财富。它在写人叙事时力求言真意切，恰如其分。

2. 事件通讯

它用以报道典型的、有着普遍教育作用的新闻事件。它关键在于写出事件本身的新闻意义，从事件产生、发展的过程和结果来揭示事件的性质，挖掘其中蕴含的社会意义和深刻的思想内涵。

3. 工作通讯

它是以报道工作中的成就、经验，揭示和讨论工作中存在的问题为中心的通讯类型。它的主要特点有四：一是把介绍工作经验和分析问题作为主旨；二是凭借事实，深入分析；三是生动活泼，讲究文采；四是不拘一格，形式多样。

4. 概貌通讯

概貌通讯又称风貌通讯，是以反映社会生活、风土人情、自然风光和日新月异的建设成就为主的报道。它与事件通讯不同，不是围绕一个人物或一个中心事件来写，而是围绕主题，集中各方面的风貌和特色来写。

二、通讯的结构与写法

(一)通讯的结构

通讯的结构由标题、开头、主体和结尾几个部分组成。

(二)通讯的写法

1. 标题

通讯的标题多数为单行式,有的有副标题,其内容可以直接揭示事实,也可以曲笔达意。例如:

领导干部的楷模——孔繁森(直接叙述新闻人物)

急诊,你为什么急不起来?(曲笔引发思考,用了拟人和提问的手法)

农妇掉下悬崖以后　　　(曲笔引发思考,用了设置悬念的手法)

2. 开头

通讯的开头多姿多彩,不拘一格。或直述其人其事;或交代事件原委;或概述采访经过;或总体介绍人物;或直接抒发感情;或直接发表见解;或运用比兴手法层层铺垫,然后引出正文。

3. 主体

通讯的主体是报道的主干和核心部分。在材料内容确定之后,写作中常常使用以下几种结构方式。

(1) 时序结构,即按事实发生的先后顺序安排主体层次,以事实过程为线索,按发展阶段逐步展开叙述描写。在顺叙中可适当地采用倒叙或插叙的方法,以避免平铺直叙,同时要求叙述生动。它适用于比较单一的事件通讯。

(2) 逻辑结构,即按事件的内在联系或按问题的类型来安排结构。这种结构有助于反映事件的内在联系,揭示事件的本质、规律和意义,具有较强的说服力。它适用事件众多、内容复杂的综合性通讯。逻辑结构的常见形式有因果式、并列式和递进式。

4. 结尾

通讯的结尾通常采用自然收束或卒章显志的方法。

(1) 自然收束,是按叙述过程自然结束的结尾。这样的结尾干净利落,自然简约。

(2) 卒章显志,即在结尾说明主题或写作目的,或表明作者的看法。它对读者理解文章有提示或总结的作用。

三、通讯的写作要求

1. 主题要鲜明集中

通讯的主题不能隐晦含糊,不能让读者反复猜想。要围绕主题取舍材料,并用这些材料从头到尾反映、突出主题。

2. 材料要精当

要按照主题思想的要求筛选材料，把最能反映事物本质的、具有典型意义的和最有吸引力的材料写进去，更要注意选用最新材料或能挖掘出新意的旧材料。

3. 要处理好写人叙事的关系

人物通讯和事件通讯虽各有侧重，但它们都要叙事，要注意"写人离不开事，写事为了写人。离开事例、细节、情节去写人"，势必写得空空洞洞；离开人物活动去写事，所写事实便会毫无意义。

4. 角度要新颖

通讯所报道的新闻事实可以从各个不同的角度去观察、去反映，诸如正面、反面、侧面、鸟瞰、平视、远眺、近看、俯首、细察……角度不同，印象各异。若能精心选取最佳角度去写，往往能使文章陡然增添新意，写得别具一格、引人入胜。

5. 叙事要形象生动，语言要准确通俗

通讯对事件的描述可运用多种表达方式和各种表现手法，使之形象生动；通讯语言不准确会导致失真，通讯报道是写给大众看的，应通俗易懂。

📖 **思考与练习**

一、简答题

1. 什么是通讯，它有哪些种类？
2. 通讯的特点有哪些？
3. 通讯与新闻有哪些区别？举例说明。
4. 写作通讯要注意哪些问题？

二、写作训练

1. 采访本校新闻人物或事件，写一篇通讯，给校报投稿。
2. 写作通讯，要选取具有时代意义的材料，反映社会主义的新人、新事、新风尚；选用的材料，要力求新颖，具有特色，避免内容的平淡和一般化；要调动各种表现手法，着重表现人物精神世界，把人物写活。

第三节　广　播　稿

一、广播稿的特点和种类

广播稿是通过无线电波或导线向公众宣传方针政策、表扬好人好事、批评不良现象或通报某些事情而写的稿件，是为电视台、广播电台、广播站撰写的用于口头演讲的新闻材料。广播稿是使用更加广泛的新闻体裁之一。其内容不限，可叙事、可写人、可评论、可播新闻，也可播启示、通知。广播稿重在口读耳听。

(一)广播稿的特点

广播稿的主要特点有三个：新闻性、可听性、广泛性。

1. 新闻性

广播稿属于新闻稿的一种，它必须包括新闻的一些属性。首先，一篇完整的广播稿，应包括新闻的六要素：五个"W"(何时 When、何地 Where、何人 Who、何事 What、何因 Why)和一个"H"(何果 How)。其次，具有新闻的四个特点，即快、真、短、新。快，指报道要快，要及时，要在第一时间拿出去报道。不要等过了几天才拿出去，那还有什么价值可言呢？真，即报道事实要真实。真实是新闻的生命，也是广播稿的生命。广播稿中出现的人物、地点、时间、数字等都要准确无误，绝不能有半点虚假，切忌道听途说与凭空捏造。短，就是篇幅要短小，语言简明扼要，但要内容充实，叙述清楚，重点突出。很多新闻报道在广播中仅有 30~45 秒，3 分钟的新闻广播已经是很长了。新，指报道的内容要新鲜，报道新近发生的事情，杜绝那些"最近""不久以前"一类的旧闻和迟到的新闻。同时，报道的角度要新颖，要选择新的报道角度，发掘出新的东西，给人以新鲜的感觉和印象。

2. 可听性

报刊稿件是用文字传达，供人阅读；广播稿靠播音员的语音传达，供人收听。靠文字传达的内容，读者处于主动地位，可以慢慢看、慢慢理解，又可反复看、反复琢磨，想要用多久的时间，就用多久的时间。广播稿是靠播音员语音传播，因电波传播声音很快，有着一瞬即逝、不留痕迹的弱点，听不懂的地方来不及思考，听众处于被动接受的位置。因而广播稿具有可听性的特点与要求，广播稿要考虑听起来顺耳、念起来顺口，明白易懂好记。

3. 广泛性

广播可以翻山越岭、渡江涉河，所能覆盖之地无所不及；加之广播稿较少受文化程度的限制，有广泛的听众，特别是在广大农村，广播已成为传播科学知识、愉悦群众、满足群众各种文化生活需要的好帮手。因而，广播稿具有广泛的群众性。

(二)广播稿的种类

广播稿是报道新闻的重要手段，是新闻载体之一，因而报刊上常常采用的新闻体裁也大量运用于广播之中。一般来说，广播稿的种类有消息、通讯、录音报道、录音新闻、录音通讯、录音特写、录音访问、答记者问、现场报道、广播评论、广播对话。此外，还有录音讲话(包括录音座谈会)、配乐广播、重大集会广播、重要文体活动广播、口头报道等。

二、广播稿的结构和写法

(一)广播稿的结构

广播稿一般由标题、称谓、正文三部分组成。

1. 标题

标题是广播的眉目，处于首页第一行中间位置。好的标题是成功的一半，标题好就会给人留下好的印象。广播稿的标题要醒目，不一定要求有文采和诗韵，应尽量反映整个报道的主题，让人明白整个报道的内容。

2. 称谓

在写正文前要先打招呼，一是表示礼节，二是请听众收听，增强吸引力。称谓要适当，针对不同的听众选取适合的称呼。称谓在标题下一行顶格书写。

3. 正文

称谓的下一行空格书写正文。广播报道的是已经发生、发现或正在进行的事实。其写作力求真实、准确和口语化。

(二)广播稿的写法

广播稿标题的写作类似新闻标题的写法，前面已做介绍。广播稿称谓的写作比较简单，上面已略谈，此处不再详解。下面着重介绍广播稿正文的写法。

报纸是给人看的，广播是给人听的。看起来顺眼的词语，听起来不一定顺耳；看起来内容清楚，听起来不一定好懂。由于声音是稍纵即逝的，一句话没听懂，下一句又来了，因而写广播稿时，应特别注意通俗化和口语化。

通俗化，就是要写得朴素、自然、不装腔作势。口语化，就是要求写的稿子按大众的阅读、欣赏习惯，写得简明扼要，明白易懂。

要做到通俗化与口语化，写作时要注意以下几个方面。

(1) 句子要短，避免用长句、文言句、倒装句与欧化句。比如，"由于今年思想开小差，没把心思放在学习上，后来又谈恋爱，影响了学习，致使考试成绩很不理想，结果有几门课程不及格"。不如写成"今年因为谈恋爱，不专心学习，有几门课程考试成绩不及格"，简洁明了。

(2) 在报纸上适用，而在广播里不适用的句子和词语要尽量不用、少用或者改写。比如，"今年我校的招生人数迅速由去年的四千多人增加到六千多人"。这句话里的"迅速"可以改成"很快就"。再如，"立即"一词可写成"立刻""马上"；"因而""从而"等词，能不用的尽量不用，或者写成"这样就"；"地处"可以写成"位置在"；"备足""备齐"可以写成"准备好了"或"准备齐了"；"降雨"不如写成"下雨"。"降雨量"是个专用名词，可以不改。

(3) 用词时尽量选用能使人一听就懂的词，难懂的、文绉绉的成语、文言词语最好不用，或根据它的意思改写。比如，"东方泛白"不如写成"天刚亮"；"中国女子排球队明日与美国队交锋"不如写成"中国女子排球队明日与美国队比赛"，通俗易懂。同理，文言词语"沆瀣一气"不如写成"臭味相投"，一目了然。但有些成语已成为习惯用语，如"大公无私""以身作则""热火朝天"等，完全可以不改。

(4) 少用简称，多用全名，不该省的字不要省。比如，"三次职教会"应写成"第三次全国职业教育工作会议"，"重信院"应写成"重庆信息技术职业学院"，"同期"最好写成"同一时期"。再如,"已经在"不要写成"已在","并且在"不要写成"并在","应该做"不要写成"应做","但是为了"不要写成"但为"。如果这样写,念起来不顺口,听起来也让人费解。

(5) 音同字不同的字和词要分清,以免产生歧义。比如,"全部"容易听成"全不",不如写成"全都";"喉头"跟"猴头"分不太清楚,应写成"喉咙"。

(6) 方言、土语、文言词语最好不用或少用。比如,"侬""阿拉"(上海话),"阿米子""却波"(彝族语),应该分别写成"我""我们""姑娘""同志"。

(7) 有些标点符号的意思,在广播中一定要用文字表述出来。比如,"这就是地主办的'慈善事业'"。"慈善事业"打上了引号,表示否定意思,在广播中听众会误解成肯定的意思,因而在广播稿中应加上"所谓",把这句话变成"这就是地主所谓的'慈善事业'"。又如,"出席会议的有游祖元(软一系)、程建华(B 区)"。句中的括号,大家也听不出来,最好不用或改写,写成"出席会议的有来自软件一系的游祖元和来自 B 区的程建华"。

三、广播稿的写作要求

广播稿的写作要求有:听众的针对性,内容的单一性,结构的简洁性,语言的可听性,写作的生动性,报道的及时性。

(1) 听众的针对性,是指广播有特定的听众。在写广播稿时,应该考虑广播的针对性:听广播的会是哪些人,他们的年龄、文化程度、兴趣爱好、心理需求等,这些都是在写广播稿之前应该了解的。然后,再根据听众的情况组织内容,选择写法,写好广播稿。比如,写给儿童的广播稿,应当用词浅显,用句活泼,生动形象,有趣,有吸引力;新闻稿件应当庄重严肃,用词准确、简洁等。

(2) 内容的单一性,是指一事一报。一篇广播稿报道一件完整的事情,不把几件事放在同一篇广播稿中报道。一事一报,可使内容集中、主旨鲜明;多事一报,会使其内容含混复杂,主旨不清。

(3) 结构的简洁性,是指广播稿篇幅不要长,要短小精悍,要干净利落,要突出句子的主干,不滥用附加成分;用准确的词语贴切地表达要说的意思,不说空话、套话;不用插叙和倒叙的叙述方法,一般按时间与事情的发展顺序叙事。

(4) 语言的可听性。广播是供人听的,作为一种作用于听觉的媒体,广播语言要具备可听性。报纸的特点反映在版面上,电影的特点反映在形象上,广播的特点反映在声音上。所以,广播稿要突出广播的特点,一定要在声音上做文章。首先,语言要通俗易懂,朴实无华。用词普通,句子简短,不用修饰语过多的长句、书面语。其次,音调和谐,节奏感强,读起来朗朗上口,听起来悦耳。因此,要避免连续出现仄声字,做到平仄相间,配合得当;多用整句式,如排比句、对偶句。最后,把单音词改为双音词,书面语改为口头语,文言词改为白话文。为了加强广播的可听性,广播稿常常借助于录音,如录音讲话、录音新闻、录音通讯、录音访问等,以强化广播稿的可听效果。

(5) 写作的生动性,是指广播稿要写得生动活泼。为了写得生动活泼,可采用多种写作方法,避免单调乏味;句子要富于变化,运用设问、排比、对偶等句式,使文章有文采;

适当选择主动句、被动句、肯定句、否定句等句式，使文章有感染力；少抽象议论，多具体事例的叙写，以增强广播稿的吸引力。

（6）报道的及时性，是广播与其他新闻媒体互相竞争的共同特性。一般来说，广播新闻主张采取只抓重点，少做深度挖掘，具有无可比拟的快捷特性。

【例文 5-3】

我是主持人小黄。从 7 月 1 日开始，我台将开播一档 15 分钟的"上海之夏"节目。这档节目由三个小栏目组成：一、夏日话时装；二、暑天说饮食；三、消夏侃民情。"夏日话时装"栏目，将介绍今年夏天上海及国内外各种时装的款式、花色等。"暑天说饮食"栏目，将介绍夏季家庭食谱、应时小吃、简易冷饮的制作及夏季饮食卫生。"消夏侃民情"栏目，将侃谈老百姓最关注的热门话题。"上海之夏"节目将在每天 19 点 50 分播出，请届时收看。

【简析】

这是按照 1993 年上海市高考作文的要求，以主持人的身份写的一篇广播稿。全文不到 200 字，却介绍了自己的姓氏，所主持的节目名称、播出内容和时间，还对电视观众提出希望和要求。这么丰富的内容却写得层次清楚，语言流畅，言简意赅，值得学习。

【例文 5-4】

优秀学员汤伟的发言

尊敬的各位领导、教官、同学们：

大家上午好！

今天，气温适宜，金风送爽，能在这美好庄严的一刻代表全体 2018 级参加军训的新同学讲话，我感到非常的荣幸和激动。

在此，我对主席台的各位领导表示崇高的敬意！

向全体教官表示衷心的感谢！

向全体新同学致以诚挚的问候："你们辛苦了！"

向前来助威的同学和各界人士表示热烈的欢迎！

军号嘹亮趋晨雾，步伐矫健迎朝阳。一周来的军训，使我收获很大，感慨万千。我们风里来、雨里去，穿梭在炎热的阳光下。即使汗流浃背，即使腰酸背痛、腿抽筋，但我们还是咬咬牙挺过来了，始终充满着昂扬的斗志，迎接每一步的挑战。"一二一"的口号声不仅是我们美妙整齐的旋律，还磨炼出了我们军人特有的气质——顽强拼搏的意志、铁一般严格的纪律和不怕苦、不怕累的精神。

这些品质和精神，是我们人生的宝贵财富，大学生活的奠基石，成功的法宝。很快，我们就要跟我们的军训生活说再见了，跟可亲可爱的教官说告别了，就要摘下军帽，脱下军服，换上学生装，去迎接新的生活。但我们会永远记住这段难忘的日子，并将它融入我们心仪已久的大学生活中，去拥抱我们美好的明天，去谱写我们人生旅途中的又一页辉煌。

谢谢！

【简析】

这是在重庆信息技术职业学院 2018 年军训总结大会上优秀学生汤伟的发言，院广播电台反复播放此广播稿,文字虽少,但完全符合广播稿的写作要求。

首先,是表示礼节性的问候,然后是对领导的敬意,对教官的感谢,对新同学的问候,写得合情合理。

接下来,是对一周来生活的回顾与感悟。先用"军号嘹亮趋晨雾,步伐矫健迎朝阳"的语句,高度概括,形象地展现出军训的情形,然后以"收获很大,感慨万千"总结军训的收获,突出"顽强拼搏的意志,铁一般严格的纪律和不怕苦、不怕累的精神"。

末段的表态将军训的收获与感悟融入"心仪已久的大学生活中,去拥抱我们美好的明天,去谱写我们人生旅途中的又一页辉煌"。

全文短小精悍、完整严谨、生动活泼、富有文采;既有理的启迪,又有情的感染,展现了当代大学生的风貌,富有当代青年的风采。

思考与练习

一、判断题

1. 广播稿不属于新闻体裁。（　　）
2. 广播稿不是新闻,因而广播稿也不必注意新闻的六要素。（　　）
3. 用通俗易懂的口语、短句写作是广播稿不同于一般新闻体裁的显著特点。（　　）
4. 广播稿比一般新闻体裁更具广泛的群众性。（　　）
5. 读、听广播稿不需要具有较高的文化程度。（　　）
6. 广播稿的语言要具有上口、顺耳两个条件。（　　）
7. 为了做到广播稿的通俗易懂,应不用文言成语、文言句式和倒装句。（　　）
8. 写广播稿,也要运用插叙和倒叙的方式。（　　）
9. 广播稿与一般文章一样,不必写称谓。（　　）
10. 写广播稿可用便笺书写,不必用方格纸。（　　）
11. 一篇广播稿可以同时报道几件事情。（　　）
12. 广播稿可用第一人称、第二人称来写。（　　）

二、填空题

1. 广播稿是通过＿＿＿＿或＿＿＿＿向公众宣传党的方针政策,表扬好人好事,批评不良现象或通报某些事情而写的稿件。
2. 广播稿是广播电视台、广播电台、广播站撰写的用于＿＿＿＿播讲的＿＿＿＿稿件。
3. 广播稿的主要特点是＿＿＿＿、＿＿＿＿、广泛性。
4. 广播稿的写作要求是＿＿＿＿、＿＿＿＿、＿＿＿＿、语言的简洁性、写作的生动性、报道的及时性。

三、简答题

1. 广播稿要写得通俗易懂,应从哪些方面努力?
2. 怎样才能把广播稿写得生动活泼?
3. 如何保证广播稿结构的简洁性?
4. 怎样才能做到广播报道的及时性?

四、写作训练

1. 请仿照下面的模式创造性地写一则有关校运动会宣传报道的广播稿。

标题：健儿赛佳绩　激情满校园

开头：一股热潮在我们心中涌动，一种激情在运动员体内沸腾。一股旋风，它吹过百米跑道，吹过学校的每个角落，唤起了所有运动员和啦啦队员及老师们火热的心。

主体：运动员以自己的智慧和强健的体魄赢得了同学们的喝彩，后勤队员以自己的高度责任感和无微不至的关怀赢得了运动员们的高度赞赏，班主任凭着自己特有的方式培育着一个个运动健儿。

结尾：运动健儿们赛出佳绩、赛出风格吧！

提示：广播稿的形式比较自由，但一定要注意口诵耳听，先"声"夺人，让广播稿做到既生动活泼、层次清楚，又音调和谐、富有鼓动性，能很好地吸引听众的注意力。

2. 根据下述材料，按要求写一篇广播稿。

一个星期天，小王与小张在学院球场打篮球，小张跳起封球时不慎打在小王头上，顿时将小王的眼镜打碎，刺伤了小王的眼睛。因伤势严重，需要大量的治疗费。学院已拿出2万元，一些同学也自愿地捐助了一些钱，但还是不够。为了减轻学校及家人的负担，使伤者安心治疗，早日康复，校学生会拟发动同学捐款。

请你以学生会的名义，写一篇200字以内的广播稿，倡议全院同学献出爱心，帮助受伤同学。

3. 广播站将开设一档15分钟的《校园之春》节目。请你以主持人小黄的身份预告并介绍这档节目，写一篇200字以内的广播稿。

4. 中秋节到了，请你以主持人的身份写一篇广播稿，并代表校广播站向全校师生致以节日的问候。

第四节　演　讲　稿

一、演讲稿的特点与种类

演讲稿是在群众集会、公众场合或专门会议上发表个人见解的口头演讲的文稿，也称"讲演稿"或"演说词"。

演讲稿不同于讲话稿。讲话稿是领导或其他人在各种会议上发表的具有代表性意见的发言文字稿。二者的主要区别在于：①内容不同。讲话稿所讲的是有一定代表性的意见，演讲稿发表的只是个人的见解。②发言场合、听话对象各不相同。讲话多是在内部举行的会议上，面对规定的听众；演讲一般是在公众的集会上，面对自愿的听众。③讲话稿重在"讲"，不需要态势语言，也不追求艺术效应；演讲稿还得"演"，在讲的同时，往往要配合做些动作、表情，以加强其感染、鼓动作用，从而达到某种艺术效果。

(一)演讲稿的特点

演讲稿具有针对性、鼓动性和可讲性三个特点。

1. 针对性

射箭要对着靶子，弹琴要看对象，演讲也要针对听众。首先，要了解听众，要了解听众人数、年龄、职业、爱好，也要了解听众的心理要求、他们所关心的问题、他们的需要和口味。其次，要考虑演讲的场所和设备条件，如音响、光线等。最后，根据不同的对象、不同的场合，为听众设计不同的演讲内容，选择不同的演讲方法。

2. 鼓动性

好的演讲，应具有一种激发群众情绪、赢得好感、引起共鸣的鼓动性。因此，既要讲清某种行为的正义性、必要性，又要讲清行为的迫切性、可行性，使听众的思想为之震动，热血为之沸腾，并且奋然前行。要做到这一点，首先，要依赖讲话稿本身思想内容的丰富、深刻，作者见解的精辟、独到。其次，要掌握并运用好演讲稿的构成要素——散文的选材、新闻的真实、论文的结构、戏剧的安排、小说的语言、相声的幽默、诗歌的激情。

小知识

演讲稿的选材要像散文一样广阔，凡能突出主题的都可以选择。演讲稿内容的真实性、典型性和新闻一样严格，必须真实可靠、典型感人，只有这样才具有感染作用。演讲稿的结构如同论文那样条理清晰而又环环紧扣，前后照应，首尾相和，具有内在的逻辑性。演讲稿内容的安排应像戏剧那样制造悬念和高潮，张弛相间、错落有致，从而唤起听众兴趣，有效地控制听众的情绪。演讲稿的语言极似小说和相声的语言，既生动有趣，又通俗易懂，既朴实无华，又绘声绘色、活泼风趣、耐人寻味，给人美的享受。演讲稿要像诗歌那样充满激情，或热情奔放、炽烈可感，或深沉含蓄、令人震撼，叙述、描写、议论、抒情浑然一体，嬉笑怒骂皆有生气，从而激起听众的热情，使演讲高潮迭起，达到最佳效果。

3. 可讲性

演讲稿不是通过阅读来领略其中的内容，而是要诉诸演讲者的口头。听觉语言与视觉语言不一样，它必须以易说能讲、上口入耳为前提。一篇好的演讲稿，对演讲者来说，讲起来要顺口，朗朗上口；对听众来说，入耳要悦耳动听。要做到这一点，应多用通俗易懂的口语、短句，少用修饰语过多的长句、书面语，把书面语改为口头语，化专业词汇为通俗词汇，把一本正经的语言用生动活泼的语言说出来；多用比喻、俗语，使人一看就懂、一听就明白；多用整齐的句子，如排比句、对偶句，少用长短悬殊的句子；多用响亮的平声字，少用短促的仄声字。演讲稿写成之后，还要通过试讲或诵读加以检查，凡是读起来不顺口、听起来不悦耳的地方，均要修改与调整，使其充分满足上口、入耳的基本条件。

(二)演讲稿的种类

演讲稿按不同的划分标准可分为不同的种类。按性质分，有宣传性演讲稿、工作性演讲稿、辩论性演讲稿和吊唁性演讲稿等。按内容分，有政治性演讲稿、经济性演讲稿、军事性演讲稿、外交性演讲稿、学术性演讲稿和社会礼仪性演讲稿等。按形式分，有个人演讲稿和多人辩论性演讲稿。按文种分，有贺词、祝酒词、欢迎词、欢送词、解说词、悼词等。现在常常按演讲的要求和性质，把演讲稿分为即席演讲稿、专题演讲稿和报告演讲稿三种。

1. 即席演讲稿

这是到某些会议、集会或某些活动场所发表演说的文稿，也叫即兴演讲稿。这种演讲往往是无准备的。这种演讲稿的主题和内容都是根据当时的形势、听众的情绪和政治上的需要来确定的，往往具有鲜明的倾向性和很强的针对性，因此，这类演讲稿是最典型的，也是最能体现演讲者眼光、学识和水平的，也是最难写的。写这类演讲稿，首先，必须通过深入观察和科学的分析，确定出深刻独到的主题思想；其次，选用典型生动的具体事例，进行分析论证；最后，用通俗易懂、准确生动的语言很好地表达出来，使人耳目一新。

2. 专题演讲稿

这是在专门召开的"专题演讲会"或"演讲比赛"上所做演讲的文稿。这种演讲一般限定题目范围，所讲内容必须新颖独到才能独树一帜，给人留下鲜明的印象。由于篇幅短小，就要求有精巧的结构和生动的表达，否则，难以吸引听众。

3. 报告演讲稿

这是在专门召开的"事迹报告会"或"学术报告会"上所做演讲的文稿。事迹报告演讲稿的标题常使用"××个人先进事迹介绍"或"××个人成长史"；其正文写法与通讯正文写法相同，只是多用第一人称，多谈心理活动，多谈细节，语言恳切实在，尽量用生动的事迹感动人。学术报告演讲的标题实际上就是"××学术报告"或"××学术讲座"。其正文写法与学术报告正文写法一样，由"绪论、本论、结论"三部分组成，本论部分可用纵式结构，也可用横式结构，但切忌孤僻、深奥的词句。

二、演讲稿的结构和写法

演讲稿一般由标题、称谓、正文三部分组成。

(一)标题

演讲稿的标题一般有以下两种写法。

(1) 主旨式(文章式)，如《用全国职教会议的精神创建一流的高职院校》。这类标题是用高度概括的语言点明演讲的内容或揭示演讲的中心，常用于专题演讲与报告演讲。

(2) 公文式，如《孙中山在东京中国留学生欢迎大会上的演讲》。这类标题往往是后人或别人在发表或选稿时加的，演讲时没有标题。公文式标题常用于即席演讲。

(二)称谓

在正式发表演讲内容之前，需要称呼与会者，以示礼貌和引起注意。如果是代表会议，一般称呼"各位代表"；如果是工作会议，可称"各位领导、各位同志"；如果是群众性集会,应称"朋友们、女士们、先生们";如果有重要来宾,还应加上专指性称呼,以示礼貌、尊重。

称呼还可在文中多次出现。其作用是:引起听众注意,在演讲内容转入新的层次时起提示作用。

称谓写在标题下左侧顶格处,独占一行,用冒号领起下文。

(三)正文

演讲稿的正文由开头、主体、结尾三部分组成。

1. 开头

开场白是演讲者与听众之间沟通的第一座桥梁,是演讲者给听众留下的第一印象,应该像爆竹骤响,一下子把听众的注意力和兴奋点吸引过来。而不能讲些套话、废话、客气话,诸如"形势一派大好""在各级领导的关怀下""水平有限,欢迎批评指正"等。常见的开头方法有以下几种。

(1) 开门见山、点明主题。一出场就揭示演讲的课题、中心或重点。这种方法显得质朴明了,重点突出,使听众易于把握演讲的要领。例如,李斯的《谏逐客书》,一开头就直截了当地指出:"臣闻吏议逐客,窃以为过矣。"然后用事实做论据,分析推理。开头切忌冗长烦琐,听了半天也不涉及主题,给听众一种山重水复,如坠云雾的感觉。

(2) 设问祈使,制造悬念。例如,演讲家在演讲中,一开头就是"请看今日之中国,是谁家的天下?"这一设问,催人深思,发人深省,一下子就吸引住了听众。这种开头方法的好处,是把听众的注意力吸引过来,追随演讲者的思路,由被动地听转为主动地思考,从而很好地掌握演讲的内容。

(3) 演示实物,巧妙切入。如在重庆信息技术职业学院举办的《维护生态平衡》演讲比赛上,一位学生上台,先出示一幅仅用一片树叶遮住私处的裸体油画,让大家观看。然后,做了题为《为了我们不再裸体》的演讲。由于演讲者以实物开头,巧妙切入,吸引了听众;演讲中又紧扣题目,做了较好的发挥,此次演讲得了第一名。

(4) 巧用名言,借题发挥。这种方法是引用哲人的名言、警句或俗语、谚语、歇后语以及成语典故等。例如,《擅于建设一个新世界》借用"滥竽充数"的故事,引入正题。也可从"良药苦口利于病""李逵绣花",甚至"猫怕老鼠"等奇闻趣事说起。这种开头富有哲理性,能为下面的论证做好铺垫,也容易引起听众的兴趣。

(5) 幽默风趣,笑中开场。运用幽默开场,不仅能较好地表现演讲者的智慧和才华,而且能使听众在轻松愉悦的气氛中不知不觉地进入角色,接受演讲的内容。这不仅能在笑声中给听众美的享受,而且能沟通演讲者与听众的感情,缩短与听众的距离。例如,美国黑人演讲家约翰·罗克在《要求解放黑人奴隶》的演讲中,他面对白人听众的开场白是:"女士们、先生们,我来到这里,与其说是发表讲话,还不如说是给这一场合增添了一点颜色。"(听众大笑)

(6) 介绍情况,说明缘由。这种开头方法一般是先交代演讲的背景、缘由,使听众很快了解演讲的目的,从而排除疑虑,安心地听讲。例如,一位老教师的开场白:"我这么老了,还来给你们演讲,不是为了多拿几个钱,也不是为了体现我个人的社会价值,而是我有你们年轻人那样一颗火热跳动的心,有与你们年轻人爱说爱动爱唱的性格和脾气。与其说我是来演讲,还不如说我是来与你们交朋友,结成忘年之交更为恰当。"这种方法可以迅速地把演讲者和听众的距离拉近,在感情交融的基础上使演讲产生良好的效果。

2. 主体

主体部分主要是叙事、说理、抒情,写法比议论文、杂文灵活。总的要求是寄情于理,寓理于事,叙议结合,把叙事、说理、抒情结合起来融为一体。写作时要注意以下几点。

(1) 要有鲜明的主题。主题的鲜明、集中是引起强烈反响的主要条件。选择主题时要注意选择公众急需回答而又有意义的主题,选择自己熟悉又有真知灼见的主题,选择深刻而又有新意的主题,同时要选择角度较小的主题。

(2) 要选择典型材料。所选材料要能说明主题,征服听众。因此,必须选择真实可靠而又能充分展现主题的典型材料,要选择符合听众兴趣、特点,易于被听众理解的材料,而且这些材料曾感动过自己。

(3) 结构要清楚完整,波澜起伏。演讲不是靠声音的大小、音调的高低来博得听众的喝彩与掌声,而是靠内容组织得有起有伏、有张有弛,有强调、有反复,有比较、有照应,有发展、有变化,扣人心弦;同时又层次清楚,结构严谨。在行文过程中,要处理好层次、节奏与衔接等问题。

小知识

1. 层次

演讲稿是供演讲用的,其结构层次,听众是无法凭借视觉加以把握的。演讲稿显示结构层次的基本方法是树立明显的有声语言标志,诉诸听众的听觉。例如,在演讲中反复设问,围绕提出的问题进行演讲,便能使结构层次显得环环相扣、层层深入。又如,用"首先""其次""最后"等词语来区别层次,用过渡句衔接层次,便能使层次清晰,结构紧凑。

2. 节奏

节奏是指演讲内容在结构安排上表现出来的张弛起伏,主要是通过演讲内容的变化来实现的。常用的办法是在演讲中插入幽默、逸事、诗文等内容,使听众的注意力既保持高度集中又不因高度集中而产生兴奋性抑制。但应注意、插入的内容适当,若过多便会影响演讲主题的表达。

3. 衔接

由于演讲的节奏需要适当地变换演讲内容,容易使演讲稿的结构显得零散,这时就需要用过渡段或过渡句来衔接,从而使内容层次的变换更加巧妙、自然,结构完整而严谨。

3. 结尾

演讲稿的结尾,必须妙趣横生、鼓舞人心、催人奋进。结尾常用以下方法。

(1) 收拢全篇,深化主题。用极其精练的语言收拢演讲内容,深化主题思想,使演讲的要点烙印在听众的头脑中。例如,《理想,无数闪光点凝聚的结晶》的结尾:"理想不是五彩的梦幻,也不是缥缈的太空,愿我们大家都从自己身边的每一件平凡小事、从自己的本职岗位上做起吧。理想永远是人生无数个闪光点凝聚的结晶！"(于国俊. 公关应用写作. 北京：中国财政经济出版社，1994：261.)

(2) 抒情议论，催人奋进。结尾时用感情浓烈、富有鼓动性、号召性的抒情议论，激发听众的情绪，促使其行动。例如，郭沫若在一次科学工作者代表大会上的演讲："'日出江花红胜火，春来江水绿如蓝。'这是革命的春天，这是人民的春天，这是科学的春天！让我们张开双臂，热烈地拥抱这个春天吧！"(徐中玉. 大学语文. 上海：华东师范大学出版社，1994.)

(3) 引用警句，振耳发聩。引用权威人士的名言、警句来结尾，为演讲生色，强烈地撞击听众心灵，给人留下深刻的启迪和印象。例如，用马克思的话结尾："那些为共同目标劳动因而使自己变得更加高尚的人，历史承认他们是伟人；那些为大多数人们带来幸福的人，经验证明他们是最幸福的人。"

(4) 重申要点，强化记忆。例如，日本松下电器公司创始人松下幸之助在一次公司演讲结束时说，以上我讲的六条不都一样重要，其中第一、二条才是公司生存发展中最重要的，那就是"松下永远以质量战胜一切竞争者、松下的凝聚力高于一切"。这样结尾，强化了职工对重要内容的记忆。

三、演讲稿写作要求

(一)要有鲜明、深刻的思想性

演讲稿首先要有一个鲜明的观点，主张什么，反对什么，清楚明白。全篇围绕一个中心观点，安排材料，展开说理，切忌含糊其词。其次，在正确、鲜明的基础上，还要站得高、看得远、说得清、讲得透，使演讲具有一定的思想深度，给听众以深刻的启迪。

(二)要发挥艺术感染力

在演讲中要注入作者真挚、强烈的感情，既能以理服人，又能以情感人。因此，要选取真实感人的典型事例来叙事说理；要借鉴小说的形象性、故事的生动性，以具体形象、熟悉的生活画面来增强演讲的感染力；要借助比喻、拟人、双关、对偶、排比、成语、典故等手法，使语言生动活泼，把抽象的道理具体化、形象化，像磁石般吸引听众；要借助相声的幽默、诗歌的激情、戏剧的悬念与高潮，极大地增强演讲的魅力，使听众既得到理的启迪、情的感染，又得到美的欣赏。

(三)要控制篇幅，做到短小精悍

演讲受时间的限制，不宜过长，而在于精。德国著名的演讲家海因兹·雷德曼在《演讲内容的要素》中指出："在一次演讲中不要期望得到太多。宁可只要一个给人印象深刻的思想，也不要五十个让人前听后忘的思想。宁可牢牢地敲进一个钉子，也不要松松地按上几十个一拔即出的图钉。"

【例文 5-5】

学会感恩

敬爱的老师,亲爱的同学们:

大家早上好!今天我演讲的题目是《学会感恩》。

落叶在空中盘旋,谱写着一曲感恩的乐章,那是大树对滋养它的大地的感恩;白云在蔚蓝的天空中飘荡,描绘着那一幅幅感人的画面,那是白云对哺育它的蓝天的感恩。因为感恩才会有这个多彩的社会,因为感恩才会有真挚的友情。因为感恩才让我们懂得了生命的真谛。

"感恩"是一个人与生俱来的本性,是一个人不可磨灭的良知,也是现代社会成功人士健康性格的表现。一个连感恩都不知晓的人必定拥有一颗冷酷绝情的心。感恩是爱和善的基础,我们虽然不可能变成完人,但是如果你学会了感恩,至少可以让自己活得更加美丽,更加充实。

如果你是一个苦恼的人,你应该学会感恩,因为感恩是驱除苦恼的一剂妙药;如果你是一个对生活心灰意冷的人,你应学会感恩,因为感恩的时候就是你的身心得到温暖的时候;如果你是一个郁郁不得志的人,你应学会感恩,因为感恩会使你的心情渐渐舒畅,渐渐平和;如果你是一个被生活压得喘不过气来的人,你应学会感恩,因为感恩会使你逐步释放重负、放松身心;如果你是一个只顾索取的人,你更应学会感恩,因为感恩会使你学会适当地给予;如果你是一个快乐的人,你也应学会感恩,这样,你的快乐就会取之不尽……对别人感恩,相应会得到他人对你的感恩,所以你是得到了两份好心情。学会感恩,就是学会了长存感激之情,永存爱心。

没有阳光就没有温暖,没有雨露就没有五谷丰登,没有水源就没有生命,没有父母就没有我们自己,没有真情的存在,人世间将会是一片孤独与黑暗。懂得感恩,你就会越发地珍惜生命、珍惜生活、珍惜每一次学习的机会,珍惜目前所拥有的一切。心存感恩,世界将会变得五彩斑斓!

朋友们,让我们学会感恩,感恩于生养我们的父母,感恩于教导我们的恩师,感恩于关心我们的同学,感恩于身边的人和事,感恩于生活中的每一天,让感恩永远充盈于我们的美好的心灵之中吧!

(资料来源:根据百度文库资料整理。)

【简析】

这篇演讲稿以学会感恩为题,开篇谈感恩无处不在,有感恩才会有多彩的社会。然后谈感恩是一个人与生俱来的本性,感恩是爱和善的基础,对别人感恩,相应会得到他人对你的感恩。最后,呼吁学会感恩,"感恩于生养我们的父母,感恩于教导我们的恩师,感恩于关心我们的同学,感恩于身边的人和事,感恩于生活中的每一天,让感恩永远充盈于我们的美好的心灵之中"。本文主题明确,内容丰富,语言生动感人,善用比喻、排比,增加了演讲的表现力。

【例文 5-6】

但愿我不会让大家失望
——一位指导员的就职演说

各位战友：

我一到这里，就收到了大家送来的不少"礼品"。现在，准确地说，在我说话的此刻，很多同志，几乎是百分之百的同志，还在源源不断地送来。

大家不要纳闷：我没送什么给你呀。其实，大家确实送了，只不过没有在意，或者说不知不觉罢了。这"礼品"就是：目光。

目光？是的。我发现，大家向我投来了各种各样的目光：有信任的，有期待的，有疑惑的，也有无所谓的……我觉得，大家的这些目光，就像为我这个指导员走马上任而准备的一堆礼品：有玫瑰，有玉兰，有仙人掌，也有霸王鞭……不管是什么样的目光，不管是怎样的"礼品"，我都愿意收下，我都收下了！最后，我还应说上一句：谢谢大家！

诚然，来到这个连队，我深感责任之重大。过去，大家在老指导员的带领下，齐心协力，为连队的建设做出了很大的贡献，也为我这个新上任的指导员以后开展工作奠定了坚实的基础，我很感激。能否使本连的工作在原有的基础上更进一步，能否为大家创造出一个更好的成长环境，这是我上任后面临的首要问题，更是大家翘首以盼的问题。要解决这些问题，实非易事。不过，从大家信任、期待、疑惑的目光里，我看到了希望之所在、意识到压力之所在、责任之所在；从少数同志无所谓的目光里，我也觉察到了阻力之所在、障碍之所在。不管压力也好，阻力也罢，我很自信，相信自己，相信战友，相信大家的力量和智慧，相信"阻力"终究能变成"动力"！

从今天开始，工作上我们形成了上下级关系，我希望我们能真正履行好各自的职责；生活上我愿意与你们结下兄弟之情，共同在部队这个大家庭里发光发热。

但愿我不会让大家失望！

但愿我能给大家带来好运！

【简析】

这是一篇就职演讲稿。开篇新颖别致，用"我一到这里，就收到了大家送来的不少'礼品'"制造悬念，抓住听众的注意力和兴奋点。第二段释疑，点明这"礼品"就是"目光"。第三段进一步解惑，用博喻与排比的修辞方式，生动而形象地解释了"目光"所包含的深刻意义，并表示"不管是什么样的目光，不管什么样的'礼品'，我都愿意收下，我都收下了"的态度。下面用了一大段，侧重说明收下的理由与意义，表明了对大家的信任，引起大家的共鸣。最后，以表白希望和决心做结语。全文主题集中、鲜明，内容丰富、深刻，结构完整、严谨，语言通俗、生动，是一篇极好的演讲稿。

思考与练习

一、填空题

1. 演讲稿不是通过阅读来领略文章中的内容，而是诉诸演讲者的口头，因此演讲稿的写作必须以_____为前提条件。

2. 写作演讲稿要注意把_____和_____水乳般结合起来。

3. 用_____、_____、_____的生动画面能增强演讲的感染力。

4. 开场白是演讲者给听众留下的第一印象,应该一下子把听众的_____、_____吸引过来。

二、简答题

1. 演讲稿与讲话稿有什么不同?
2. 如何使演讲富有艺术魅力?
3. 演讲稿常用的开头方法有哪些?
4. 如何才能保证你的演讲稿写得富有鼓动性?

三、阅读训练

下面几段文字是演讲的开头,分析一下各用了什么方法?有何作用?

1. 同志,当你在万籁俱静的夜晚,遥望那星光闪闪的夜空时,你是否会想到构成这壮丽画面的一颗颗明星呢?当你在商场里散步,观看那琳琅满目的纺织品时,你想到过那织成这绚丽纺织品的一缕缕经纬吗?

2. 我叫陈毅,耳东陈,毅力的毅。刚才司仪先生称我将军,实在不敢当,我现在还不是将军。当然,叫我将军也可以。我是受全国老百姓的委托,去"将"日本鬼子的"军",这一"将",直到把它"将"死为止。

3. 公民们,请恕我问一问,今天为什么邀我在这儿发言?我或者我所代表的奴隶们,同你们的国庆节有什么相干?《独立宣言》中阐明的政治自由和生来平等的原则难道也普降到我们的头上了?

4. 大家请看,这是我演讲的核心——青春。(将青春的上半部折叠起来)现在我们看到"青春"二字的基础是"月"与"日"。这说明了什么呢?这说明祖先在造字时就想到了:青春是充满光明的,青春是灿烂辉煌的,青春是无怨无悔的!所以,我今天的演讲题目就是要对青春说:除了无悔,我还能对你说什么呢?

四、写作训练

1. 一位同学的生日宴会,班上大部分同学都参加了,一顿饭花去了3000多元,有的同学竟醉倒在宴会席上。请你就此发表即兴演说,你打算如何发言?请以学习小组为单位进行模拟训练,然后推荐代表在全班演讲。

2. 请选择题目,写好演讲稿,参加班上的演讲比赛。

题目:《毕业宣言》《我走上工作岗位之后》《你为明天准备了什么》。

第五节 解 说 词

一、解说词的特点与种类

解说词是对事物、人物进行说明的一种说明文体。

(一)解说词的特点

(1) 附着性。解说词是配合实物或图画的文字说明,是为解说实物或图画而产生的,用不多的文字把实物或图画介绍给观众,使观众借助简明的文字说明,获得对实物或图画的正确认识。一旦失去了解说的对象,解说词也就成了无源之水、无本之木,失去了存在的价值。因此,解说词必须扣住实物或图画而写作。

(2) 顺序性。解说词是按照实物陈列的顺序或画面推移的顺序编写的。陈列的各实物或各画面有相对的独立性,反映在解说词里,应该节段分明,每一件实物或每一个画面,都有一节或一段文字说明。在书面形式上,或用标题标明,或用空行表示。

(3) 可读性。解说词虽说是附着于实物或图画的说明性文体,要符合说明对象的客观实际,要反映说明对象的本质特点,但它不是纯客观的说明。为了加强其解说效果,增强其感染力,它往往综合采用多种修辞方法,运用"诗情画意"式的抒情方式,借助活泼多样的形式,节奏鲜明、韵律和谐的语言,以及讲故事、说典故等来获得艺术魅力,增强其可读性。

(二)解说词的种类

解说词按说明对象的不同,可以分成若干种类,如产品展销介绍、文物陈列说明、书画展览简介、标本说明、园林介绍、影视解说、人物介绍等。

二、解说词的结构与写法

(一)解说词的结构

解说词是对人、事、物的介绍说明,为了帮助人们认识、了解这些对象,其结构顺序应符合人们的认识规律,可按陈列或展示顺序,也可按时间和空间顺序。解说词的具体结构安排应视说明对象而定,可采用顺承式、总分式、并列式、主次式等结构方式。一般多采用先概述,再分别说明介绍,最后总结的结构方法。

(二)解说词的写法

(1) 深入研究解说对象。解说词是解说客观事物的文体,而客观事物又是复杂的,只有仔细地观察、深刻地研究,才能把客观事物如实地反映出来、介绍给读者。因此,要写好解说词,首先必须认真观察、研究被解说的对象、准确把握其本质特点和各方面的内在关系,构思成一个有机的统一体。

(2) 写好开头。开头应简明、概括、生动而又具有吸引力,既要引出说明对象,又要概述基本情况,还要引起观众或读者浓厚的兴趣。

(3) 突出主体。主体部分应分节分段,具体介绍说明对象的各个方面。各个部分之间既相对独立,又紧密联系,从而完整准确地把事物介绍清楚。主体部分还可引用大量历史资料和权威人士的评价,但要客观准确。

(4) 收束有力。结尾的总结应收束有力、含蓄隽永,起画龙点睛的作用。

三、解说词的写作要求

(1) 解说词属说明文体,因而要注意突出知识性、客观性和科学性。

(2) 要突出事物特点，合理安排顺序，运用多种说明方法，形式多样，方法灵活。

(3) 语言要简明、通俗、生动。可用平实的语言，也可用文学的语言；可用散文形式，也可用韵文形式。

【例文 5-7】

观 星 亭

武侯祠前矗立的就是结构精美的观星亭。你看，它六角十二柱，双层飞檐翘角，古色古香。传说刘备在白帝城托孤的时候，诸葛亮曾在这里夜观"星象"，"观星亭"因而得名。诸葛亮确实是两次到过白帝城，一次是随刘备入川，一次是刘备托孤。但诸葛亮究竟在这里观过星象没有呢？我看谁也说不清楚。

这里我想向大家介绍的是，观星亭石桌底座石上刻的八首诗。这八首诗就是唐代大诗人杜甫于公元 776 年秋，在我们白帝城所写的著名诗篇《秋兴八首》。他以身居夔州，北望长安为主题。第一首写长江的秋景和思归的愁闷，第二首写长江的晚景和自己向往长安的心情，第三首写自身遭遇的感慨，第四首写叹息长安的时局，第五首写向往长安的宫阙，第六首写向往长安曲江，第七首写向往长安昆明池，第八首写向往长安美陂等地。杜诗注意比兴，借景生情，托物寓意，讲究平仄，极尽变化之能事。

我们游览白帝城，坐在诸葛亮夜观星象的观星亭，品味杜甫的《秋兴八首》，吟咏那"无边落木萧萧下，不尽长江滚滚来"的诗句，真是别有一番情趣。

(资料来源：根据百度文库资料整理。)

【简析】

这是一篇历史古迹简介，首先介绍了名称来历，主体部分重点介绍了亭中杜甫的八首诗歌，最后突出了游览此处的情趣。全文中心明确，结构顺序合理，既有历史典故，又有现实生活的对照，特别是对八首杜诗的逐一介绍，更丰富了深刻的文化内涵。

【例文 5-8】

凤 凰 古 城

凤凰是个风景秀丽的好地方，名胜古迹很多，历来是人们游览的胜地。城内的古代城楼、明清古院和石板小街现在仍是风采依然；城外有南华山国家森林公园，还有唐代修建的黄丝桥古城，至今都保存得非常完好。凤凰不但风景秀美，而且人杰地灵。中华民国第一任内阁总理熊希龄、著名作家沈从文和著名画家黄永玉都是凤凰人。《边城》《湘女萧萧》《湘西剿匪记》等十多部影视剧，也曾在这里拍摄。

我们现在所在的地方就是我国著名作家和考古学家沈从文先生的故居。沈从文故居是他的祖父沈洪富于清朝同治元年所建。1902 年 12 月 28 日，沈从文先生就诞生在这座具有明清建筑风格的四合院里，并在这里度过了他的童年和少年时期。1919 年，沈先生只身来到北京，开始了他从文的艰苦生涯，创作了《边城》《湘西剿匪记》等一系列文学作品，不久就蜚声中国文坛，几乎与年长他 20 多岁的鲁迅先生齐名。20 世纪 50 年代之后，沈先生潜心于中国古代服饰的研究，写出了惊世之作《中国古代服饰研究》。沈先生的作品与人品表现出了强烈的一致：自然、厚朴、谦逊、勤奋、博大而凝重。沈先生一生所创作的 500 多万字的作品，是世界文学瑰宝，给后人研究旧中国和旧湘西留下了宝贵的历史资料。

应用文写作

　　这里是中华民国第一任内阁总理熊希龄先生的故居。1870年7月23日熊希龄先生就出生在这间小平房里。熊先生少年时期就具有忧国忧民之心，9岁的时候，他的私塾教师出了一副上联："栽数盆花，探春秋消息"，熊先生立即对出下联："凿一池水，窥天地盈虚"，一时传为佳话……

　　现在大家看到的是虹桥。这座桥始建于明朝洪武年间，清朝康熙九年又经过加修，桥面上原有吊脚楼亭。1956年修公路的时候，原来的楼亭和两侧的牌坊均被拆除，就成了现在这个样子。桥下大家可以看到有一排百年历史的旧吊脚楼。吊脚楼下是凤凰传统体育节目——赛龙舟的地方。

　　大家沿着当年官道，到达的就是沈从文的墓地。这里看到的是黄永玉先生为纪念表叔沈从文而题写的铭文："一个士兵要不战死沙场，便是回到故乡。"大家可以看到，沈先生的墓地没有隆起的土堆，只有一块原始状态的五色石矗立其间；这里没有雕栏玉砌的装饰物，只有一条放牧、打柴的石板小路横贯其间，这象征沈先生永远与普通民众在一起。沈先生的骨灰一半撒在面前这条沱江里，一半就葬在这块五色石下，他就像面前的这条沱江，发源于大地又回归大地，他像陪伴他的这块五色石，来源于大地又回归大地！作为墓碑的五色石，正面刻写着沈先生的手迹："照我思索，能理解我；照我思索，可认识人。"是的，正是这样一种信念，使沈先生舍弃升官发财的从军道路，选择了清苦的从文生涯；正是这样一种信念，使沈先生挥动了他那如椽巨笔，将他认识的湘西人介绍给全世界。在墓碑的背面，刻写着沈先生妻妹张允和女士的铭文："不折不从，星斗其文；亦慈亦让，赤子其人。"这四句话，简明扼要地总结了沈先生的一生。

（资料来源：根据百度文库资料整理。）

【简析】

　　这是一篇旅游指南。各段内容的描述，使游人眼前出现一幅幅生动形象的画面，而这些画面的组接，就构成了凤凰古城的概貌。抚今思昔，气象万千，优美的环境和深厚的文化内涵，令人急欲前往，一睹为快！

📖 思考与练习

一、简答题

1. 解说词有哪些特点？回顾一下我们在日常生活和社会活动中，接触到了哪些解说词？
2. 解说词的写作要注意哪些问题？

二、写作训练

1. 以校内的一次书画展为内容，写一篇解说词。
2. 写一篇解说词，从以下几个方面介绍自己的学校：①学校概况；②系部处室简介；③教学情况；④科研成就；⑤实习实训；⑥图书馆。
3. 写作解说词既要扣物说话，又要有明确的主题指向与解说重点；既要根据具体对象采用不同的解说方法，又要针对解说对象的缺失信息做必要的补充；还要运用各种方法增强其可读性。

　　请认真阅读下面几段解说词，并借用题目的提示分别做出具体分析。然后，在班上展开讨论：各段写得怎样？好在哪里？如果让你解说，你怎样解说？

① 温州民营企业神力集团解说词：神力，是一个品牌；神力，更是一种精神与力量的交融和迸发！神力企业今天的成长与壮大，正是借着这股负重前行的精神，十多年来开拓创新，超越自我……

② 纪录片《敬爱的周总理永垂不朽》解说词：泪水模糊了我们的双眼，灵车隔断了我们的视线。敬爱的总理啊！我们多么想再看一看您，再看一下您啊！

灵车队，万众心相随。哭别总理心欲碎，八亿神州泪纷飞。

红旗低垂，新华门前洒满泪。日理万机的总理啊，您今晚几时回？

长夜无言，天地同悲。只见灵车去，不见总理归。……

第六章

法律应用文

法律应用文就是法律文书。它是国家司法机关和法律授权的专门组织(律师、公证、仲裁三个组织)以及诉讼当事人，为处理案件进行诉讼活动，根据国家宪法和法律，按照法定程序和手续制作，具有法律效力和意义的一种文体。它具有特定的法律意义，并能产生一定的法律后果。

法律文书是实施法律的工具、进行诉讼活动的依据、记录诉讼活动的凭证。它具有鲜明的特点：制作的合法性、内容的客观性、形式的固定性、使用的规范性、语言的准确性。

法律应用文的种类从文书的角度上划分，有以下几种：专业诉讼文书，民用诉讼书状，律师业务文书，公证、仲裁文书。

诉讼，俗称"打官司"，是国家司法机关在案件的当事人、其他诉讼参与人的参加下，依照法定程序，来裁判或者以其他方式解决案件而进行的活动。

诉状是诉讼当事人向国家司法机关陈述事实，提出请求或者进行辩解所使用的法律文书，它是诉讼当事人进行诉讼不可或缺的重要工具。

诉状，按其案件性质的不同，可分为刑事诉状、民事诉状、行政诉状；按诉讼程序的不同，可分为一审程序的诉状、二审程序的诉状、审判监督程序的诉状；按其内容、作用的不同，可分为起诉状、上诉状、答辩状和申诉状等。

本章仅介绍由诉讼当事人书写或委托律师代书的各类诉状，主要包括民事起诉状、刑事自诉状、上诉状、申诉状、答辩状等几种常见的法律文书。

第一节　民事起诉状

一、民事起诉状的种类

民事起诉状，也叫民事起诉书，是民事原告为维护自身的民事权益，就有关民事权利和义务的纠纷，依法向人民法院递交的书面诉讼请求。

1. 民事纠纷起诉状

此类起诉状适用的案件大致包括房屋、债务、继承遗产、损害赔偿、婚姻、赡养、抚养、抚育、发现权、发明权、著作权、专利权、名誉权、肖像权等各类民事纠纷案件。

2. 经济纠纷起诉状

此类起诉状是人民法院经济审判庭审理的范围，包括经济合同、技术合同、联营合同、农村承包合同、侵犯工业产权等各类经济纠纷案件。

二、民事起诉状的结构和写法

民事起诉状的基本格式是由首部、正文和尾部(含附项)三部分构成。

1. 首部

首部包括标题、原告和被告的身份等内容。
(1) 文书名称，应居中写为"民事起诉状"。

(2) 原告和被告的身份事项。按照原告、被告的顺序分别写明其身份事项。如果同案原告为两人以上，应一一写明。如果同案被告有两人以上，应按责任大小的顺序写明。

小贴士

当事人如果是具有民事行为能力的公民，应注明当事人的姓名、性别、出生年月、民族、职业、工作单位和住所(包括户籍所在地与居住地，如户籍与实际居住地不一致的，应注明现居住地址和起住时间)、联系电话、邮政编码。

当事人如果是无民事行为能力的人或者限制民事行为能力的人，还应写明法定代理人的姓名、性别、年龄、职业、工作单位、住址、同当事人的关系。代理人是律师的，只列写姓名、职务及代理律师所在的律师事务所名称。

当事人如果为法人或其他组织的应注明其单位全称、地址、邮政编码，另起一行写法人或主要负责人的姓名、职务、联系电话，还应写明企业性质、工商登记核准号、经营范围和方式、开户银行和账号。

被告的身份事项，其内容及要求与原告各项相同。如果同案被告有两人以上，应按责任大小的顺序依次排列，逐一说明，所列项目同前。

2. 正文

正文是诉状的主体部分，由诉讼请求、事实与理由组成。

(1) 诉讼请求。诉讼请求是写明原告请求人民法院依法解决问题的具体内容，即起诉人所要达到的目的和要求，如请求离婚、偿还债务、损害赔偿履行合同、归还产权等。有多项诉讼请求的，可以按顺序列举为一、二、三……诉讼请求应经过慎重考虑后提出，要明确具体，简明扼要，合理合法，切实可行。

(2) 事实与理由。这部分至关重要，要摆事实、列证据、讲道理、引用有关方面的法律和政策。主要分为以下三部分。

① 事实部分。应写明原告、被告双方民事法律关系存在的事实，以及双方发生民事争议的事实或被告侵权的事实及其证据。明确交代被告人犯罪的时间、地点、目的、手段、情节、结果。这是人民法院审查并决定是否受理案件的依据，也是解决双方争议问题的前提。

写作时，要围绕当事人之间争执的焦点，一般以时间为顺序或把争议的焦点综合归纳来写，既要如实地写明案情，又要重点详细地叙述被告侵权的行为后果，特别是要把争执的焦点和各自的观点写清楚。

② 证据部分。证据是说明事实，决定诉讼胜负的关键。要根据证据的"客观性、关联性、法律性"三要素，凡能支持诉讼的真实性、可靠性的证据都要向人民法院提供，包括书证、物证、视听资料、证人证言等。

对证据的书写，一般是在叙述事实时就列举证据。可在叙述事实时，用括号加以说明，也可在叙述事实之后，单列一段来交代证据。要写明证据的名称、件数或证据线索，并写明证据来源和可靠程度。有证人的，应写明证人的姓名、职业、住址、所能证明的问题，以便人民法院调查。有物证的，应写明是什么样的物证，现在何处。列举书证，要附上证据原件或复印件，并注明材料的出处。原告如认为证据有可能丢失或以后难以取得证据时，在起诉时可以申请证据保全。

③ 理由部分。理由包括认定案件事实的理由和提出法律依据的理由。

应根据案情和相应的法律、法规和政策,阐明原告对案情性质的分析、被告造成的危害和后果、被告应负的责任,以及如何解决纠纷的看法。在引用法律、法规和政策规定时,应引用到条、款、项。

理由的书写,例如,"综上所述(分析说明纠纷的性质、危害和后果)。根据××法第×条第×款第×项的规定(说明被告应负的责任),请求人民法院依法裁决,以实现诉讼请求"。

3. 尾部

尾部包括受诉法院名称、署名、起诉日期和附项。

(1) 受诉法院名称,即"此致/××人民法院"。

(2) 署名和起诉日期,写在右下方。署名包括起诉人、法定代表人、委托受理人的姓名。

(3) 附项应写在诉状的左下角,除写明诉状副本份数外,还要写明证据的名称和份数。例如,"附:本诉状副本×份(以被告的人数来定份数),书状×份,物证×份。"

三、民事起诉状的写作要求

民事起诉状要尊重事实,实事求是,不歪曲捏造,否则要承担法律责任;请求事项要合理,在诉状中要有确凿的证据和充分的法律依据,说理要中肯。

【例文 6-1】

民事起诉状

原　　告:上海×××贸易有限公司。

法定代表人:×××。

地　　址:上海市××路 7258 号。

被　　告:山东省×××市城市信用社。

法定代表人:×××。

地　　址:山东省×××市×××××路××号。

一、诉讼请求

判决确认原告为涉案汇票的合法持有人,享有票据权利;

判令被告停止挂失支付侵权行为;

判令被告承担本案诉讼费。

二、事实与理由

原告自上海 A 公司处通过背书转让获得银行承兑汇票一张(见书证1)。该汇票编号为:××××××××,出票人为山东 B 公司,付款行为山东省×××市城市信用社,收款人为山东 C 公司。该汇票经山东×××水泥有限公司背书转让给无锡市 D 公司,又由无锡市 D 公司背书转让给无锡 E 公司,再由无锡 E 公司背书转让给上海 A 公司,后由上海 A 公司背书转让给原告。该汇票背书连续,符合法律规定,原告为该汇票合法持有人,享有票据权利。

××××年11月28日，原告从该汇票付款行即本案被告山东省×××市城市信用社得到通知，该汇票已经挂失止付(见书证2)，严重影响原告行使合法票据权利。

为了维护原告的合法票据权利，特向贵院提起诉讼，请求贵院依法判如所请。

　　　　此致
山东省×××市中级人民法院

起诉人：上海×××贸易有限公司
××××年12月13日

附：
1. 本诉状副本×份
2. 书证×份

【简析】

这是一则为了维护原告的合法票据权利的民事起诉状，事实与理由部分具体地陈述了事情的经过，语言表达清楚明白。

思考与练习

一、填空题

1. 法律应用文也就是_____。它具有鲜明的特点：_____、_____、_____、_____、_____。

2. 民事起诉状的种类包括_____、_____。

3. 民事起诉状的基本格式是由_____、_____和_____三部分构成。

4. 民事纠纷起诉状适用的案件大致包括_____、债务、继承遗产、_____、婚姻、赡养、_____、抚育、_____、_____、著作权、专利权、名誉权、肖像权等各类民事纠纷案件。

5. 经济纠纷起诉状在_____审理的范围，包括_____、技术合同、_____、农村承包合同、侵犯工业产权等各类经济纠纷案件。

二、判断题

1. 民事起诉状，也叫民事起诉书，是民事原告为维护自身的民事权益，就有关民事权利和义务的纠纷，依法向公安机关递交的书面诉讼请求。　　　　　　　　　　(　　)

2. 民事起诉状的理由包括认定案件事实的理由和提出法律依据的理由。(　　)

3. "事实与理由"这部分至关重要，要摆事实、列证据、讲道理、引用有关方面法律和政策。　　　　　　　　　　　　　　　　　　　　　　　　　　　　　　(　　)

4. 民事起诉状，也叫民事起诉书，只限于公民在自身的民事权益受到侵犯时，依法向人民法院递交的书面诉讼请求。　　　　　　　　　　　　　　　　　　(　　)

5. 事实部分。写作时，要围绕当事人之间争执的焦点，一般以时间为顺序或把争议的焦点综合归纳来写，特别是要把争执的焦点和各自的观点写清楚。　　　　(　　)

三、单项选择题

1. 民事起诉状的格式包括三部分，即(　　)
　　A. 首部、正文和尾部(含附项)　　　　B. 标题、正文和尾部

　　　　C. 首部、内容和尾部　　　　　　　　D. 标题、内容和尾部
　2. 民事起诉状要根据证据的(　　)三要素，凡能支持诉讼的真实性、可靠性的证据都要向法院提供。
　　　　A. 客观性、关联性、功利性　　　　　B. 客观性、真实性、法律性
　　　　C. 客观性、关联性、法律性　　　　　D. 功利性、真实性、法律性

四、多项选择题

1. 民事起诉状的尾部包括(　　)。
　　　A. 受诉法院名称　　　　　　　　　　B. 诉讼请求
　　　C. 署名　　　　　　　　　　　　　　D. 起诉日期
　　　E. 附项
2. 证据部分。证据是说明事实，决定着诉讼的胜负的关键，包括(　　)。
　　　A. 书证　　　　　　　　　　　　　　B. 物证
　　　C. 视听资料　　　　　　　　　　　　D. 证人证言
3. 民事起诉状的理由部分包括(　　)。
　　　A. 原告认为正确的理由　　　　　　　B. 认定案件事实的理由
　　　C. 提出法律依据的理由　　　　　　　D. 有利胜诉的理由

第二节　刑事自诉状

一、刑事自诉状的概念和特点

1. 刑事自诉状的概念

刑事自诉状即刑事诉状，又叫自诉书、刑事起诉书，它是刑事案件的自诉人或者他的法定代理人、近亲属，根据法律和司法解释的规定，直接向人民法院提出诉讼，控告被告人侵犯自身权益，要求追究被告人的刑事责任，同时承担民事赔偿责任的诉讼文书。它是依法维护自诉人合法权益的一种重要的诉讼文书。

2. 刑事自诉状的特点

(1) 它是以自诉人的名义向人民法院提起诉讼的书状。任何公民当其合法权益直接受到非法侵害时，为了维护自己的合法权益，被害人或者他的法定代理人、近亲属，可以依法直接向人民法院提起自诉。这种提请审判的刑事案件，称为自诉案件。自诉案件的原告人，即是自诉人。自诉人要控告侵害自己的被告人时，就要向人民法院递交刑事自诉状。

(2) 它是在一定范围提起诉讼时使用的书状。根据《刑事诉讼法》第一百七十条的规定，用这种书状提起诉讼，主要适用于告诉才处理的案件；被害人有证据证明的轻微刑事案件；被害人有证据证明对被告人侵犯自己人身、财产权利的行为应当依法追究刑事责任，而公安机关或者人民检察院不予追究被告人刑事责任的案件。具体来说，这些案件是指虐待家庭成员案、侮辱案或诽谤他人案、暴力干涉婚姻自由案、轻伤害案、遗弃案、破坏现役军人婚姻、重婚案等。

(3) 它和人民检察院的起诉书不同。虽然二者都是向人民法院起诉，都是和犯罪行为

做斗争，但它们在公诉与自诉的性质上有所不同。刑事自诉状是以个人的名义依法向人民法院起诉的文书，而人民检察院的起诉书则是以国家的名义向人民法院提起诉讼的文书。

(4) 它和民事诉状在类型上不同。书写刑事自诉状的目的，是依法维护自诉人的合法权益。对于已经构成轻微刑事犯罪的，自诉人用书写刑事诉状来控告被告人；对于属于民事权利与义务纠纷的，应当书写民事诉状，提请法院以民事案件审理。

二、刑事自诉状的结构和写法

刑事自诉状由首部、正文、尾部构成。

1. 首部

(1) 标题。居中写明"刑事自诉状"五个字。

(2) 自诉人和被告人的基本情况。先在原告人栏内，列出自诉人的姓名、性别、年龄、民族、籍贯、职业(或职务)、单位或住址。

自诉人如果有代理人的，另起一行列出是法定代理人、指定代理人，还是委托代理人。在此之后，列出该代理人的姓名、性别、年龄、民族、籍贯、职业(或职务)、单位或住址以及与被代理人的关系。

在被告人栏内，列出被告人的基本状况，即姓名、性别、年龄、民族、籍贯、职业(或职务)、单位或住址。

如果有不止一个自诉人和被告人，应根据他们在案情中的地位和作用，顺序排列，逐一书写基本情况。

(3) 案由。要按照最高人民法院《关于执行〈中华人民共和国刑法〉确定罪名的规定》，说明自诉人控告被告人侵犯自身权益的犯罪行为的罪名。例如，是过失致人重伤罪还是侮辱罪，是诽谤罪还是遗弃罪。这事实上是自诉人对案件性质的说明。

2. 正文

正文是刑事自诉状的主体部分，包括诉讼请求及事实和理由。

(1) 诉讼请求，是请求人民法院依法追究被告人的刑事责任。如果是刑事附带民事诉讼，被害人(自诉人)因被告人的犯罪行为而遭受物质损失，有权要求被告人给予赔偿，并可以向人民法院提出有关赔偿的请求事项。

(2) 事实和理由。这是刑事自诉状的核心内容，是提起诉讼、请求人民法院受理案件和依法审判的重要依据，要叙写清楚，可分为以下三部分。

① 事实。事实主要写被告人对自诉人(被害人)实施犯罪行为的具体事实，要对被告人实施犯罪行为的时间、地点、动机、目的、手段、情节、造成的后果、当事人双方的关系等关键性问题记叙透彻，以便人民法院认定案情，正确审判。

自诉人在刑事自诉状中记叙被告人犯罪行为时，应当按照实际情况，如实地写出其犯罪事实，不得夸大和歪曲。

② 理由。理由是对案情具体事实的概括，要在概括事实的基础上，中肯地阐明理由，再完整、具体、准确地援引法律相应条款，对照《中华人民共和国刑法》(以下简称《刑法》)有关条款说明被告人犯了什么罪，并说明具有哪些从轻、从重、减轻、加重情

节。论证案情性质和情节，提出"告状"的法律根据，论证所请求事项的合理性。

理由部分在写法上，要体现先述"情"，后说"理"，再引"法"，最后推出理由，证明所诉案件有理有据。

③ 证据。在记叙事实之后，应专门列出能证明案件本质的客观证据和能证明被告人犯罪事实存在的强有力的证据。按照《中华人民共和国刑事诉讼法》(以下简称《刑事诉讼法》)的规定，自诉案件的举证责任在自诉人，即对刑事自诉状中所控告的犯罪事实，自诉人必须提出证据材料，能够证实被告人犯罪的证人、证言、书证、物证以及所交验的具体证物等。应写明证人的姓名、职业、住址，并说明证人可以证明的问题。其他证据，应写明证据的名称、种类、来源、所要证明的问题，以便人民法院进行调查核实。

正文的最后，提出明确而且具体的请求目的。可以写为："综上所述，被告人×××的行为，触犯了《中华人民共和国刑法》第×条×款的规定，构成××罪，后果严重，情节恶劣，请求对被告人依法惩处。"

3．尾部

尾部包括结尾和附项，应当依次写明以下内容。

(1) 致送机关。刑事自诉状所提交的人民法院名称，即"此致/××人民法院"。

(2) 自诉人或代为自诉人签名或盖章及具状时间(年、月、日)，写在右下方。署名包括自诉人、法定代表人、委托受理人的姓名。

(3) 附项。附项是自诉状中需要注明的部分。写在诉状的左下角，应写为："附：本状副本×份，物证×件，书证×件"。

三、刑事自诉状的写作要求

(1) 诉讼请求合理合法。诉讼请求要根据相关法律和司法解释的规定而提出，要采用概括事实、依据法律、论证推理的方式，充分说明诉讼请求的合理性；做到实事求是，有理有据。

(2) 刑事自诉状语言表达要清楚明白，文字简洁，干净利落；抓住关键问题，行文有序。在对事实的记叙中，一般按时间顺序，有条理地说明有关部分，要把事实情节的七大要素(时间、地点、动机、目的、手段、情节、结果)都写清楚。

【例文6-2】

刑事自诉状

自诉人：刘××，男，50岁，×族，××市人，××厂职工，住本市××路××号。邮政编码：××××××。

被告人：王××，男，30岁，×族，××市人，××厂工人，住本市××路××号。邮政编码：××××××。

一、案由和诉讼请求

侮辱诽谤，请依法制裁。

二、事实与理由

自诉人与被告人是邻居。自本年×月，我家迁入现住址后，就不断遭到被告人王××

的公然侮辱和诽谤。第一次是×月×日，因被告人在公用的卫生间内堆满各种杂物，妨碍他人进入使用。我向他建议，希望他把堆置的杂物移出一部分。被告人置之不理，口出秽言。我向居委会反映，要求调解。居委会来人查看属实，向被告人提出应当搬走杂物。不料他大为不满，看到我把他放在我家门口的三个坛子向他家门口移动了一下，他就以污言秽语向我夫妇大骂。我为了邻里间的和睦相处，未跟他计较，但他以为我软弱可欺，竟变本加厉，于×月×日至×月×日，前后五次侮辱、诽谤我，还搞恶作剧。例如，故意把垃圾杂物堆在我家门口，我向他提意见，他就破口大骂，什么"乌龟""王八蛋""臭女人"等，不堪入耳。我向他的工厂反映，向居委会反映多次。他们说被告人从来蛮不讲理，对他没有办法。因此，不得不诉诸法院，请求法律保护。

　　以上事实，有左邻右舍的人看到，有居住××室的许××、居住××室的何××等可做证，居委会调解主任肖××也可做证，被告人王××多次进行侮辱和诽谤，蛮不讲理，不听劝止，还在发展之中，情节相当严重，触犯了《刑法》第一百四十五条，已构成公然侮辱和诽谤罪，根据《刑事诉讼法》第十三条的规定提起自诉，请依法惩处。

　　此致
　　××区人民法院

自诉人：刘××(章)
××××年××月××日

附：
1. 本状副本1份
2. ××居民委员会证明1件
3. 邻居许××、何××证词2份

【简析】
　　这是一则自诉人因被告人侮辱诽谤，向人民法院提出诉讼，控告被告人侵犯自身权益，要求追究被告人的刑事责任，依法对其制裁的刑事自诉状。自诉人先记叙被告人犯罪行为，如实地写出其犯罪事实，再中肯地阐明理由，最后完整、具体、准确地援引法律相应条款，对照刑法有关条款说明被告人犯了什么罪，论证案情性质和情节，提出"告状"的法律根据，论证所请求事项的合理性。语言恳切，文字质朴，有理有据。

思考与练习

一、判断题

1. 自诉人要控告侵害自己的被告人时，就要向人民检察院递交刑事自诉状。（　　）
2. 刑事自诉状是以受害人名义向人民法院提起诉讼的书状。（　　）
3. 书写刑事自诉状的目的，是依法维护自诉人的合法权益。（　　）
4. 按照《刑事诉讼法》的规定，自诉案件的举证责任在被告人。（　　）
5. 自诉人在刑事自诉状中记叙被告人犯罪行为时，应当按照实际情况，如实地写出其犯罪事实，不得夸大和歪曲。（　　）
6. 刑事自诉状的写作适用于刑事自诉范围。（　　）

二、多项选择题

1. 刑事自诉状又叫(　　)。
   A. 刑事诉状　　　B. 自诉书　　　C. 刑事起诉书　　　D. 自诉状
2. 刑事自诉状适用的案件是指(　　)。
   A. 虐待家庭成员案、侮辱案或诽谤他人案
   B. 暴力干涉婚姻自由案、轻伤害案
   C. 遗弃案、破坏现役军人婚姻
   D. 重婚案
3. 事实和理由,这是刑事自诉状的核心内容,要叙写清楚,可分为三部分(　　)。
   A. 事实　　　B. 理由　　　C. 附项　　　D. 证据
4. 刑事自诉状由(　　)构成。
   A. 首部　　　B. 附项　　　C. 正文　　　D. 尾部
5. 根据《刑事诉讼法》第一百七十条的规定,用刑事自诉状提起诉讼,主要适用于(　　)。
   A. 告诉才处理的案件
   B. 被害人有证据证明的轻微刑事案件
   C. 被害人有证据证明对被告人侵犯自己人身、财产权利的行为应当依法追究刑事责任,而公安机关或者人民检察院不予追究被告人刑事责任的案件
   D. 虐待家庭成员案、侮辱案或诽谤他人案

三、问答题

1. 什么是刑事自诉状?
2. 刑事自诉状有哪些特点?
3. 刑事自诉状的理由部分在写法上有什么要求?
4. 刑事自诉状和人民检察院的起诉书有什么不同?

第三节　上　诉　状

一、上诉状的特点和种类

(一)上诉状的特点

上诉状是民事、刑事、行政案件的当事人或者他们的法定代理人,不服一审法院的判决或裁定,在法定的上诉期内,向原审法院的上一级法院提出上诉,请求撤销、变更原裁判或要求重新审理案件的书状。

上诉状具有以下特点。

1. 上诉主体的合法性

根据《中华人民共和国民事诉讼法》的规定,民事案件的原告和被告,包括民事诉讼中只有一个原告和一个被告的双方当事人,原告或被告有两个以上共同诉讼人和有独立请求权的第三人都可提出上诉。无民事行为能力的当事人,可由法定代理人提起上诉。根据

《刑事诉讼法》的规定，刑事案件有权提出上诉的人是：自诉人、被告人或者他们的法定代理人，以及经被告人同意的辩护人和近亲属。在刑事自诉案件中，被害人同时又是自诉人，有权提出上诉。在公诉案件中，被害人不是当事人，无权提出上诉，如认为一审判决有错，可请求人民检察院(公诉人)抗诉。

2. 内容的针对性

上诉状是针对地方各级人民法院的第一审裁判不服所提起的诉讼，其内容是针对一审裁判所认定的事实和适用的法律，目的是使一审的不公判决或裁定得到纠正。为此，在写作上诉状时，要针对一审判决或裁定的不公、错误、失实等关键性问题，以法律规范和事实为依据，进行分析和辩驳，讲明理由，揭示问题实质。

3. 文书的时效性

上诉状必须是依照法定程序，在法定上诉期限内，向做出第一审裁判的上一级人民法院提起上诉才具有法律效力。民事上诉期限有两种，即对判决提起上诉的期限为 15 日，对裁定提起上诉的期限为 10 日。刑事上诉期限为：对一般刑事案件判决的上诉期限为 10 日，裁定的上诉期限为 5 日；对杀人、强奸、抢劫、爆炸和其他严重危害公共安全犯罪的死刑案件的上诉期限为 3 日。期限从判决书送达后的第 2 日起算。逾期写出和送达的上诉状，不具有法律效力。行政案件上诉期限为：对判决提起上诉的期限为 15 日，对裁定提起上诉的期限为 10 日。

4. 语言的辩驳性

上诉状是针对原审裁决或裁定不公、错误、失实，申述理由，请求撤销、变更原裁判或要求重新审理案件，以维护当事人的合法权益。因此，上诉状的语言具有驳论性质。针对原审裁决或裁定不公、错误、失实之处，要摆事实和证据，讲明相应的法律规范，据理力争，以理服人。

(二)上诉状的种类

上诉状根据案件性质的不同，可分为民事上诉状、刑事上诉状和行政上诉状三类。

1. 民事上诉状

民事上诉状，是民事案件的原被告某一方或其法定代理人，不服地方各级人民法院第一审民事判决或裁定，依照法定程序，在法定期限内，向上一级人民法院提起上诉，请求撤销或变更原审裁判的法律文书。

2. 刑事上诉状

刑事上诉状，是刑事诉讼案件的原被告某一方或其法定代理人，对地方各级人民法院的第一审刑事判决或裁定不服，依照法定程序，在法定的上诉期限内，向上一级人民法院提出上诉，请求撤销、变更原审裁判或重新审理而提出的书状。

3. 行政上诉状

行政上诉状，是行政诉讼案件的原被告某一方或其法定代理人，不服一审法院对行政诉讼案件做出的裁定或判决，在法定期限内，依照法定程序，向上一级法院提出上诉，要求撤销、变更原裁判，或请求重新审理时提出的书状。

二、上诉状的结构和写法

上诉状由首部、正文、尾部三部分组成。

1. 首部

首部包括标题、当事人的基本情况和案由。

（1）标题。根据案件性质确立上诉状标题的名称，应当居中写明"民事上诉状"或"刑事上诉状"或"行政上诉状"。

（2）当事人的身份事项。按上诉人、被上诉人这个顺序列写他们的基本情况。上诉人和被上诉人是公民的，先写上诉人的姓名、性别、年龄、民族、籍贯、职业、职务、工作单位、住址等。上诉人如有法定代理人或委托代理人的，则紧接着以上内容另起一行写：法定（或委托）代理人姓名、性别、年龄、民族、职业或职务、工作单位或住址、与上诉人的关系。代理人是律师的，只列写姓名、职务。

上诉人列写后，接着列写被上诉人姓名、性别、年龄、籍贯、职业或职务、单位或住址，并根据案情需要，列写他与上诉人之间的关系。当事人是法人或是其他组织的，应写明法人或其他组织的名称、法定代表人或主要负责人的姓名。

需要注意的是：

在上诉人、被上诉人称谓后，应在括号内注明其在一审中的诉讼地位。例如，上诉人（原审原告或原审被告）：陈××，男，××岁……被上诉人（原审被告或原审原告）：吴××，女，××岁……

公诉案件不写"被上诉人"，自诉案件要写"被上诉人"。

（3）案由。案由是不服一审判决或裁定的事由，具体要写明不服判决的一审人民法院的名称、处理时间、案件的编号和上诉的意见。其行文按下列程式语句书写："上诉人因……一案，不服××人民法院 ××××年××月××日××字第××号的民（或刑）事判决（或裁定），现提出上诉。"

2. 正文

正文书写主要包括两部分内容。

（1）上诉请求。这是上诉状的中心内容，上诉人应当针对不当的原判决或裁定提出请求，向上一级人民法院请求撤销、变更原裁判或要求重新审理案件，以解决具体问题。上诉请求要说明具体的请求目的，要写得明确、具体。想达到什么目的，就明确提出，不能含糊其词。同时，要把请求目的全部写出来，不要疏漏。

（2）上诉理由。这是上诉状的重点，是对原审判决、裁定中的不当之处提出不服的理由，主要针对一审裁判在认定事实错误、适用法律条文不准、一审人民法院在程序上的不当之处，提出纠正或否定的事实和证据、应当如何适用法律的依据、依法提出纠正的理由。总之，要始终针对原审判决、裁定中的不当之处，逐一陈述理由，予以反驳，来有力地论证上诉人的上诉请求的合法性、合理性。

列举相关的材料、证据，以便二审法院查证核实。

3. 尾部

尾部包括结尾和附项。

(1) 结尾。上诉状的结尾包括三项内容：一是呈文或呈转人民法院的名称。上诉状写好后，可以直接递交二审法院，也可以通过原审法院转交上一级人民法院。如果是前者，就写"此致××人民法院"；如果是后者，就写"××人民法院(原审法院)转送××人民法院(二审法院)"。二是上诉人签名盖章。三是具状年月日。署名和起诉日期写在右下方。署名包括起诉人、法定代表人、委托受理人的姓名。

(2) 附项。附项应写在诉状的左下角，顺序依次列出：上诉状副本×份(以被告的人数来定份数)，书证×件，物证×件。如果有证人，还要写出证人的姓名和地址等。

【例文 6-3】

刑事上诉状

上诉人(原审被告人)：陈××，男，××岁，××省××县人，×族，现在押。

上诉人因收受贿赂一案，不服××市中级人民法院××××年××月××日刑经字第×号刑事判决，现提出上诉。

一、上诉请求

1. 请求人民法院依法改判；
2. 对上诉人依法从轻处罚。

二、上诉理由

1. 原审判决认定上诉人收受贿赂，已构成犯罪，上诉人没有意见。但是，上诉人收受贿赂确实不是为了装入自己腰包，收受的 5 000 美元，除了领出 500 美元作为在国外的开支外，其余 4 500 美元，当即汇回国内。

2. 原审判决认定上诉人由于"收受贿赂，在商务谈判中不仅对引进机械议价不力，价格较高，而且接受了单方罚款的不合理附加条款……"事实是这样的：×××(国家名称)在××××年搞了一个皮革机械博览会，在技术上做了很大改革，价格比较稳定。我们正是在这种情况下出国，经过谈判，外商给了我们 18%的优惠，这怎么能说是"议价不力，价格较高"呢？××××年第二季度，×××(国家名称)货币贬值，价格下降，同时大使馆称："如能直接与制造商成交，最低可少花外汇 8 万美元。"这是向×××(国家名称)厂商了解的，而厂商开盘价格比之贸易集团报价成交价要低5%～15%，这也是正常现象。因此，用××××年××月份的厂商价格与××××年年初市场集团贸易价格相比，作为论证"议价不力，价格较高"的根据，显然是不妥的，而且拍板成交的主谈人是××。所以，对这一点上诉人只能承担领导责任，而不能承担直接谈判责任。

关于附加条款。出国时，正是国内贯彻八字方针，×××(国家名称)就×××终止引进设备要求赔偿损失的时候，因此，外商提出签订合同：(1)要付 5%的预订金；(2)不履约需要赔偿 5%的损失费用。经过斗争，我们同意如不履约赔偿 1%的损失费用(即罚款)。这是由于上诉人对业务不熟悉而犯的错误，并不是因为受贿增加的条款。

3. 照相机、闪光灯，是××××年××月××日在×××(×国城市名称)用个人节省的伙食费和20元零用钱买的。上诉人同意上缴，但不应以赃物没收处理。

通过政府的耐心教育，上诉人对自己所犯的罪行，在认识上有了很大提高，恳请政府依照《中华人民共和国刑法》第三十二条和第一百九十二条之规定，从宽处理，给上诉人一个继续为人民服务和"立功赎罪"的机会。

　　此致
××省高级人民法院

上诉人：陈××
××××年××月××日

附：
1. 本诉状副本×份
2. 书证×份
3. 证物×份

【简析】

这是对收受贿赂一案，因不服一审法院判决提出上诉制作的一则刑事上诉状。上诉的请求部分针对不当的原判决或裁定提出请求，写得明确、具体。上诉理由，主要针对一审裁判在认定事实错误上的不当之处，提出否定的事实，给出适用法律的依据，依法提出纠正的理由，力求层次分明，驳斥有力。

【例文6-4】

行政上诉状

上诉人：××省××县工商行政管理局。
所在地址：××省××县城关镇。
法定代表人：胡××，局长。电话：×××××××。
被上诉人：××酒厂。
所在地址：××省××县××乡。
法定代表人：王××，厂长。电话：×××××××。

上诉人因商标侵权赔偿一案，不服××省××县人民法院2××4年8月31日〔2××4〕行初字第24号行政判决，现提出上诉。

一、上诉请求

1. 撤销××省××县人民法院〔2××4〕行初字第24号行政判决书。
2. 驳回本案原告的无理诉讼请求。
3. 判决本案原告承担本案第一、第二审全部诉讼费用。

二、上诉理由

2××3年9月，××酿酒公司向我局举报本案原告××酒厂在白酒瓶上使用了与该公司白酒注册商标"××牌"相近似的商标，侵犯了该公司的注册商标专用权，要求××酒厂停止商标侵权行为并赔偿损失。

经我局查证，××酒厂确实存在上述行为，并且给××酿酒公司造成了经济损失。为此，我局于2××3年12月28日做出决定，责令××酒厂立即停止商标侵权行为，并赔偿××酿酒公司经济损失10万元人民币。该决定做出后，××酒厂不服，向我局上级单位××省工商行政管理局申请复议。2××4年1月17日，××省工商行政管理局将我局决定改变为××酒厂赔偿××酿酒公司经济损失8万元人民币，并维持了侵权行为性质的认定。

2××4年1月25日，××酒厂向××县人民法院提起行政诉讼，请求撤销我局和××省工商行政管理局的决定。在一审中，我局明确提出该决定并非行政处罚，而是对××酒厂侵权行为的处理。但一审法院却以〔2××4〕行初字第24号行政判决书认定我局决定中的赔偿额过多，判决变更为××酒厂赔偿××酿酒公司3万元人民币。我局认为这一判决是错误的：

1. 根据《中华人民共和国行政诉讼法》第五条的规定，人民法院审理行政案件，只能对行政机关的具体行政行为是否合法进行审查。除行政处罚违法或显失公平外，人民法院不应代替行政机关对行政行为是否适当做出决定。

2. 我局上级机关做出的责令××酒厂赔偿××酿酒公司经济损失的决定不属于对××酒厂的行政处罚，而是对××酒厂侵权行为的依法处理，人民法院不能以判决的形式变更这一处理决定的内容。

综上所述，本案一审法院对本案裁决违背法律的规定，超越职权，应予撤销。

此致
××省××市中级人民法院

上诉人：××省××县工商行政管理局
××××年××月××日

附：本上诉状副本1份

【简析】

这是上诉人因商标侵权赔偿一案，不服一审人民法院行政判决，提出上诉。在此上诉状中，上诉请求清楚明白。上诉理由是上诉状的重点，主要针对一审裁判中的不当之处，依法提出纠正的理由。有力论证上诉人的上诉请求的合法性、合理性。思路清晰，论证有力。

思考与练习

一、判断题

1. 上诉状是民事案件的当事人或者他们的法定代理人，不服一审法院的判决或裁定，向上一级法院提出上诉的书状。　　　　　　　　　　　　　　　　（　　）
2. 上诉状必须是依照法定程序，在法定上诉期限内，向制作第一审裁判的上一级人民法院提起上诉，才具有法律效力。　　　　　　　　　　　　　　　（　　）
3. 在公诉案件中，被害人不是当事人，也可以提出上诉。　　　　　　（　　）
4. 上诉请求要说明具体的请求目的，要写得明确、具体。　　　　　　（　　）

二、问答题

1. 什么是上诉状？
2. 上诉状由哪几部分组成？
3. 按什么顺序列写当事人的身份事项的基本情况？
4. 上诉状根据案件性质的不同，可分为哪三类？
5. 上诉状的特点是什么？

第四节 申 诉 状

一、申诉状的特点和种类

申诉状，是指民事、刑事、行政案件中的当事人、被害人及其家属或者其他公民和民事案件中的当事人或其法定代理人，对已经发生法律效力的判决、裁定不服，认为有错误，向人民法院或者人民检察院(刑事案件)提出申诉，请求重新审查案件的书面请求。

(一)申诉状的特点

(1) 申诉状是当事人、被害人及其家属或其法定代理人，对已经发生法律效力的判决或裁定，认为有错误而做的书面申诉。不论这些判决、裁定是否经过上诉，也不论这些判决、裁定是否已经执行完毕，都可以不受时间限制，书写申诉状进行申诉。但提出申诉，并不能停止判决、裁定的执行。

(2) 申诉状只能被视为决定是否引起审判监督程序的主要参考材料，可能由此而引起审判监督程序的发生，也可能不引起审判监督程序的发生。

(3) 申诉状是一种申诉的书面形式，应充分写明申诉理由。写申诉状有困难的，可口头提出申诉，由工作人员如实笔录。

(二)申诉状的种类

1. 民事申诉状

民事申诉状是民事案件的当事人或法律规定的其他人，对已经生效的裁定或判决不服，认为有错误，向原审人民法院或上级人民法院提出诉讼，请求重新审理案件的法律文书。

2. 刑事申诉状

刑事申诉状是申诉人对已经发生法律效力的人民法院的刑事判决或裁定，认为有错误，请求人民法院或人民检察院重新审理以纠正错误的判决或裁定的法律文书。

3. 行政申诉状

行政申诉状是行政诉讼当事人认为已经发生法律效力的判决、裁定有错误，依法向原审人民法院或者上一级人民法院申诉的法律文书。

二、申诉状的结构和写法

申诉状的结构与上诉状的结构基本相同，分为首部、正文和尾部三部分。

(一)首部

1. 标题

根据案件性质，标题居中写明"刑事申诉状""民事申诉状"" 行政申诉状"。

2. 当事人基本情况

当事人一般称为"申诉人""被申诉人",应依次写明他们的姓名、性别、年龄、民族、籍贯、原职业或工作单位和职务、住址等。

如果刑事案件的申诉人是在押的,应写明判刑情况和现关押处所。

如果是被告的辩护人、亲属或其他公民申诉的,应写明申诉人姓名、职业、同被告的关系,并加写被告的基本情况。

如果是被告人的辩护人、近亲属或其他公民提出申诉,应写明申诉人的姓名、职业、同被告人的关系,同时还要写明被告人的身份概况。

如果申诉人是未成年人,应在其基本情况后写明法定代理人的姓名、性别、职业、工作单位以及与申诉人的关系。

如果委托律师代理申诉,还应在次行写明律师姓名和律师所在的律师事务所名称。申诉人是法人或其他组织的,应写出法人或其他组织的名称、地址、法定代表人或代表人的姓名、职务。

3. 案由

案由和不服原判决或裁定的情况,应当写清楚申诉人是何人,因何案不服何处人民法院的何字何号的判决或裁定,现提出申诉。单位应写明名称、地址、法定代表人姓名、职务。用"申诉人×××因××一案,不服×××人民法院(××)×字第××号刑(民)事判决(裁定),特提出申诉"的语句,引出正文。

(二)正文

1. 申诉请求

应写明原审人民法院的名称、案件的编号和案由。要简明扼要地把请求人民法院所要解决的问题、自己所要达到的目的,明白地表示出来。提出对原裁判进行复查和纠正的部分,明确地向人民法院提出要求撤销或变更原裁判或裁定,或者要求查处或重新审理的意见,以纠正原裁判的不当之处。

2. 申诉事实和理由

应具体写明不服原裁判的事实和理由,做到有理有据,以辨别是非,使真相大白。这一部分要摆出恰当的事实,讲出充分的理由,主要事实情节要全面完整,对原裁决有影响的次要事实也应当列明,以便受理的人民法院对案情的事实有全面的了解。集中全力地说明原裁判中的错误之处,要实事求是地摆出事实加以澄清,不做虚假的陈述。申诉的事实,应在内容和文字上做到准确无误。理由要充分,其和请求目的之间,要有内在的必然联系。

出示证据。申诉人应向人民法院提供能够支持自己申诉请求的人证、物证或书证,特别注意补充新证据,证明申诉事实的真实性,申诉请求的合理性。有利于正确地认定案件性质,查明真相。

引用法律。如果原裁判适用法律不当,对案件的性质、罪名认定错误,申诉人就要在申诉状中,阐明正确适用的法律的条、款、项;如果原裁判违反诉讼程序,申诉人应当在申诉状中阐明正确执行诉讼程序的做法和法律规定。

此后，用"为此，特向你院申诉，请求依法撤销(变更)原判决(或裁定)，予以改判(或重新审理)"来收束正文。

(三)尾部

1. 受理单位的名称

用"此致/×××人民法院"或"此致/××人民检察院"或"此致/××人民法院(原审法院)转送××人民法院(上一级人民法院)"等语句表达。

2. 落款

在右下方写"申诉人：×××"和申诉时间"××××年××月××日"。如果委托律师为申诉人代书申诉状，可在申诉状的最后写上代书律师的姓名及其所在的律师事务所名称。

3. 附项

写明"附：申诉状副本×份，物证×份，书证×份"，并附上原判决、裁定复印件，新发现的事实证据等。

【例文6-5】

刑事申诉书

申诉人：石××，男，29岁，汉族，××省××县××乡人，农民，住××省××县××乡××村。现在押。

申诉人石××对××县人民法院××××年××月××日〔××××〕刑初字第×号刑事判决不服，提出申诉。

一、请求事项

请求判令撤销〔××××〕×刑初字第×号刑事判决，依法改判。

二、事实与理由

我因意外事故将帮我开山取石的姑父王××打死，××县人民法院认定我为过失杀人，判我八年有期徒刑。我对此不服，认为人民法院认定的罪行性质不当，特提出申诉，请××市中级人民法院予以再审，纠正错判。

事实的经过是这样的：我为建房，请了姑父王××帮我开山打石(做房基用)。在开山过程中，我与邻村青年李××发生口角，姑父帮我去辩理，我也趁势夺过了李××手中所持猎枪向远处一扔，不想刚好将装有弹药的猎枪撞响，子弹飞出打在了我姑父的头部，虽经紧急送往医院抢救，终因子弹穿过大脑，伤势严重，抢救无效，不幸身亡。事后，检察院对我提起公诉，判定我在争斗中犯有过失杀人罪。××县人民法院也认定我犯有过失杀人罪，判刑八年。我在惊魂未定中，未做上诉，现仍在押。经过这几天的反复思考，我认为：我在此事件中虽有一定责任，但既非故意，也不属于过失，而纯属不能预见的意外事故。因此，××县人民法院认定我犯有过失杀人罪于法无据；判刑八年，量刑过重；对于我设法补偿姑父的不幸去世，设法照顾姑姑及其子女，极为不利。有鉴于此，特向贵院提出申诉，请对此案进行再审，秉公改判。

  此致

××市中级人民法院

申诉人：石××

××××年××月××日

附：

1. 申诉状副本×份
2. ××县人民法院判决×份

【简析】

  这是一则申诉人不服人民法院判决，请求撤销判决、依法改判的刑事申诉状。在申诉状中，针对原裁判中适用法律不当，对案件的性质、罪名认定错误进行了辩驳，对事实表述清楚明白，目的明确，理由充足，语气诚恳。

思考与练习

一、判断题

1. 申诉状只能是案件当事人对已经发生法律效力的判决或裁定，认为有错误而做的书面申诉。（　　）
2. 申诉状的提出，能够停止判决、裁定的执行。（　　）
3. 申诉状只能被视为决定是否引起审判监督程序的主要参考材料，可能由此而引起审判监督程序的发生，也可能不引起审判监督程序的发生。（　　）
4. 申诉状的结构与上诉状的结构基本相同，分为首部、正文和尾部三部分。（　　）

二、简答题

1. 什么是申诉状？
2. 申诉状包括哪几种？
3. 申诉状如何引用法律？
4. 申诉状在申诉事实方面有什么要求？

第五节　答　辩　状

一、答辩状的特点和种类

  答辩状又叫答辩书，是指公民、法人或其他组织作为民事、经济、行政等案件的被告、被上诉人、被申诉人，收到原告的起诉状、上诉人的上诉状和申诉人的申诉状后，在法定期限内，针对原告(上诉人)在诉状中提出的事实、理由及诉讼请求，所提出的书面答复和辩解的文书。

(一)答辩状的特点

1. 内容的针对性和辩驳性

  在答辩状中，答辩人针对对方所做的不符合事实或不合理的诉讼请求进行反驳，阐明自己的理由和要求,并提出事实和证据证实自己的观点。据此,人民法院可以全面了解诉讼双方当事人的意见、要求,以正确、合法并及时处理好案件。

2. 时间的规定性

人民法院在收到原告的起诉状和上诉人的上诉状以后,应当在规定的期间内将副本送达被告或被上诉人。被告或被上诉人应当在法定的期限内提交答辩状,否则视为放弃。

(二)答辩状的种类

根据案件性质不同,答辩状分为刑事答辩状和民事答辩状,它是与起诉状和上诉状相对应的文书。民事答辩状在两种情况下提出:一是原告向第一审人民法院起诉后,被告就诉状(起诉状)提出答辩状。二是案件经第一审人民法院审理终结后,一方当事人不服,提起上诉,被上诉人就上诉状提交答辩状。刑事自诉案件的被告人在诉讼中是否用答辩状,法律无明确规定。但按法理应录用答辩状而不用辩护词,因此,人民法院审理刑事自诉案件时有的也要求被告人提交答辩状。

根据诉讼程序不同,答辩状分为一审答辩状和上诉答辩状。一审答辩状,是针对一审程序中原告起诉状的内容提出答复和辩驳;上诉答辩状是针对二审程序中的上诉状和审判监督程序的申诉状的内容提出答复和辩驳。

二、答辩状的结构和写法

答辩状由首部、正文和尾部组成。

(一)首部

1. 标题

属于第一审程序的,按照案件性质,标题居中写为"民事答辩状""刑事答辩状""行政答辩状"等;属于第二审程序和审判监督程序的,还应在标题中标明审判程序,如"民事上诉答辩状"等。

2. 答辩人的基本情况

答辩人的基本情况与起诉状的原、被告人栏目写法相同。由于答辩人是就对方当事人所诉的内容进行答辩的,所以无须再写出对方当事人的基本情况,可在下面的答辩理由中,说明起诉人和上诉人是谁,起诉或上诉的案由是什么。在当事人栏目,直接列写答辩人的基本情况。

被告人是公民的,就列写答辩人姓名、性别、年龄、民族、籍贯、职业和住址。有代理人的,另起一行列写代理人,并标明是法定代理人、指定代理人,还是委托代理人,并写明其姓名、性别、年龄、民族、籍贯、职业和住址。如果是法定代理人,还要写明他与答辩人的关系,如委托律师代理,只写明其姓名和职务。

被告人是企事业单位、机关、团体(法人)的,先写答辩人及其单位全称和所在地。另起一行写该单位的法定代表人及其姓名、职务。再另起一行,列写委托代理人及其姓名、职务。

对方当事人的情况不用单独写，可在下面的答辩理由中说明起诉人和上诉人是谁，起诉或上诉的案由是什么。

3. 答辩事由

第一审案件答辩状和上诉案件答辩状，其案由的写法不同：第一审案件答辩状案由写为："因×××(原告) 诉×××(答辩人)××(案由)一案，现提出答辩如下"。上诉案件答辩状的具体行文为："上诉人×××(姓名)因××(案件性质和类别，如民事赔偿等)一案不服×××人民法院××××年××月××日×字第×号×事判决(或裁定)，提起上诉，现提出答辩如下"。

(二)正文

1. 答辩理由

这是答辩状的核心内容。写法没有统一的规定，要先针对原告的起诉状进行答复和辩驳。针对虚假事实，予以反驳；针对隐瞒、歪曲的事实，要补充事实真相；针对曲解法律、要求不合理，应驳斥其曲解部分和不合法要求。阐述理由时，要叙明案情、辩清原委。一要列举证据、证人；二要引用法律条款作为说理的依据，不要空发议论，不要无理狡辩。

2. 答辩意见

在充分阐述答辩理由的基础上，根据事实、证据和法律规定，明确且具体地阐明自己对处理纠纷的意见的看法和主张，以证明自己的理由和观点是正确的，提出的要求是合理的，并请求人民法院依法公正裁判。

(三)尾部

尾部写明以下内容。

(1) 呈送的机关。

写为"此致/×××人民法院"。

(2) 右下方写明答辩人和日期。

答辩人：×××(签名或盖章)并注明日期(××××年××月××日)。

(3) 附项。

注明证物、书证的名称和件数。

【例文6-6】

民事答辩状

答辩人：齐××，女，46岁，汉族，辽宁省鞍山市人，鞍山钢铁公司××厂工人，住鞍山市××区××路46号院。

因原告刘××诉我继承纠纷一案，提出答辩如下。

1. 我对公婆履行了主要的赡养义务，依法有权继承遗产

我于1998年嫁到刘家后，就承担了家中的主要家务。2004年、2005年丈夫、公公相继去世，使我的精神受到严重打击。由于当时婆婆年老体弱，小姑子刘××尚需照顾，我操持起了繁重的家务，使一家3口和睦相处、生活美满。2006年原告出嫁后，我与婆婆相依为命，对婆婆照顾周到。为了使婆婆能安度晚年，我一人承担了全部家务，包括房屋的修缮等重体力劳动。由于不忍婆婆一人独立生活，我一直守寡未嫁。2020年年底，婆婆病逝，是我一人操办料理后事。原告在起诉状中诬告我虐待婆婆，对婆婆未尽赡养义务，与事实不符。

事实上，倒是原告对自己的母亲从未尽过赡养义务。原告结婚时，婆婆和我共同张罗操办，原告婚后只顾自己的幸福快乐，对其母亲的生老病死漠不关心，从不过问。婆婆刚一去世，原告就来找我吵闹，要求由她一人继承全部房产，表现得十分不道德。

根据《中华人民共和国民法典》第一千一百二十九条的规定，丧偶儿媳对公婆尽了主要赡养义务的，应作为第一顺序继承人，有权继承公婆的财产。

2. 我应分得房产的大部分

在对房产的分割问题上，我与原告同属于法定的第一顺序继承人，享有同等的继承权，但根据权利义务相一致的原则，应当考虑继承人对死者生前所尽义务的多少。我对公婆负担了主要赡养责任，履行了主要义务，理所应当地继承遗产的绝大部分。因此，我要求继承北屋1间和东屋2间共计90.3平方米，其余北屋2间(共计54平方米)由原告继承。

总之，第一，原告父、兄死后，我承担了养家的重担；第二，我对婆婆尽了主要赡养义务；第三，我曾出资对房屋做了必要的修缮。请人民法院查明事实，并根据《中华人民共和国民法典》中权利与义务相一致的原则，对我的继承权加以确认和保护，并驳回原告无理的诉讼请求。

此致
辽宁省鞍山市××区人民法院

答辩人：齐××
××××年××月××日

附：本答辩状副本1份

【简析】

这是一则答辩人就继承纠纷一案，做出的答辩。答辩人针对虚假事实，予以驳斥；针对隐瞒、歪曲的事实，予以补充。答辩状条理清楚，语句恳切，讲述事实清楚，引用法律正确，有力地证明了答辩人继承遗产的合理性，驳斥了原告无理的诉讼请求。

思考与练习

一、判断题

1. 被告或被上诉人可随时提出答辩状，没有时间要求。（　　）
2. 根据案件性质不同，答辩状分为刑事答辩状和民事答辩状。（　　）
3. 根据案件性质不同，答辩状分为一审答辩状和上诉答辩状。（　　）
4. 答辩人的基本情况与起诉状的原、被告人栏目写法相同。（　　）
5. 答辩状呈送的机关是公安局。（　　）

二、多项选择题

1. 答辩状的答辩人可以是( )。

    A. 公民   B. 法人   C. 其他组织   D. 自然人

2. 答辩状由( )组成。

    A. 标题   B. 首部   C. 正文   D. 尾部

3. 答辩理由的写法没有统一的规定,可包括( )。

    A. 针对原告的起诉状进行答复和辩驳

    B. 针对虚假事实,予以驳斥

    C. 针对隐瞒、歪曲事实,答辩要补充事实

    D. 针对曲解法律、要求不合理,应反驳其曲解部分和不合法要求

4. 尾部写明( )。

    A. 呈送的机关   B. 答辩人

    C. 案由   D. 附项

三、简答题

1. 什么是答辩状?
2. 答辩状的特点是什么?
3. 第一审案件答辩状和上诉案件答辩状的案由的写法有什么不同?
4. 民事答辩状一般在哪两种情况下提出?

第七章

经济应用文

经济应用文是应用文的一个重要分支。它是应用文中历史最悠久、表现最活跃、专业性最强的实用文体。概括地说，经济应用文就是在经济领域和企业生产经营活动中形成的反映经济情况、沟通经济信息、处理经济事务、解决经济问题时所写的应用文。

经济应用文的特点：一是内容的专业性。经济应用文写作必须精确地描述经济现象，得出符合客观经济规律、赢得最佳经济效益的结论，以顺利实现经济活动的目的。只有精通经济领域的专门知识，具备较强的业务能力，才能写好经济应用文。二是政策法规的依循性。一切经济活动都在党和国家制定的方针政策许可范围内进行，应该遵循党和国家的一系列法律法规，反映国家政权的政治意向和根本利益。三是情况的真实性。经济应用文要实事求是，真实、准确、可靠地反映情况。四是效用的及时性和针对性。市场经济瞬息万变，要求经济信息必须及时有效地反馈，否则会错失良机，造成损失。同时，经济应用文有的放矢、富有针对性，才能增强实用效果，以达到写作目的。五是体式语言的规范性。经济应用文一般具有相对固定的格式与写作规范，篇章结构程式化，语言要求精确、简明、平实。

经济应用文在经济领域中的应用非常广泛，常见的种类主要有：报告类，如经济活动报告；方案类，如市场决策方案；契约类，如经济合同、协议等。

撰写经济应用文除做到主旨突出、结构层次清晰、语言准确简洁外，还要求熟悉经济政策和法律、法规，掌握业务工作知识；深入调查研究，掌握真实、准确的材料；熟悉经济应用文的写作格式，掌握灵活多样的表述方法。

第一节 经 济 合 同

一、合同的概念

合同是两个或两个以上的当事人之间为实现一定的目的，明确彼此权利和义务的书面协议。当事人之间为实现一定的经济目的，明确相互之间权利与义务的协议文书，称为经济合同。经济合同是合同最重要的组成部分。

二、经济合同的特点和种类

(一)经济合同的特点

1. 合法性

当事人订立、履行合同应遵守国家法律、法规、方针、政策，尊重社会公德，不得扰乱经济秩序，损害社会公共利益。

2. 诚信性

签订经济合同时，当事人双方均应当诚实地表达自己的意见；在履行经济合同时，均应信守自己的承诺。隐瞒真相、制售假冒伪劣产品、拖欠供货或货款，都有违合同的诚信性特点。

3. 平等性

订立经济合同必须遵循"平等互利，协商一致"的原则。不允许任何一方以强迫、威胁、欺骗、命令等不正当手段把自己的意志强加给对方。

4. 规范性

《中华人民共和国民法典》(以下简称《民法典》)以法律的形式规定了合同的制作过程和履行环节，为制作合同提供了规范模式。规范性要求还体现在语言表达准确、书写工整、条理清晰等方面。

(二)经济合同的种类

经济合同依据不同的角度有多种划分方法。《民法典》规定，经济合同有如下类型：买卖(购销)合同，建设工程承包合同，加工承揽合同，货物运输合同，供用电、水、气、热力合同，仓库保管合同，财产租赁合同，财产保险合同，借款合同以及其他经济合同等。

三、合同文本的结构模式与内容要素

(一)合同文本的结构模式

现实生活中，合同内容丰富多样，合同形式也多种多样。随着社会经济的发展、交易的复杂化，各类合同示范文本也应运而生。综观内容繁简不一的合同文本，可以发现合同文本具有较为稳定的书面结构模式，一般由首部、正文、尾部和附件四部分构成。

1. 首部

首部由标题、当事人基本情况及合同签订时间、地点构成。

标题是合同的性质、内容、种类的具体体现。例如，"生猪、鲜蛋、菜牛、菜羊、家禽购销合同"，表明该合同是买卖合同中的鲜活农副产品买卖合同。注意：切不可出现标题与合同内容不一致的现象。

当事人基本情况及合同签订时间、地点居标题之下、正文之上。当事人基本情况即当事人的名称或者姓名和住所(合同法将此项内容划入主要条款之列)，同时写明双方在合同中的关系，如"买方""卖方"或"甲方""乙方"等。当事人是法人或其他组织的，写明该法人的名称和住所；当事人是自然人的，写明该自然人的名称和住所。此项内容是确定当事人、确定合同权利和义务承担者的主要依据。

2. 正文

正文是合同最重要的部分，也是合同的内容要素，即合同的主要条款。合同主要条款的内容在下文简述。

3. 尾部

尾部即合同结尾。一般包括：双方当事人签名、盖章；单位地址，电话号码，电报挂号，邮政编码；银行开户名称，开户银行账号；签证或公证。

4. 附件

附件主要是对合同标的条款或有关条款的说明性材料及相关证明材料。例如，技术性较强的商品买卖合同，需要用附件或附图形式详细说明标的的全部情况。合同附件是合同的组成部分，同样具有法律效力。

(二)合同的内容要素

合同正文由合同的内容要素构成。合同内容要素(即主要条款)如下所述。

1. 标的

标的是合同当事人权利和义务共同指向的对象。合同标的可以是货物，可以是货币，也可以是工程项目、智力成果等。合同的标的要写明标的名称，以使标的特定化，以便确定当事人的权利和义务。

2. 数量和质量

数量是以数字和计量单位来衡量标的的尺度。质量是标的内在"素质"和外观形态的综合，包括标的名称、品种、规格、型号、等级、标准、技术要求、物理和化学成分、款式、感觉要素、性能等。数量和质量条款是合同的主要条款。没有数量，权利义务的大小很难确定；没有质量，权利义务极易发生纠纷。因此，对合同中的数量和质量要给予明确、具体的规定。

3. 价款或者报酬

价款是指取得财产的一方当事人根据合同向另一方当事人支付的以货币表示的代价。报酬是指取得劳务的一方当事人根据合同向另一方当事人支付的货币，又称为酬金。价款或报酬是有偿合同的必备条款。合同中应说明价款或报酬数额及计算标准、结算方式和程序等。

4. 合同的期限、履行地点和方式

合同的期限包括有效期限和履行期限。有的合同(如租赁合同、借款合同等)必须具备有效期限。合同的履行期限是当事人履行合同的时间限度。履行的地点和方式是确定验收、费用、风险和标的物所有权转移的依据。

5. 违约责任

违约责任是违反合同义务的当事人应承担的法律责任。合同规定违约责任有利于督促当事人自觉履行合同，发生纠纷时也有利于确定违约方所承担的责任，这是合同履行的保障性条款。

6. 解决争议的方法

合同发生争议时，其解决方法包括当事人协商、第三方调解、仲裁、法院审理等。当事人在订立合同时，应当约定争议解决的方法。

7. 其他

除合同主要条款以外，双方当事人应根据实际情况约定其他有关双方权利和义务的条款。

四、合同写作的基本要求

（1）合同的内容要合法、合理，符合国家的方针、政策、法令，严格按照《民法典》和其他有关专业法律、法规的规定执行。

（2）合同的书写要注意两方面的问题：一是合同条款书写要具体、明确，表意要清晰。要结合实际情况签订合同，必备条款要详细地列出来，确保合同条款完备，避免履行时出现争议。二是书写要规范，格式要完备。书写合乎规范，不仅要求语句文字规范，而且要求按照合同示范文本的格式书写。

【例文 7-1】

公房租赁合同

甲方：乘风实业有限公司
乙方：临海市房地产管理局

根据市有关公房管理的规定，经双方协商一致，签订本合同，以共同信守。

一、乙方将海滨路 74 号房间一套租给甲方作为办公用房。该房屋及设施（详见设施清单）均在良好状态下交付甲方使用。

二、租期自 2018 年 5 月 1 日起至 2027 年 4 月 30 日止，共 9 年。租金自签约之日起计算，按年度收租金人民币 50 000 元。甲方在接到乙方交款通知单 5 天内（节假日顺延）一次交清。逾期支付，交纳滞付金，即每逾期一天，向乙方交纳滞付金 1000 元，以补偿乙方所受的损失。

三、未经乙方同意，甲方不得将该房另做他用或转让他人，否则本合同即自行终止，由此造成的经济损失由甲方承担。

四、甲方在征得乙方同意后，可对该房屋自行修缮或更动，拆除和添置设施。其增设与添补设施在租赁关系结束时不得拆除，应无偿地归乙方所有。

五、甲方负责下列维修事项：按原设计要求每三年油漆粉刷室内一次。使用期不满三年，其油漆粉刷按实际月数计算，地板打蜡每年两次。

六、未经乙方同意，甲方不得擅自增加用电设备。否则，由此引起的后果由甲方负责。

七、租赁期间，该房间水、电、煤气、电话等费用由甲方自理。

八、乙方应定期检查房屋有无积水、漏水等现象及危险情况，并负责房屋和设备的正常维修。检查前一周通知甲方。

九、租赁关系结束时，由乙方验收房屋及设施。如有损坏，由甲方负责修复或赔偿。

十、甲方欲续租本房，须于本合同期满前 2 个月书面通知乙方，另订租赁合同。

十一、本合同自签订之日起生效，本合同一式两份，甲乙双方各执一份。

附件：房内设施清单一份，计 3 页。

甲方：乘风实业有限公司（盖章）
代表：梁××（签字）
乙方：临海市房地产管理局（盖章）
代表：顾××（签字）
2018 年 4 月 30 日

【简析】

这是一份租赁合同。格式比较规范,条款内容完备,语言平实简洁。

【例文 7-2】

仓储合同

保管人：_____　　　　签订地点：_____

存货人：_____　　　　签订时间：____年__月__日

第一条　仓储物

品名	品种性质	性质	数量	质量	包装	件数	标记

(注：空格如不够用,可以另接)

第二条　储存场所、储存物占用仓库位置及面积：_____。

第三条　仓储物(是/否)有瑕疵。瑕疵是：_____。

第四条　仓储物(是/否)需要采取特殊保管措施。特殊保管措施是：_____。

第五条　仓储物入库检验的方法、时间与地点：_____。

第六条　存货人交付仓储物后,保管人应当给付仓单。

第七条　储存期限：从_____年__月__日至_____年__月__日。

第八条　仓储物的损耗标准及计算方法：_____。

第九条　保管人发现仓储物有变质或损坏的,应及时通知存货人或仓单持有人。

第十条　仓储物(是/否)已办理保险,险种名称：_____；保险金额：_____；保险期限：_____；保险人名称：_____。

第十一条　仓储物出库检验的方法与时间：_____。

第十二条　仓储费(大写)：_____元。

第十三条　仓储费结算方式及时间：_____。

第十四条　存货人未向保管人支付仓储费的,保管人(是/否)可以留置仓储物。

第十五条　违约责任：

_____。

第十六条　合同争议的解决方式：本合同在履行过程中发生争议,由双方当事人协商解决；也可由当地工商行政管理部门调解；协商或调解不成的,按下列第_____种方式解决：

(一)提交_____仲裁委员会仲裁。

(二)依法向人民法院起诉。

第十七条　其他约定事项：_____。

存货人：　　　　　保管人：　　　　　鉴(公)证意见：

存货人(章):	保管人(章):	
住所:	住所:	
法定代表人:	法定代表人:	
委托代理人:	委托代理人:	
电话:	电话:	
开户银行:	开户银行:	鉴(公)证机关(章):
账户:	账户:	经办人:
邮政编码:	邮政编码:	年　月　日

【简析】

这是一份仓储合同。对仓储的内容做了详尽、清晰而明确的规定，是符合该类型要求的比较规范的一份合同。

思考与练习

一、简答题

1. 经济合同主要有哪些特点？
2. 经济合同正文中包括哪些条款？
3. 经济合同的一般结构可分为哪几部分？

二、写作训练

根据下列材料，拟写一篇条款式合同

欣兴百货商厦(甲方)韩甲，于今年5月3日与南江市毛纺厂(乙方)刘乙签订了一份购销合同。双方协定，甲方购买乙方生产的毛华达呢2000米，每米95元，订货分两批交付，每批1000米，分别于今年8月中旬、9月中旬交货。由乙方运至甲方所在地，运费由乙方负担。货款在签约时预付40%，其余60%等交货完毕后一周内付清，均通过银行转账付款。如果延期交货或付款，按货款总额的1%计算每日罚金，由违约方付给对方。如果质量不符合议定标准，按部颁标准检验后重新计价，乙方除赔偿损失外，还应付给甲方损失总值的3%的违约金。合同由南江市工商行政管理局签证，一式三份，甲乙双方和签证机关各执一份。甲方地址在××县人民路85号，电报挂号333456，开户银行是农业银行××支行人民路分理处，账号是407705113745。乙方地址在南江市×××路96号，电报挂号556325，开户银行是工商银行×××支行工农路分理处，账号是730008954。

第二节　市场预测报告

一、市场预测报告的概念及特点

市场预测是按照客观经济规律，根据已经掌握的具体资料，对市场过去和现状进行深入调查，并对市场的需求进行科学推测的一种方法。市场预测报告是描述市场预测结果，反映市场发展变化趋势的一种经济管理类应用文。

市场预测报告具有以下特点。

1. 有效性

市场预测报告可以被人们用来指导具体的经济活动，或者被人们用来进行系统的经济分析，至少也要给人以启示和引导，由此来观察经济运行变化和发展的趋向，为产品最终占领市场做好相应的准备。

2. 及时性和准确性

经济活动是动态的，在不断地适应—不适应—再适应的过程中循环往复，所以市场预测报告所提供的信息，应是及时、准确的，这样才能使其成为决策和管理的可靠依据。及时而不准确，或者准确而不及时，都不符合市场预测的特点。

3. 参考性

预测要说明的问题是：在一定的条件下，如果不采取措施和行动，可能会出现什么样的情况或变化。通过预测，可以使决策者寻求新的、更好的行动方案。因此，预测就有了重要的参考价值。

二、市场预测报告的种类

市场预测报告的种类，可以从不同的角度来划分。

1. 按预测的时间分

按预测的时间分，有短期预测报告(1 年左右)、中期预测报告(2～4 年)和长期预测报告(5 年或者 5 年以上)。

除此以外，为了适应迅速变化的市场需要，还有季度、半年或一段特定时间的市场预测报告，这种报告又称为近期市场预测报告。

2. 按预测的范围分

按预测的范围分，有宏观预测报告和微观预测报告。

宏观预测报告是以整个社会经济发展全局的各个有关的总量指标、相对数指标和平均数之间的联系作为考察对象，预测其发展变化的趋势。

微观预测报告是指具体的经济单位，根据本身的经济活动前景，做出相应的未来经济活动的发展变化趋势报告。

3. 按预测的方法分

按预测的方法分，有定性预测报告和定量预测报告。

定性预测报告，也称市场调研预测报告，多由企业的管理决策人员和熟悉业务的人员根据调查材料及凭借以往的成功经验，对未来市场发展变化的趋势做出判断，有一定的主观色彩。

定量预测报告，也称统计分析报告或数学分析预测报告，是将若干个有内在联系的因素进行数量分析和测算，从而推断经济发展前景的报告。

一篇预测报告中往往既有定性分析，也有定量分析。在实际操作中，定性预测与定量预测经常是结合使用的。

三、市场预测报告的写作步骤

市场预测报告的写作，要在动笔之前做大量的准备工作。

1. 确定预测的对象和预测的时间期限

首先，应确定预测的对象，这样预测才会有明确的目的性和具体的针对性；其次，应确定预测的时间，是长期预测还是中期预测，抑或是短期预测。

2. 拟定调查项目，收集相关资料

市场预测是基于充分占有第一手资料来进行的。从某种意义上讲，相关资料的占有率，对写好市场预测报告至关重要。

3. 选择市场调查和市场预测的方法

市场预测和市场调查密不可分，市场调查是市场预测的手段和基础，市场预测是市场调查的推断和结果。两者的着眼点不同，市场调查着眼于市场的过去和现状，而市场预测着眼于市场未来的发展变化趋势。

由于市场预测的对象和目的不同，选择市场调查和市场预测的方法也不一样。市场调查服从于市场预测，调查得越深入细致，对市场预测的准确性影响也越大。

市场调查贯穿于市场预测的始终，无论采用什么样的市场预测方法，都离不开充分缜密的市场调查。

对市场预测的方法很难做出准确的划分。通常，市场预测包括以下几种。

(1) 经验预测法。经验预测法又分为集合意见法和专家意见法。这种预测一般比较准确，在经营活动中很有参考价值。

(2) 统计分析法。统计分析法是市场预测中广泛采用的一种方法，着重从系统性、连续性、可靠性、定性研究与定量分析相结合的角度，来评定和鉴别预测结果。它旨在通过分析各种变化因素之间的因果关系，寻求发展变化的趋势，从而对未来的发展前景做出预测。

(3) 相关分析预测法。相关分析预测法就是通过分析影响商品流通诸因素的数量关系，对未来市场的发展变化趋势进行预测。

总而言之，市场发展变化的趋势受多种因素的影响和制约。我们在进行市场预测的过程中，不能仅用一种具体的预测方法来进行预测，必须灵活交替或综合运用上述的预测方法，并且还要考虑国内外的政治经济形势及国家的重大决策对市场的影响，这样才能做出准确程度较高的市场预测。

4. 整理、汇总、归纳调查结果

将前面收集到的调查结果进行整理、汇总、排序、归纳，对所有的调查结果，从不同的方面，运用各种分析方法，比较、权衡、论证，指出不同结果及其利弊得失，为最终确定市场预测的结论提供依据，最后筛选出最有说服力的市场预测结论。

四、市场预测报告的结构与写作要求

市场预测报告的写作，应根据具体的预测内容来定，在表述时不可能用统一的形式框定。通常情况下，市场预测报告是由标题、前言、正文、结尾和落款组成。在实际的写作过程中，可以根据需要有所取舍和变化。

1. 标题

市场预测报告的标题由单位、时间和主要内容概括而成。例如，《二〇〇四年我国粮食市场分析》，其中"二〇〇四年"是时间，"我国粮食市场分析"是内容概括，省略了预测的单位。市场预测报告的标题还可由单位、主要内容和文种组成。例如，《××厂对电饭锅市场供销的预测》，其中"××厂"是单位，"电饭锅市场供销"是内容，"预测"是文种。

2. 前言

一般情况下，市场预测报告中的前言都是提出预测的对象，这往往反映了市场预测报告的内容指向。这部分要写得简明扼要，只要引出预测的对象就行，有些市场预测报告还概括地介绍了预测问题对具体单位的重要意义。

3. 正文

这是市场预测报告的主体部分，应总体叙述、列项分析，概括地对历史和现状进行分析，对前景进行预测，并提出建议。通常包括预测对象的供需历史和现状，市场前景的预测，对产品的未来市场的营销策略及对策与建议。

简而言之，市场预测报告的基本内容由四部分组成：问题、现状分析、趋势分析和对策建议。在实际工作中，市场预测报告的作用是提供决策参考，根据决策需要的不同，其具体内容构成应有所侧重。这部分写作的重点是，通过对调查获得的直接的、间接的资料进行充分的分析，报告写得成功与否，关键在于分析是否全面、系统，是否有独到的见解。如果分析得透彻，为市场前景的发展变化趋势得出较有说服力的结论，就能使报告真实可信，并成为决策的依据，其所提出的对策建议也才能最终被社会认可。

正文的内容也不能面面俱到，而应有所侧重，其主要的落脚点应放在对市场前景的发展变化趋势上面，不能局限于一般的叙述，更不能成为市场调查后的材料堆砌。应该强调的是：大量地占有资料是前提，充分地分析和消化材料是关键，并在此基础上，慧眼识金地提炼和概括资料。

具体的分析可以采用文字、统计图表、几何图形或数学方程来表述。为了保证资料的严肃性，应仔细核对内容，尤其应对数字和计量单位进行核查；为了保证资料的可信性，应说明资料的来源或出处；为了保证资料分析的科学性，应从不同角度进行评价和论证。

需要指出的是：由于预测是分析的结果，在分析的过程中，必须体现清晰的逻辑条理，切忌牵强附会和故弄玄虚。

4. 结尾

结尾部分反映市场预测报告的对策与建议。这些对策与建议，无论是抽象的策略思路还是具体的对策措施，都必须针对预测的具体问题，说明市场预测的结论或对策意图。

有一些市场预测报告，把对策与建议归入正文部分，这也是可以的。是否要把对策与建议单列出来，主要是看这部分的内容含量。如果对策与建议是由正文的分析评价自然而然地得出来的，且文字也比较简明，最好把它归入正文部分；如果对策与建议这部分内容不能简单地由正文直接得出结论，且需要说明的文字又比较多，那最好就把它单独作为一个部分。

5. 落款

市场预测报告的落款部分，包括具名和日期。具名应在正文的右下方写明单位名称或作者姓名。日期应写明年月日，写在具名的下面。落款虽然简单，但不能省略，其作用主要是备查。

五、市场预测报告写作的注意事项

市场预测是一门多学科、综合性的边缘科学，要写出内容充分、参考价值可观的市场预测报告，要求写作人员必须具有良好的专业知识，并要有较高的写作水平。需要注意的事项有以下几点。

1. 注重调查研究

预测未来的市场变化总是建立在因果关系之上的。预测的唯一基础在于当时实际存在的事实。调查不深入、不细致，没有把握住关键问题，或者掌握的资料不全面、数据不可靠，都有可能使预测的结果不准确、不真实，给工作带来损失。

2. 重视资料分析

当市场调查工作结束之后，写作人员占有了一定的写作素材或事实数据，应对资料进行整理、核实和分析。要把最有说服力、最能反映未来市场变化的各种数据，用准确无误的语言表述出来，毫不犹豫地剔除不足以说明事物本质的那些资料和数据，写出有见地的市场预测报告。

3. 力求表达准确

市场预测报告要准确、精练地概括市场经济的某一侧面的历史沿革和现实存在，描述未来的经济趋势，措辞要严密，语气要恰当，忌夸张、敷衍，力求实事求是。

【例文7-3】

××××年平安快餐店市场预测报告

王晓瑞

随着高校的大规模扩招，高校学生数量大幅度增长，人均生活空间日益降低，传统的大学生食堂已不能满足大学生餐饮需要。快餐行业在学校周边迅速发展壮大，为了解我们学校周边平安快餐店的发展状况，特此书写一份平安快餐店××××年市场预测报告。

一、现状

(一)平安快餐店环境分析

1. 地理环境：平安快餐店处于××××美食城内，距离××大学100米左右。××大学有将近1万名学生，且附近居民区集中。

2. 店面环境：店面规模小，消费场所局限，无宽敞的地方让消费者在店内进餐，装修简单，但店面干净整洁。店面两旁分别是快餐店，快餐店对面是砂锅饭店。附近还有不少快餐店和面食店，客源量很多，这大大增加了平安快餐店的营业额。

3. 竞争环境：平安快餐店周边有很多快餐店和面食店，竞争非常激烈。其中，桂林砂锅饭、波记烧卤饭、广香源烧卤饭、佳和快餐、好又快快餐等是最大的竞争者，其余的快餐店对其影响较小。

(二)平安快餐店的商圈

1. 因平安快餐店附近是××大学，消费者以学生为主，消费金额不高，属于文教区商圈。

2. 以平安快餐店为中心，距离平安快餐店50米为半径画圆，它的周围是××大学及居民住宅区，所以人流量大。但在这个商圈中，也有几家竞争者。例如，桂林砂锅饭、波记烧卤饭、广香源烧卤饭、佳和快餐、好又快快餐等是最大的竞争者。

(三)平安快餐店的经营范围

平安快餐店只经营快餐和砂锅饭。

(四)价格和规格

平安快餐店快餐每份6～8元。与其他快餐店相比，它的价格相对较合理。学生普遍能接受这样的价格。

(五)促销策略：无

(六)平安快餐店店内基本信息

一个门面、十来张桌子、一个厨房、两个卖饭窗口、7～8个工作人员。

二、预测

1. 随着我校的大规模扩招，我校学生数量大幅度增长，而且连年扩招使得这一数量继续增加。随着大学生消费水平的逐步提高，我校周边市场潜在的爆发力日益增强，因此我校周边的饮食业是有一定的潜力的。

2. 高校人流量越来越集中。

3. 饮食业发展呈稳健增长的趋势。

4. 平安快餐店周边可能会有更多快餐店和面食店开张，也有可能会有比它更强的竞争对手出现，竞争将会更激烈。

5. 市场原材料价格不断上涨，消费群体不能接受不断上涨的价格。

三、建议

1. 针对不同的季节，推出与本季节相应的产品。

2. 偶尔做一些吸引顾客的活动。

3. 保证原材料来源的可靠性，保证质量。

4. 做相应的宣传，给顾客留下更好的印象，特别是公益性的宣传。

5. 卫生要干净、清洁。
6. 门面装修好一点，给顾客营造一个良好的就餐环境。
7. 偶尔开出一些优惠价格。
8. 送外卖。
9. 把门面扩大，为消费者提供更多的座位。

四、结尾

每一家快餐店，都有自己的经营目标，都希望把自己的店面经营得更好。随着我校的大规模扩招，我校学生数量大幅度增长，为学校周边平安快餐店的发展提供了更为有利的条件，希望平安快餐店能够提供更适合我们学生的快餐，把食品质量提到更高点，更好地为我们学校的学生服务。

(资料来源：根据百度文库资料整理。)

【简析】

这份市场预测报告，基本内容表述清晰明了，分析注重事实，科学合理，建议中肯，富有指导性，结尾提出希望。这份预测报告的内容符合市场预测报告文体的写作要求，是一篇较为规范的市场预测报告。

【例文 7-4】

2021 年我国传媒行业发展前景分析报告

同很多行业一样，每一个行业的竞争机会都是均等的，但是有心的人会更加关注自己感兴趣的行业内最新的就业机会，或者是竞争压力小但又能带给自己成就感的空缺职位。其实，在传媒行业中，这样的就业机会也是存在的，而且传媒企业的需求还很迫切。面对这种需求，尽快跳入传媒行业是不是就能快速实现你的梦想？

接下来，我们一起看看，在传媒行业中，哪些职位目前最需要人？前景和空间都有多大？这里面有很多职位都在被媒体广泛报道，企业也在极度期盼中。现对 2021 年我国传媒行业分析如下：

一、最稀缺——传媒经营人才

有学者曾经形象地概括国内媒体十几年来的"三部曲"：20 世纪 90 年代早期出名记者，90 年代中期出名编辑，90 年代末至今出经营者。这一说法客观地体现了国内传媒从内容采编到报道策划再到经营管理的发展轨迹。时至今日，随着传媒市场化程度的不断加快和国内外传媒竞争的日益加剧，传媒经营管理人才备受重视。

近年来，时代华纳——美国在线、新闻集团、迪士尼和 Tom.Com 各路跨国传媒争相向中国进行渗透并取得"落地权"，急需大量既熟悉中国媒体市场又具有国际化运作经验的本土高级媒体人才来扩大市场份额，这加剧了高级复合型经营、管理人才极端稀缺的状况。

在传媒行业，一名优秀的媒体人才必须是一位"传媒职业经理人"。发行人、总经理、总编辑、内容总监、发行总监、广告总监、生产总监、人力资源总监以及网络媒体的首席执行官等，均可称为"媒体职业经理人"。他们不仅要具备"职业经理人"的经营头脑和才干，也要具备"职业新闻人"的专业素养和职业道德，既能够在传媒产业领域从事专业性的经营管理工作，也能从中国传媒产业的特殊性出发，实现传媒经济效益和社会效益的最大化。

由于之前传媒市场化程度低，导致人才储备严重不足，随着改革的日益深入，中国传媒业在几乎毫无准备的情况下被推向了市场。专业的经营型人才和策划人才立刻出现人才空缺，大多数报社、电台、电视台的管理、策划人才都是媒体人出身，虽然其中不乏优秀的人才，但是很好的编辑、记者并不代表精通管理技能。据业内人士透露，年薪10万元就能够聘请到高素质的新闻从业人员，但即使愿意花50万元年薪，也未必能够聘请到真正既谙熟新闻行业和传媒市场运作又懂媒体管理和经营的高级复合型媒体管理人才。

高级传媒营销人才一直受到媒体的追捧，优秀营销人才甚至一将难求。据《足球》报负责现场招聘的人员介绍，他们曾持续刊登广告招聘营销人员，开出的待遇也不低，但即使一次面试上百人，最终也难以招到适合报社的人选。曾任传媒英才网运营经理的邓同华分析说，一是由于高级传媒人才流动较少，所需的复合型人才稀缺；二是现在一些80后不愿吃苦，不想承担压力，相比之下更愿做办公室文员等工作，造成从起步到成为中坚人才的缺失。但是从长远和自己的发展来看，熟悉传媒、懂市场的人是非常受企业欢迎的，且一直是传媒行业最紧缺的人才。

二、最有发展前景——国际化本土传媒人

几年前，《广州日报》、香港《星岛日报》就已经联合推出了在澳大利亚的"澳洲版"，将扩张的触角伸向了国际传媒巨头、新闻集团老板默多克发迹的澳大利亚，开始了中国传媒集团向海外扩张、争夺在全球传媒业市场"话语权"的前奏。

有业内人士表示，中国传媒业在经历近20年一直保持着两位数的高速增长后，已经成为市场规模达数千亿元、全球最具潜力的传媒市场。虽然眼下大批境外传媒巨头向国内蜂拥，使中国传媒行业受到了不小的冲击，但随着中国一批具有较强实力、较大规模的传媒集团的不断成长和迅速壮大，中国传媒业距离"走出国门、进军海外"已经不远。所以，在"经济全球化"、中国传媒业已经逐渐迈出海外扩张步伐的背景下，那些熟悉本土传媒市场，又深谙国际传媒市场运作，具有全球化实业的高级媒体管理、经营人才将迎来最好的发展前景。

三、最受宠——传媒型网络人

随着第四媒体——网络媒体的日益强大，新闻领域逐渐对互联网放开，网络媒体直接或间接获得新闻采访权，网络媒体将引入越来越多的一线记者，新闻类网站记者和网络编辑的人员配备从过去的大约10∶1会逐渐增加到1∶1，门户类站点也将达到大约3∶1、2∶1这样的规模。网络对传媒型人才的需求很大，而此类人才的缺口较大，未来两年将会供不应求。

基于上述原因，随着Web 2.0概念网站向传统媒体等的转变，另一场人才争夺战会紧接着打响——传媒型人才、产品型人才的供不应求将使得网站向传统媒体挖人。因为Web 2.0概念网站在风光无限的最近一两年里，积累的传媒人才并不多，现在要转型，就得从传统行业挖人，原创编辑挖报社，无线编辑挖互联网，主持人挖电台、电视台，这些方面的人才本来就是资源稀缺，而且培养起来相当不容易，所以争夺是不可避免的。这在互联网大肆发展的今天已经得到了有力的证实，而传统媒体人为了发展转型到网络，已经成了必然的趋势。当然，这也是网络媒体中求之不得的。所以，为了好的发展前景，为了好的待遇，传统媒体人流向网络后，势必会提高网媒的新闻质量。与此同时，又给大量的新入行者提供了进入传统媒体的机会。

四、最时尚——数字媒体人才缺口巨大

随着数字电影、数字电视在全国的推广，数字影视制作人才特别是网络流媒体和手机电影等新媒介人才正在逐渐走俏，其发展带来的人才缺口在 20 万左右，这对于广大求职者而言，绝对是个好消息。

招聘会现场火爆场面也从另一方面印证了这一事实。江苏国视旅游文化投资有限公司曾打算在一次招聘会上招聘近 40 人，但在该公司的招聘简章上，对于影视策划和后期制作人员、编导的招聘人数并未做明确的规定，问及原因，该公司的负责人表示：由于公司的发展壮大，对影视制作人员的需求逐年递增；其次，以他们的招聘经验来看，想要招到满意的影视制作人才并不容易，所以他们希望应聘人数越多越好，因此才没有规定具体的人数。

通过《2021 年我国传媒行业现状分析》这篇文章可以了解到传媒行业的现状分析及市场分析……据业内人士初步估计，未来几年内数字影视制作行业需要的影视人才数量超过 70 万人，尤其在高层次的编导、策划、制作人才方面存在较大缺口。

与传统媒体的人才饱和相比，新媒体的发展如火如荼，人才短缺已成为中国数字媒体产业发展的软肋，尤其是有经验的高端人才储备不足。预计在未来 3~5 年内，中国数字媒体人才的缺口将达 60 万人之多。新媒体产业与传统广播电视事业人才最大的不同在于，新媒体产业中的采编人员不仅需要熟通传统业务，同时还需通晓与之相关的互联网技术、视觉设计等。新媒体人才不是指纯掌握技术的人，也不是指纯掌握艺术的人，而是指在掌握信息技术的基础上，具有一定艺术修养和潜质，在先进的技术平台上从事媒体内容创作的人。所以，只有培养掌握多学科知识和技能的复合型人才，才能适应和胜任快速发展中的新媒体。

……

(资料来源：根据百度文库资料整理。)

【简析】

这是一份短期市场预测报告，针对当前传媒行业发展需求，对传媒行业各类紧缺人才进行了分析。该市场预测报告内容表述清晰明了，分析注重事实、科学合理，富有指导性。

思考与练习

1. 什么是市场预测报告？
2. 市场预测报告的主要特点是什么？
3. 市场预测报告的结构及写法怎样？
4. 撰写市场预测报告应注意什么问题？

第三节　协　议　书

一、协议书的概念

协议书，是指在公关活动中就某一问题或某些事项交换意见，经过协商、谈判达成共识后，由有关各方共同签署的具有法律效力的记录性应用文。

二、协议书的特点与分类

1. 协议书的特点

协议书与合同有着极其相似的文体特征。作为一种独立的契约性文书，它除了具有合法性、合意性、公平性、诚信性的特点外，还具有原则性、灵活性和广泛性的特点。

(1) 原则性。它表现为签订协议书的双方当事人反对合作的内容、条件、要求等，暂做粗线条的约定，详细具体的合作内容与形式须继协议书之后，再经充分协商签订正式的合同。

(2) 灵活性。它表现为协议书的内容广泛，且没有固定统一的写作格式，内容的安排、条款的详略等完全由双方当事人协商议定。

(3) 广泛性。它表现为协议书的使用范围比合同要宽泛，凡是不宜签订合同的合作形式，只要当事人双方协商一致，均可签订协议书。

2. 协议书的分类

根据协议书的作用，协议书可以分为以下三类。

(1) 意向式协议书。意向式协议书制作于正式合同之前，为正式签订合同提供依据和参考，是签订合同的"前奏"和"序曲"。

(2) 补充修订式协议书。补充修订式协议书制作于正式合同之后，即补充修订已签订合同中条款内容的不足，是合同签订后的"尾声"。

(3) 合同式协议书。凡是合同形式之外的合作形式，均可用协议书的形式来表现。合同式协议书是合同的"正剧"。

三、协议书的结构

协议书由以下四部分组成。

1. 标题

协议书的标题，或是突出协议书的中心内容，如《××公司、××毛纺厂联营协议书》《收养协议书》；或是突出协议书的性质，即是什么协议，如《工程协议》《合作协议》《拆迁协议书》。

2. 签订协议当事人的名称

在标题的左下方，并列写上签订协议的双方当事人的单位名称及法定代表人姓名，或自然人姓名。为了下面行文方便，规定某一方为"甲方"，另一方为"乙方"，并在名称或姓名后面用括号注明。

3. 正文

正文是协议书的主要部分。在正文部分必须写明当事人双方所议定的事项，写清楚当事人双方各自所承担的义务和所享受的权利，即完成什么项目，达到什么要求，何时完成，所应得到的报酬，不能按时完成的责任，不能付酬的责任，等等。这些内容通过以下条款来表达，其形式和合同相同，只是详略不同。

第一项：标的。
第二项：数量。
第三项：质量。
第四项：价款或者报酬。
第五项：履行的期限、地点和方式。
第六项：违约责任。

除此之外，正文部分还要写明本协议一式几份，由谁保管；注明协议的附件、有效期限。

4. 结尾

结尾包括签订协议书的当事人双方的单位名称及法定代表人姓名或自然人姓名，均需加盖印章；签订协议书的日期。

四、协议书写作注意事项

(1) 协议书的写作，要求在政策法规上与合同相同，其内容必须符合国家的法律法规、政策和方针，否则，即使双方当事人意见一致，签订了书面协议，此协议在法律上也是不能生效的。

(2) 在表达上，协议书也和合同一样，要求内容明确、具体，措辞用语要清晰、简明，不能语意含糊以至出现歧义。根据内容的需要，协议书的格式比合同相对灵活些。

(3) 协议书内容的修订、补充，也须经双方当事人同意，改动之处须由双方加盖印章。协议书的修订也可以不改变原书面形式，再另签一份补充协议书附在其后即可。

【例文 7-5】

技术合作协议书

××建筑工程公司(甲方)
××装修设计公司(乙方)

为发挥双方的优势，共谋发展，并为今后逐步向组成集团公司过渡，双方经过充分友好的协商，特订立本协议。

一、建立密切的技术合作关系，今后凡甲方承接的工程，装修设计任务均交给乙方承担。

二、乙方保证，在接到任务后，将立即组织以高级工程师为领导的精干设计队伍，在10日内提出设计方案，并在方案认可后一个月内完成全部设计图纸。

三、为保证设计的质量，甲方将毫无保留地向乙方提供所需的一切建筑技术资料。

四、装修施工队伍由甲方组织，装修工程的施工由甲方组织实施。施工期间，乙方派出高级工程师监督施工，以保证工程的质量。

五、甲方按装修工程总费用的千分之×向乙方支付设计费。

六、本协议自签订之日起生效。

七、本协议书一式两份，双方各执一份。

附件：《××建筑装修工程集团公司组建意向书》一份

甲方：××建筑工程公司(盖章)	乙方：××装修设计公司(盖章)
法人代表：××(签字)	法人代表：××(签字)
××××年××月××日	××××年××月××日
甲方地址：	乙方地址：
邮政编码：	邮政编码：
电话兼传真：	电话兼传真：
银行账号：	银行账号：
联系人：	联系人：

【简析】

这篇协议书格式规范、内容准确、简洁、实用。

【例文7-6】

协作协议书

立协议书单位： ××乡××村(甲方)
　　　　　　　　××乡××村(乙方)

为了充分利用××水库的水，扩大灌溉面积，发展农业生产，经双方协商，决定共同修建一条渠道，特立本协议书，以利工程的进行。

一、渠道南北走向，共长5 000米，深1米，底宽1米，上宽3米。北段3 000米，占用甲方土地；南段2 000米，占用乙方土地。

二、工程北段由甲方负责施工，南段由乙方施工。双方均要按照协议绘制的渠道图纸修建。

三、工程从今年秋末冬初开始，春节前竣工、验收。

四、需要工具由双方自备，部分工具互相调剂。甲方借给乙方小平车10辆，乙方借给甲方抬筐100个。所借工具的折旧费由借方付给对方，工具损坏由借方向对方赔偿。

五、所需经费由双方收益多少分配，劳力报酬由各方负责解决，新渠和旧干渠接口处闸门修建费由双方平均负担。

六、双方各抽调干部3人，共同组成工程指挥部，负责修渠的组织工作。甲方出1人为指挥，乙方出1人为副指挥，其他人为指挥部成员。

七、请乡长负责监督工程实施和本协议执行情况，如有一方工程不合格或违反协议，依据情节予以批评或责令弥补损失。

八、本协议及附件3种，一式4份，双方各存1份，负责监督的乡长一份，另一份送县人民政府存查。

附件：

1. 工程图纸一份
2. 经费预算、经费分配表一份

3. 指挥部成员名单一份

××乡××村(盖章)   ××乡××村(盖章)
代表人：×××(签名)   代表人：×××(签名)
××××年××月××日   ××××年××月××日

【简析】

这是一份合同式协议书。对甲、乙双方的分工、协议内容做了比较明确的规定，格式写法规范、严谨。

思考与练习

1. 什么是协议书？协议书常见的种类有哪些？
2. 协议书的基本结构可分为几部分？
3. 协议书和经济合同有何不同之处？
4. 联系实际写一份协议书，要遵循协议书的特点。要求：结构完整，条理清晰，表述明确。

第四节　招标书、投标书

一、招标书的概念及特点

招标书是招标人在兴建工程、合作经营某项业务或进行大宗商品交易时，公布标准和条件，公开邀请投标人承包或承买，利用投标人之间的竞争，从中选择出最佳对象而形成的书面文件。招标是国内外经济活动中常用的一种交易形式。以招标的形式选定承办人，可以发展贸易、完成工程建设、置办设备等，能取得快、好、省的经济效益，同时能调动承办人挖掘潜力、开展竞争、改革经营管理、提高生产效率和经济效益。

招标书的特点主要有以下三项。

1. 明确性

对招标项目或招标工程的主要目的、基本情况、产品要求、人员素质和具体规定等，要做出明确、清晰的表述，不能含糊其词、模棱两可。

2. 竞争性

招标单位通过发布招标公告，要以此同时招来众多的投标单位，这在客观上促使招标人通过投标单位或个人的投标答辩等竞争手段来"择优录取"，以达到降低资金成本的目的，同时这对投标单位改善经营管理、提高管理水平和经济效益也有巨大的推动作用。

3. 具体性

招标书在语言表达上要做到具体，必须明白、清楚、有条理地写明有关招标的做法和步骤，不能抽象、笼统，以免影响招标效果。

二、招标书的种类

招标书有公开招标和邀标两种方式。

1. 公开招标方式

这是一种无限竞争的招标,这种方式是招标单位在一定范围内发表招标通告、公告或启事,凡是愿意参加而又有一定条件的企业或个人,一律机会均等,都有权利购买招标文件,并参加投标活动。具体方式有两种。

(1) 公开招标,即在规定的时间和地点开标,在当众场合下宣读各投标企业的投标函及标书的主要内容,根据事先议定的原则公布中标条件和中标单位。

(2) 当众拆封标书,即当众宣读各投标企业的投标函及标书的主要内容,不当众公布中标单位,而是经过评审、鉴别、比较以后选出 3~5 名投标单位为预选的中标单位。招标单位分别与预选的中标单位面议、磋商,意见协商一致者以再次比较后确定中标单位,以书面形式通知中标单位和落标单位。

2. 邀标方式

这是一种有限的招标方式,即招标单位根据工程或采购材料的具体要求,有选择地邀请若干合适的单位前来投标。

三、招标书的结构及写作要求

招标文书主要包括招标公告、投标企业须知、技术质量要求等。下面对招标公告和内部发售的招标文书进行简要介绍。

1. 广而告之的招标公告

招标公告亦称招标通告、招标广告,是招标企业在公开招标时发布的第一份招标文书,其目的是将招标企业要招标的项目广而告之,欢迎所有对此有兴趣的企业前来投标。招标公告一般由标题、正文和结尾三部分组成。

(1) 标题。招标公告的标题由招标企业名称和文种构成,如"中国陕西电子机械厂招标公告",其中"中国陕西电子机械厂"是招标企业名称,"招标公告"是文种。如果是招标公司发布的招标公告,还应在标题右下方写明编号,以便归档和查对。例如:

中国技术进出口总公司招标通告
编号:CNTIC - J91055

(2) 正文。招标公告的正文部分,其主要内容包括招标目的、招标依据、招标项目、招标范围、招标方法、招标时间,还要写明招标企业的基本情况及招标项目的规格、型号、数量等。招标项目的表达方式有条款式和表格式两种。

条款式分条列出招标项目,条理清楚,一目了然,便于识记。例如:

采购清单:

1. 500kV 变电站户外设备。

2. 电力载波通信设备。
3. 控制设备和继电保护设备。
4. 绝缘子。
5. 导线。

表格式将招标项目编制成图表，使招标项目简明扼要，内容齐全。例如：

工程名称	工程量		施工图/张	要求工期		工程结构说明
	单位	数量		开工	竣工	

除此之外，还可写明投标的手续、招标文书的售价、投标企业的条件要求、投标申请书及投标报价(标函)的内容要求、投标方法及要求、投标地点和投标截止日期，以及开标的时间、地点等。如果是国际招标，招标文书的售价还要注明货币名称。

(3) 结尾。这一部分要写明招标承办单位的名称、地址、电话号码、电传号码、邮政编码等，以方便联系。需要说明的是，招标企业和招标承办单位名称可能不尽一致，因为承办单位或许是招标企业的下属部门或委托单位。例如，招标业主是中国技术进出口总公司，而承办者则可能是该总公司下属的某一业务部门。

2. 内部发售的招标文书

内部发售的招标文书只出售给前来投标的企业，包括投标企业资格审查文书、招标章程、投标企业须知、技术质量要求、购销(发包)合同等。其结构均由标题和正文构成。

(1) 标题。招标文书的标题基本上是固定的，如《投标企业须知》《技术质量要求》。如果招标企业自行审查投标企业资格，要编制资格审查文书。因为常用图表格式，所以其标题通常也是固定的，即《投标企业资格审查表》。招标章程的标题一般由招标企业名称、招标项目核心内容摘要和文种构成，如《××省经济贸易委员会招标办公室外购、外协件招标章程》。

(2) 正文。《投标企业资格审查表》的正文主要列出招标企业想要了解的投标企业与完成招标项目有关的基本情况，即被审查的主要内容，如营业执照、等级证书；全员人数及技术人员、技术工人的情况；自有资金情况及开户银行出具的投标保证金存入证明；社会信誉、经营作风和履行合同情况；年承受工作量能力及已承担的任务(含正在施工和拟开工项目)；企业业绩和施工经验等。

《招标章程》的正文主要说明招标的宗旨，招标的法律依据，招标项目名称(标的)，招标、投标、开标的时间、办法、程序、要求，招标企业和投标企业应遵守的原则等。

《投标企业须知》的正文部分把没有或不宜写进招标公告和招标章程而投标企业又必须做到的一些具体要求、条件补充写出，做出更为具体明确的规定。比如，购买图纸就可明确限定投标企业只能购买所要投标的单项图纸资料，不允许任何投标企业购买全套图纸资料。

《技术质量要求》，即主要招标项目、设备、零部件的技术质量要求。它要根据招标项目、设备和零部件的性质、用途分类编制，一般绘制成图表比较适宜。特别要注意的是，技术质量标准一定要明确具体，要注明是国际标准、国家标准或是部颁标准等。

《购销(发包)合同》的内容与格式与一般合同基本相同。

四、写招标书应该注意的问题

写招标书之前，撰写人必须充分做好市场的调查研究工作，了解市场的信息，明确招标项目的标准和条件。一般先把招标的目的、图样、材料、技术要求、货样等对外公布，印成文件，以备投标人索取或购买。

五、投标书的概念与特点

投标书是与招标书相对应的文件。投标书是对招标书的回答，它是投标人按照招标书提出的条件和要求向招标人提出订立合同的建议，是提供给招标人的备选方案。

写投标书之前，必须对招标的项目做周密的调查研究和精确的计算，了解市场信息，知己知彼，成本核算合理，报价不高不低，既有竞争能力，又能获得一定的利润。

投标书具有以下三方面的特点。

1. 实事求是

投标书的各项内容要在专家充分论证的基础上实事求是地认真填写。因为一旦决标，中标人将被告知在规定的期限内与招标人签订合同，所以切忌为中标而毫无把握地许诺。

2. 具体清晰

要写明投标的具体内容，比如投标企业采用什么样的方法措施，达到什么目标和要求；采用什么科学技术，获得什么经济效益等。这些都应该写清楚，否则就无法使招标单位确定投标企业。

3. 准确准时

投标书写好后要加盖投标单位和负责人的印章，密封后，在规定的有效期限内及时寄(送)招标人。

六、投标书的种类

投标书的种类，按投标的使用对象划分，可分为三大类：一是生产经营性投标，如工程投标书、承包投标书、产品扩散投标书、劳务投标书等；二是技术投标书，如科研课题投标书、重大关键项目投标书、技术引进或转让投标书等；三是生活投标书。

从形式上看，投标书有表格式与说明式两种。

七、投标书的结构及写作要求

投标文书的内容比较集中明确，都是紧紧围绕招标文书提出的条件、要求，制定出准确具体的投标方案并予以说明。

投标文书写作的内容、数量、文种应根据招标文书的要求和投标的实际需要而定。以商业贸易性投标文书来说，主要有《投标企业资格审查表》《投标商业条件表》《投标价格表》三种，其格式一般也是由标题、正文、结尾和附件四部分构成。

1. 标题

投标文书的标题格式基本相同，都是由投标、正文名称和文种三项组成，如投标申请书、投标答辩书、投标企业资格审查表、投标商业条件表、投标价格表等，有的简单写成"投标书"也未尝不可。

2. 正文

投标文书的正文部分因投标文书的性质、作用不同而有所不同，但开始部分，应该首先表明承担招标项目的意向和愿望，写明投标的依据和主导思想。

《投标企业资格审查表》是由招标企业印制发售的，其填写的核心目的就是如实反映本企业的基本情况，让招标企业对本企业有一个基本了解并获得信任，以便取得投标资格。该文书主要采用表格形式。

《投标商业条件表》的主要内容有：可供商品名称、日供数量、可供总量、交货地点、交货方式、服务条件和补充说明等。

《投标价格表》的主要内容有：可供商品或零部件名称、数量、材质，可达到的质量标准、单价、补充说明等。

3. 结尾

投标文书的结尾主要由投标企业的印鉴和法人代表的签章及日期、地址、电话号码等构成，这一部分看似简单，却是必不可少的，否则，就是无效的投标文书。

投标文书的写作质量对能否中标至关重要，投标文书要始终紧扣招标文书中提出的问题、要求、条件，逐一予以说明。计算数据要精确，报价要适度，价高则不易中标，价低则可能亏损，应认真复核。投标文书要装订齐整，严格密封，标价不能泄露。

4. 附件

附件要将单位项目的主要部分的标价及主要材料、设备等予以说明。

【例文 7-7】

建筑安装工程招标书

为了提高建筑安装工程的建设速度，提高经济效益，经_____建设主管部门批准，_____(建设单位)对_____建筑安装工程的全部工程(或单位工程、专业工程)进行公开招标。

一、招标工程的准备条件

本工程的以下招标条件已经具备：

1. 本工程已列入国家(或部、委、省、自治区、直辖市)年度计划；
2. 已有经国家批准的设计单位的施工图和概算；
3. 建设用地已经征用，障碍物全部拆迁，现场施工的水、电、道路和通信条件已经落实；
4. 资金、材料、设备分配计划和协作配套条件均已分别落实，能够保证供应，使拟建工程能在预定的建设工期内连续施工；
5. 已有当地建设部门颁发的建筑许可证；
6. 本工程的标底已报建设主管部门和建设银行复核。

二、工程内容、范围、工程量、工期、地质勘探单位和工程设计单位：

_____

_____

(此项也可以用表格形式)

三、工程质量等级、技术要求、对工程材料和投标单位的特殊要求、工程验收标准：

_____

_____

四、工程供料方式和主要材料价格，工程价款结算办法：

_____

五、组织投标人进行工程现场勘察、说明，招标文件交底时间、地点：

_____

六、报名、投标日期、招标文件发送方式：

报名日期：____年___月___日；

投标期限：____年___月___日起至____年___月___日止。

招标文件发送方式：_____。

七、开标、评标时间及方式，中标依据和通知：

开标时间：____年___月___日(发出招标文件至开标日期，一般不超过两个月)。

评标结束时间：____年___月___日(从开标之日起至评标结束，一般不超过一个月)。

开标、评标方式：建设单位邀请建设主管部门、建设银行和公证处参加开标并审查证书，采取集体评议方式进行评标、定标工作。

中标依据及通知：本工程评定中标单位的依据是工程质量优良、工期适当、价格合理、社会信誉好，最低标价的投标单位不一定中标。所有投标企业的标价都高于标底时，如属标底错误应按实予以调整；如标底无误，通过评价剔除不合理的部分，确定合理标价和中标企业。评定结束后五日内，招标单位通过邮寄(或专人送达)方式将中标通知书送发给中标单位，并在一个月内与中标单位签订建筑安装工程承包合同。

八、其他

_____

本招标方式承诺，本招标书一经发出，不得改变原定招标文件内容，否则，将赔偿由此给投标者造成的损失。投标者按招标文件的要求，自费参加投标准备工作和投标，投标书应按规定格式填写，字迹要清楚，并加盖单位和代表人的印鉴。投标书必须密封，不得逾期寄达。投标书一经发出，不得以任何理由要求取回或更改。

在招标过程中发生争议，如双方自行协商不成，由负责招标管理工作的部门调解仲裁，对仲裁不服，可诉讼至人民法院。

建设单位(招标单位): _____ (盖章)
地　　址: _____
联 系 人: _____
电　　话: _____
电报挂号: _____
邮政编码: _____

_____年___月___日

【简析】

这是一份招标文书。招标文书的一般结构包括标题、正文、落款，具体内容涉及建筑安装的各种项目及招标的各项要求，表达完整，实用，科学。

【例文7-8】

新建铁路大同至秦皇岛线
茶坞至大石庄线
投标书

投标单位××××(盖章)
××××年××月××日

北京市铁路局:

我公司详细地研究了招标文件，进行了周密的现场勘察，做出了符合工期要求的施工安排，愿意以总包方式承担全部工程的施工任务。经报上级主管部门同意并取得了投标保证书(见附件一)。

按招标文件规定的工程内容，经详细计算填报了报价单，总报价为人民币(大写)_____元(详见报价单)。其他有关的技术组织措施及必要的文件说明已按要求填写(见附件)。

如能中标，我公司保证及时签订并认真履行合同，保证于××××年××月××日竣工。

投标单位:　　　　　(盖章)
负责人:　　　　　　(盖章)
地　址:
电　话:

××××年××月××日

投标书附件清单:
附件一: 投标保证书

【简析】

这份投标书由四部分构成，即标书的封面、正文、落款和附件，涵盖了投标书的基本内容和写法，具有典型性和可行性。

【例文 7-9】

投标申请书

××××公司：

  我方经仔细研究，在充分理解并完全同意《广州市白云区水利工程建设施工招标公告》及其附件的基础上，经我方法定代表人授权，由×××作为我方全权代表，并以×××的名义，向你方提出投标申请。

  我方愿意接受你方及其授权代表的查询或调查，以便核实我们递交的与此申请相关的报表、文件和资料。本申请书还将授权给我们的开户银行、客户以及相关的个人或机构的授权代表，按你方的要求，向你方提供与此申请有关的证明资料，以供你方核实我方在申请中提交的有关报表、文件和资料。

  我方在此声明，申请文件中所提交的报表和资料在各方面都是完整的、真实的和准确的，如出现不完整、不真实、不准确的资料，我方愿意承担由此引起的一切责任。

申请人名称：
法定代表人签名(公章)：
授权代表签字：
年 月 日

【简析】

  本则投标书由标题、正文、落款组成。标题简洁明了；正文写明合法申请的程序、投标态度以及对材料真实性负责的声明；落款有申请人、法定代表人、授权代表的签字及日期，符合投标书的基本格式和写法。

思考与练习

一、名词解释

1. 招标书　　2. 投标书

二、简答题

1. 招标书和投标书的特点是什么？
2. 招标书有哪几种？
3. 招标书、投标书的结构写法怎样？
4. 招标书和投标书有何异同？

第五节　说　明　书

一、说明书的概念

  说明书是向读者、用户、观众介绍某种读物、产品的内容、使用方法或戏曲、电影的故事情节、演员阵容等的文字材料。

二、说明书的分类

一般来讲，按所要说明的事物来分，说明书可以分为产品说明书、使用说明书、安装说明书、戏剧演出说明书等。

1. 产品说明书

产品说明书是指关于日常生产、生活产品的说明书。它主要是对某一产品的所有情况的介绍，诸如其组成材料、性能、存贮方式、注意事项、主要用途等的介绍。

2. 使用说明书

使用说明书是向人们介绍具体的关于某产品的使用方法和步骤的说明书。

3. 安装说明书

安装说明书主要介绍如何将一堆分散的产品零件安装成一个可以使用的完整的产品。我们知道，为了运输方便，许多产品都是拆开分装的，这样用户在购买到产品之后，需要将散装部件合理地安装在一起。因此，在产品的说明书中就需要有一个具体翔实的安装说明书。

4. 戏剧演出说明书

这是一种比较散文化的说明书，它的主要目的在于介绍戏剧、影视的主要故事情节，同时也是为了向观众推荐该影视剧。戏剧演出说明书是一种宣传式的说明文字。

三、说明书的作用

说明书的作用一般来讲有三点。

1. 解释说明

解释说明是说明书的基本作用。随着我国经济的发展，人民生活水平的不断提高，工业、农业的飞速发展，人们将会在生产生活中遇到各种各样的产品和生活用品。科技的发展，更使这些产品、生活用品包含了很强的科技成分，所以为了使人民群众能很好地使用这些产品，真正为人民的生活服务，各生产厂家均会准备一份通俗易懂的产品或生活日用品说明书，给用户的使用以切实的指导和帮助。说明书要详细地阐明产品使用的每一个环节和注意事项。

2. 广告宣传

在商品经济快速发展的今天，说明书的广告宣传作用也是不可忽略的。好的说明书可以使用户产生购买欲望，以达到促销的目的。

3. 传播知识

说明书对某种知识和技术具有传播作用，如介绍产品的工作原理、主要的技术参数、零件的组成等。

四、说明书与解说词的区别

产品说明书、使用说明书、安装说明书与解说词的区别显而易见，这里主要说明一下戏剧演出说明书与解说词的区别。

(1) 表达方式不同。戏剧演出说明书往往以介绍剧情为主，所以多运用说明的表达方式；而解说词，往往按幕(场)依次说明，多用叙述方法，并且常常配以描写、议论、抒情等多种方法。

(2) 语言要求不同。戏剧演出说明书，要求语言朴实、简洁、准确，感情色彩不浓厚；而解说词不仅要适合阅读，还要适合解说员讲解，感情色彩浓厚，文学性强。

五、说明书的结构与写法

说明书的结构通常有标题、正文和落款三部分。

1. 标题

通常由被说明的事物和文种组成，如故事片《高山下的花环》说明书。

2. 正文

产品说明书的写法可简可繁。简约的，如印在包装盒上的食用说明、使用说明；详细的，如仪器、仪表、冰箱等技术复杂的产品附带的成册说明书。较详细的产品说明书，多采用条款式写法，一般包括以下六项内容。

(1) 产品名称及生产厂家。
(2) 规格型号及注册商标。
(3) 主要性能及技术原理。
(4) 产品特点及功能用途。
(5) 使用方法、操作程序、维修保养知识。
(6) 附产品保修证和使用说明。

戏剧演出说明书，多采用短文式写法，主要向观众介绍节目的内容和情节，有的也介绍一些与节目有关的情况，如作者、编导者、主要演员、美工、音乐等。

3. 落款

产品类说明书都有落款，写明生产厂家名称、地址、邮编、电话号码等。戏剧演出说明书一般没有落款。

六、说明书的写作注意事项

(1) 说明书要实事求是，有一说一、有二说二，不可为达到某种目的而夸大产品的作用和性能。

(2) 说明书要全面地说明事物，不仅介绍其优点，同时还要清楚地说明应注意的事项和可能产生的问题。

(3) 产品说明书、使用说明书、安装说明书一般采用说明性文字，而戏剧演出类说明书则可以以记叙、抒情为主。

(4) 说明书可根据具体情况，使用图片、图表等多样的形式，以期达到最好的说明效果。

【例文 7-10】

××牌皮鞋保养说明

(1) 定期清洁皮鞋，用湿布轻拭，切勿用刷子猛刷。
(2) 鞋面经常涂擦鞋乳及光剂。
(3) 让鞋子自然风干，避免日光直射。
(4) 鞋面应避免接触溶剂及其他腐蚀物，或高温烘烤。
(5) 穿着皮鞋不宜做剧烈运动。
(6) 经常替换鞋。
(7) 使用时建议穿深色袜子以防内里掉色。
(8) 全皮底鞋，使用时请贴上前后掌，并不宜雨天穿着。

【简析】

这是一份产品保养说明书。对保养的方法做了较为具体详细的说明，语言平实，表达准确清晰，简洁实用。

【例文 7-11】

×××洗衣粉说明书

×××洗衣粉为上海合成洗涤剂厂推出的高效衣物洗涤剂。

性能：本品采用上等原料及含有蛋白酶微生物的最新配方，能浸洗除净一般洗衣粉所难于洗掉的血渍、尿渍、奶渍等混合污渍。

特点：质地柔合，香味芬芳，不伤皮肤，去污力强，泡沫适中，易于漂清。衣物洗后，洁白鲜艳。可洗涤丝、毛、麻及各种合成纤维等织物，不伤衣料，安全可靠。

使用方法：能浸洗，也能搓洗，用量与一般洗衣粉相同。洗涤温度以 45℃～46℃为宜，衣物浸泡15分钟以上去污效果更佳。切忌直接用热水(高于70℃)冲泡溶解洗衣粉，以免影响洗涤效果。

【简析】

这则说明书对×××洗衣粉的性能、特点、使用方法做了平实简洁的说明，体现了该类文体的特点与要求，是较为典型、规范的说明书。

思考与练习

1. 什么是说明书？它有哪几种？
2. 说明书有何特点？
3. 说明书与解说词有什么不同？
4. 说明书的结构、写法怎样？
5. 写一篇你所熟悉的商品的说明书。

第六节　商业广告

一、商业广告的特点

广告是一种由某个特定的出资人发起的，通过大众传媒进行的，向消费者或服务对象介绍商品、宣传服务内容或文娱活动等的应用文体。商业广告的特点包括以下几方面。

1. 宣传性

广告意在通过宣传、推介手段，获得公众的信任，求得行为层次效果。所以，宣传功能不可缺。

2. 真实性

真实是广告的生命。我国《中华人民共和国广告法》(以下简称《广告法》)明确规定：严禁在广告宣传中虚构、杜撰，浮夸失实，弄虚作假。

3. 思想性

广告的思想性要求具有高度的精神文明、健康进步的内容，同时也不得贬低其他商品或服务。

4. 艺术性

广告应综合运用文学、戏剧、音乐、美术等各种艺术形式，生动形象，活泼新颖，能感染观者，激发消费者的购买欲望，促进商品销售或服务宣传。

5. 创造性

广告宣传需要新颖别致，不落俗套，能给消费者留下深刻的印象，这些离不开另辟蹊径的创造性特点。

二、商业广告的种类

商业广告按内容、性质可分为推销商品的广告、提供服务的广告以及公养性广告。
(1) 推销商品的广告包括推销新产品、滞销商品和降价商品的广告。
(2) 提供服务的广告包括技术咨询、室内装潢等服务项目。
(3) 公养性广告着重说明企业规模、经营范围，以及突出成绩及发展远景等。

三、商业广告的结构和写法

商业广告一般由标题、广告标语、正文和结尾四部分组成。

1. 标题

标题一般位于广告之首，用简短的词句概括和提示广告的内容、主旨，在全篇起"点睛"的作用，被喻为广告的灵魂。它要求简明扼要，新颖别致、引人注目。广告的标题是区分不同广告的重要标志。

标题的表现形式主要可分为三种。

(1) 直接标题。直接标题是用直截了当、开门见山或简明扼要的语言表明广告最主要的内容。例如，小天鹅洗衣机、三菱电机冷暖空调。

(2) 间接标题。间接标题不是直接介绍产品或点明主旨，而是通过一种富有暗示诱导的方式把信息传递给消费者，以引起消费者的兴趣和好奇心。

例如，汽车轮胎推销广告——"只花几十元，再跑八万里"，用数字对比概括了产品价廉耐用的特点。

(3) 复合标题。复合标题是直接标题与间接标题的综合运用，通常表现为双行标题和多行标题的形式。一般包括引题、正题、副题。例如，"高贵典雅，卓尔不凡——杉杉西服，杉杉系列服饰产品"。

2. 广告标语

广告标语，又称广告语或广告口号，是广告主从长远营销的角度出发，在一定时期内反复使用的特定宣传语句。标题可以根据不同的情况与要求而变化，但广告标语则相当稳定，以强化消费者的印象。同时，每则广告都有标题，却可以没有广告标语。

广告标语按其不同的职能，可以分为产品形象广告标语、企业形象广告标语、服务性广告标语等不同类型。

3. 正文

正文是广告的核心部分，是标题的具体化。一般要求以精练的语言介绍产品的品种、性能、特点、用途、规格、价格以及使用方法，有时还要写明出售时间、方式、地点、接洽方法等。通常，正文有以下几种形式。

(1) 陈述型，是用准确、简洁、朴实的语言直截了当地说明商品的有关情况。例如，产品的功效、特点、用途及价格等。

(2) 对话型，即用对话的形式介绍产品，激发人们的好奇心和求购欲，增强吸引力，以达到宣传目的。

(3) 诗歌型，即通过诗歌的形式介绍产品或企业，朗朗上口，和谐悦耳，易读好记。

(4) 证书型，即借助权威机构对产品的评定或颁发的荣誉证书来宣传、推销商品或企业的方式。

(5) 幽默型，即运用生动的语言和形象，借助文艺演出的形式进行商品宣传，形式生动活泼，引人入胜。

(6) 故事型，即通过构思与商品相关的情节、内容来宣传商品，给人留下深刻的印象。此外，还有抒情型、新闻型、比较式等方式。

4. 结尾

附带随文，侧重那些次要的备查备用的信息说明，如企业名称、地址、电话号码、邮政编码、开户银行、传真、E-mail 等，以便联系。

四、商业广告的写作要求

1. 主题突出，立意新颖

构思主题要突出，立意要新颖，出奇制胜，让人耳目一新，这样才能给人留下深刻的印象，达到宣传的目的。

2. 内容真实，文字精练

内容真实可信是广告宣传的基石。坚持实事求是的原则，有时甚至直接道明自己的不足，反而更能抓住顾客的心理，给人以信任感，从而达到宣传的目的。同时，文字应精练，避免含混或者歧义，这样才能增强宣传效果。

3. 形式多样，生动活泼

揣摩、研究顾客心理，遵从人们的认识规律，形式多样，通俗易懂，新鲜活泼，才能使人过目不忘。

4. 公平竞争，不诋毁竞争对手

遵守商业道德，广告宣传不能贬低别人，抬高自己。商业诋毁是一种损害竞争对手合法权益的行为，它不仅对竞争对手的名誉造成损害，给其带来经济上的损失，同时也欺骗了其他经营者与消费者，最终破坏了市场公平竞争的正常秩序。

📖 **思考与练习**

1. 什么是商业广告？
2. 商业广告的特点有哪些？
3. 商业广告的结构写法怎样？
4. 制作商业广告应注意哪些问题？
5. 为你熟悉的一件商品撰写一则广告。

第八章

学术应用文

学术应用文是科学研究、科技管理工作中形成的各种应用文的总称，是对科学原理、定律和其他科学技术研究成果进行科学记录、总结、论证和说明的一种应用文。

学术应用文是应用文写作的一个重要组成部分。它是将应用文写作的基本原理应用于科学技术领域，融科学技术的丰富内容和系统的写作知识、技能为一体，以各种实用学术文体为主要形式的写作活动。学术与写作离不开科学技术研究的实践，同时又要掌握学术应用文的体裁、特点、规律、要领、要求、方法和技巧，以便更好地描述和反映科学技术研究成果，反映科学技术研究的各种实践活动，为科学技术的运用创造良好的基础条件。

与一般应用文相比，学术应用文具有自身特定的反映对象和行文格式。其特点主要体现在以下四个方面。

(1) 内容上的独创性和科学性。学术应用文是对科学技术领域中的问题进行探讨，表述科学研究成果的文体。要求作者正确地反映客观事物，准确地利用科学理论，创造性地揭示科学规律。

(2) 形式上的格式性。不同的学术应用文有不同的形式，有的已经成为固定的格式。

(3) 对象上的针对性。尽管学术应用文的范围不同，但一般都有特定的对象和特定的内容。不同应用文间有比较明显的界限。

(4) 文字上的独特性。大多数学术应用文使用说明文体或议论文体，有的兼有说明文、议论文的特点，或以一种文体为主，兼有其他文体的特点。文字要求简洁、准确，论证要求详细、充分，说明要求翔实、清晰。一般不采用抒情、夸张的写法，要尽量做到一般人看了都能懂。

第一节 实 验 报 告

一、实验报告的性质与分类

(一)实验报告的性质

实验报告是指在某项科研活动或专业学习中，实验者通过观察、分析、综合、判断，把实验目的、原理、方法、步骤、结果等内容加以整理，以简洁的语言写成的文章。它兼有"实验"和"报告"两种性质，是实践环节的理性回归，是对实验全过程的总结。

(二)实验报告的分类

由于科学门类具有多样性，实验报告的种类很多。

常见的实验报告有三种类型。

1. 检验型实验报告

所谓检验型实验，是重复前人已做过的实验，为再进行一次检验而做的一种实验。这是一种反映项目单一，只需要以固定的格式填表，书写简单的实验报告。学校中的教学实验类报告就属于这种，如根据学习化学、物理、电工、力学等课程时所做的实验写成的实验报告。教学实验是教学的重要环节，有利于学生掌握有关学科的基本概念、原理，理解和巩固基础知识；有利于学生掌握实验的基本方法和技能，培养观察、思维、操作的能力。此外，检验型实验报告还有利于学生科技写作水平的提高，能帮助教师检查学生的实验情况。

2. 创新型实验报告

这种实验报告不是重复前人的劳动，具有明显的创造性。它或者是进行一项新的研究，设计出一个从过程到结果都是全新的实验；或者是对前人的实验做了改正，得出更高精度的测量；或者使用新的实验方法，验证了已有的结果等。

3. 测试(试验)实验报告

测试型(试验)实验报告，是指在模拟条件下，对构件的强度、硬度、弹性、韧度、耐低温或高温、抗振动等方面进行测试，然后将有关数据予以总结、归纳、分析并写成的实验报告。测试型实验是建筑业中所必需的，是建筑质量的试金石。

总之，实验报告必须在科学实验的基础上进行。成功或失败的实验结果的记载，有利于不断积累研究资料，总结研究成果，提高实验者的观察能力，以及分析问题和解决问题的能力，培养理论联系实际的学风和实事求是的科学态度。

二、实验报告的格式和写法

实验报告的格式和写法的介绍主要以检验型实验报告和创新型实验报告为例。

(一)检验型实验报告的格式与写法

检验型实验报告大多为表格式，好多都是事先印制好的固定格式，用时将实验内容填进去即可。

1. 实验名称

实验名称，即实验报告的题目，应写在实验报告的最前面。它是实验内容的高度概括，语言要简练、鲜明、准确，力求醒目。简练，就是简单明了；鲜明，就是让人一目了然；准确，就是恰如其分地反映实验内容。一般由实验对象和文种组成，如《验证欧姆定律实验报告》《普通混凝土实验报告》。

2. 姓名、日期

这一部分包括：时间、专业班级、姓名、指导教师、天气情况等。

3. 实验目的

实验目的，包括理论和实践两方面。在理论上，验证定理定律，并获得深刻系统的理解；在实践上，掌握实验仪器、器材的使用技能与技巧。

4. 实验器材

实验器材，一般按照器材的性质、仪器用具和试剂物料分类书写，写明实验所用的仪器、试剂和其他物品的名称、规格和数量。

5. 实验装置和步骤

说明实验装置可采用仪器装配说明图(如烧杯、试管等图形)和文字符号示意图(如电路图),辅以相应文字。说明实验步骤应按照操作顺序,把实验的具体过程、采用的方法依次如实地记录下来。

6. 实验结果

实验结果,即实验中观察到的现象和数据,包括实验的产品、实验过程所观测到的各种现象、实验仪器记录的图谱和数据等。

7. 实验结论

根据实验过程中观察到的各种现象和测知的数据,经过认真分析、计算和推理,得出实验结论。

注意:测试型实验报告与检验型实验报告的格式与写法相同。

(二)创新型实验报告的格式与写法

一份完整的创新型实验报告,一般包括:标题、作者及单位名称、摘要、前言、正文、结论或讨论、参考文献等。

1. 标题

标题的写法类似于检验型实验报告的"实验名称"。

2. 作者及单位名称

作者是指该实验的制作者和承担主要工作的参与者,应按照主次顺序排列写明。有的实验室以课题组的名义进行的,署名就必须采用课题组的名称。单位名称是指该实验的制作者和主要参与者所属单位的名称。作者及单位名称应放在标题下面、摘要的上面。

3. 摘要

摘要用来概述实验报告的中心内容,点明实验的目的、条件、方法、结果及意义。有的实验报告还要概括地阐明实验方法。

4. 前言

前言是实验报告的开头部分,也称引言、导语,具有提纲挈领、引人注目的作用。这部分应简要说明实验的对象、目的、意义、范围、作用、结果等。

5. 正文

正文主要由以下内容构成。

(1) 实验仪器、材料、设备。要求详细列出实验所需的仪器、材料、设备的名称,如玻璃器皿、金属用具、溶液、颜料、粉剂、燃料等。仪器设备还应写出规格型号,最好能标出简易示意图,配以相应的文字,用以说明实验的基本原理。对于所需试剂,还应写出浓度、化学成分和形态等。

(2) 实验原理。实验原理主要从理论上说明实验的依据,包括公式、图解等,以及由此推导的实验结果，要求正确、清楚明白。

(3) 实验步骤和方法。这是实验报告极其重要的内容。一般按操作的时间先后划分为几步，并编排序号。实验方法是实验过程中具体的做法，可按做法的先后顺序分条写出，并以实验原理图、流程图、电路图等辅助说明。步骤和方法要求条理清楚，说明要简单明了。

(4) 实验结果。这是实验报告的核心内容，包括实验的时间、环境、条件、现象、图表、数据记录、计算等原始记录。数据记录和计算是指从实验中测到的数据以及计算结果。当实验数据较多时，应单独用表格来表示。

6. 结论或讨论

结论或讨论是对实验报告全文的总结，产生于实验之后。它是实验人员根据所观察到的实验现象及测知的数据，加以整理、分析和计算，再经过研究提炼而成的。讨论包括对思考问题的回答，对异常现象和数据的解释，或对实验方法及设备装置提出改进意见等。结论是对实验报告全文的总结，要用简短、肯定的语言分条叙述实验的结果。

7. 参考文献

创新性实验报告的文末要注明进行此项实验的过程中参考的资料和文献，一是表明作者严肃、求实的科学态度和对前人、别人劳动成果的尊重；二是方便读者查找相关的文献原文。实验者所引用的参考文献，只限于亲自阅读过的、最重要的、最新的、最关键的文献，这是参考文献的引用原则。

三、实验报告写作的基本要求

1. 精心实验，如实记录

应以严肃认真的科学态度来对待实验。观察要认真细致，记录要客观真实，分析要周到详尽，结论要实事求是。实验中产生的现象、得到的数据都应一丝不苟地记录下来，不能遗漏和任意涂改、增减，更不能虚构和捏造。

2. 要用说明解说实验的全过程

实验报告重在说明实验的器材、装置、原理、步骤、方法、结论等，不必细致地描写。说明实验器材，只需列出其名称和数量，不用叙述筹备情况；说明步骤，按照操作顺序来写。务必使说明准确，条理清晰，尽量采用符合实验实际的专业术语来说明事物，外文、符号和公式、计量单位要准确，合乎规范。

3. 要采用图表说明

实验中常常有复杂的设备和大量的数据，只用文字来表述，有时就难以做到简单、明了。图表说明能起到言简意赅的作用。画出仪器装置图，给人的印象就十分直观、深刻，有利于读者清楚明白地了解实验仪器设备的结构和原理。

【例文 8-1】

验证欧姆定律实验报告

陆文涛

一、实验目的

通过实验加深对欧姆定律的理解，熟悉电流表、电压表、变阻器的使用方法。

二、实验器材和装置

实验器材：电流表、电压表、电池组、定值电阻、滑动变阻器、导线、开关等。

实验装置：(略)

三、实验步骤

1. 按图示连接电路。

2. 保持定值电阻 R 不变，移动滑动变阻器的铜片，改变加在 R 两端的电压，将电流表、电压表所测得的电流强度、电压的数值依次填入表 8-1。

3. 改变定值电阻 R，同时调节变电器，使加在 R 两端的电压保持不变，将电阻 R 的数值与电流表测得的电流强度的数值依次填入表 8-2。

4. 通过实验分析：当 R 一定时，I 和 U 的关系；当 U 一定时，I 和 U 的关系。

表 8-1　R 为定值的测定结果

$R=4\Omega$	U/V	0.4	0.8	1.2
	I/A	0.1	0.2	0.3

表 8-2　U 为定值的测定结果

$U=0.6V$	R/Ω	1	2	4
	I/A	0.6	0.3	0.15

四、实验记录

1. 调节滑动变阻器铜片，观察电流表和电压表，可以看出：电阻 R 两端的电压增大到几倍，通过它的电流强度也增大到几倍。这表明，在电阻一定时，通过导体的电流强度同这段导体上的电压成正比。

2. 更换不同的定值电阻，调节滑动变阻器铜片，保持 R 的电压不变，可以看出：定值电阻 R 的数值增大到几倍，通过它的电流强度就缩小到几分之一。这表明，在电压不变时，通过导体的电流强度跟这段导体的电阻成反比。

五、实验小结

导体中的电流强度 I，跟这段导体两端的电压 U 成正比，跟这段导体的电阻 R 成反比。用公式表示为：$I=U/R$。

(资料来源：陈佩玲，许国英. 应用文写作[M]. 北京：化学工业出版社，2008. 略有改动)

【简析】

这是一篇验证欧姆定律的实验报告，这类报告书的撰写要按照实验报告书的固定格式逐项填写，而其重点则在实验步骤、实验记录和实验结果。这篇例文说明准确，层次清晰，采用专用术语来加强表达效果；符号和公式准确，合乎规范，并能用表格进行辅助说明。

📖 思考与练习

一、填空题

1. 实验报告是实验者通过_____、_____、_____、_____，把实验目的、_____、原理、_____、_____、_____等内容加以整理，以_____的语言写成的文章。它兼有_____和_____两种性质。

2. 实验报告包括_____类报告、_____类报告和_____类报告。

3. 实验报告有一定的说明顺序，实验器材要按_____分类说明；实验装置要按_____说明；实验步骤要按_____说明。

二、简答题

1. 创新型实验报告的正文部分包括哪四个方面的内容？
2. 简述实验报告的写作要求。

三、写作训练

根据实验报告的写作要求，结合本专业的实验特点，撰写一篇检验型实验报告。

第二节 毕业论文

一、毕业论文的性质与种类

(一)毕业论文的性质

毕业论文是高等院校毕业生根据专业培养目标，在专业课教师的指导下，综合运用已学知识表述理论创新或分析的一种应用文体。毕业论文的水平是各类院校检验毕业生学识和能力的主要标准，是对学生在读书期间所学各种基础知识和专业课程的一次全面业务考核。现代社会需要的专业人才所具有的科研、创新、管理、语言表达等综合能力，都能从毕业论文撰写过程中得到训练和提高。

毕业论文是学术论文的一种，其特点与要求与一般学术论文大体相同。其特殊之处有以下几点。

1. 综合性

毕业论文在选定课题后，虽然不可能将所学理论知识全部用上，更不可能分析和解决本专业在实践中的全部问题。但在撰写过程中，在运用论据论证论点时需要综合运用分析归纳、论述表达等能力，需要综合应用所学的专业理论知识。在毕业论文的内容里，主要是综合反映学生运用专业知识认识问题、分析问题和解决实际问题的能力。

2. 客观性

毕业论文的内容必须真实地反映客观存在的事实。论文中的材料要真实，不可弄虚作假。

3. 创新性

科学研究要求人们在知识不断积累的基础上，通过实践，对社会的各个不同领域进行更加深入的研究探索，进行创造性的劳动，为社会经济建设服务。因此，毕业论文的选题要在研究前人研究的基础上有所发展、创新，而不是重复、抄袭、模仿前人的劳动。

(二)毕业论文的种类

由于毕业论文本身的内容和性质不同，其研究领域、对象、方法、表现方式不同，因此毕业论文有不同的分类方法。

1. 按内容和性质划分

按内容和性质可以把毕业论文分为理论性毕业论文、实验性毕业论文、描述性毕业论文和涉及性毕业论文。后三种论文主要是理工科学生可以选择的论文形式，文科学生一般写的是理论性论文。

2. 按议论的性质划分

按议论的性质可以把毕业论文分为立论文和驳论文。立论性毕业论文是指从正面阐述、论证自己的观点和主张，要求论点鲜明，论据充分，论证严密，以理和事服人。驳论性毕业论文是指通过反驳别人的论点来树立自己的论点和主张。驳论文除与立论文在论点、论据、论证方面的要求相同外，还要求据理力争。

3. 按学生层次及申请学位划分

按学生层次及申请学位可以把毕业论文分为：①普通毕业论文，即由大专生撰写的毕业论文；②学士论文，即由大学本科生撰写的毕业论文；③硕士论文，即由攻读硕士学位的研究生撰写的毕业论文；④博士论文，即由攻读博士学位的博士生撰写的毕业论文。

二、毕业论文的作用

毕业论文从资料准备到选题撰写是集学习、论文写作和答辩于一体，三者相辅相成的教学过程，是以学生为主体的实践性较强的重要教学环节。其作用表现为以下三点。

1. 教学目标完善和深化的必要环节

一切知识和经验都是在"实践—认识—再实践—再认识"的多次反复过程中得到验证和应用的。从学生角度来说，毕业论文的撰写对专业课程是一个重温、整理、巩固和深化的过程，通过实习、写作和答辩，使学生在知、能、行方面得到锻炼。对学校来说，毕业论文则是对专业人才进行完善和深化的过程，在客观上保证了人才培养与社会需求相适应。可以说，毕业论文是高等院校教学目标完善和深化的必要环节。

2. 人才素质结构中知识和技能相长的重要因素

现代知识总量的激增和知识更新的速度，要求人们掌握和运用知识的能力必须强化。毕业论文写作的全过程就孕育着上述要求，成为知识和技能结构相辅相成的重要手段。由于毕业论文主要是针对专业中某一专题进行观察、分析，做出有针对性的论述，其中必然面临如何选题、提出论点、考证考据、解决问题，以及做出一些设想等一系列兼具模拟和时效两种作用的自我锻炼，而这些绝非课堂教学所能替代的。另外，学校要实现培养生产第一线的技术性应用型人才的教学目标，已不是单纯的应知应会运作，而是要强化学生的综合应用能力。毕业论文的写作过程就是为教学目标的实现提供超前的"实战"锻炼。因此，毕业论文的撰写是促进知识和技能相长的重要因素。

3. 教学质量综合评价的有效手段

毕业论文既有反映学校专业教学的基本要求和内容，又有显示学生掌握知识的深度和驾驭知识能力的自我评价；既有体现学校培养目标的全面考核内容，又有表明学生社会实践效果的社会反馈信息。总之，学生在校学得如何，教师教得怎样，学校教学目标和培养目标的实现程度如何，在毕业论文中都有所体现。因此，在教学管理中，往往将毕业论文作为考评教师教学质量、学生学习质量和教学管理水平的有效手段和重要参数。

三、毕业论文的写作步骤

完成一篇毕业论文大约需要经过如下步骤：

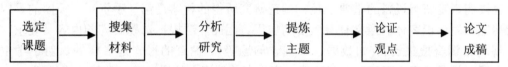

(一)毕业论文的选题

一般来说，论题的选择有自选题、命题与自选题结合、引导性命题三种方式。选择论题的基本方法和途径应从以下几个方面考虑。

1. 要有一定的意义

选题要有一定的价值，要能反映社会发展和市场经济的需求，反映专业性和知识性。缺乏学术价值和实用价值的课题，写出来的论文文笔再好也无任何意义。

2. 要有新意

要求所选论题在一定范围内具有典型性、代表性和新颖性。一方面，要求能够反映事物的发展趋势，要有时代气息；另一方面，要求解放思想，具有一定的开拓精神，论述别人没有论述的新课题。

3. 要从实际出发，切实可行

(1) 紧扣专业，学用结合。要在本专业知识的范围之内进行选题。实践是最好的练兵，结合实际，选择实习中的关键问题作为毕业论文的课题是培养解决实际问题的最好办法，这样毕业以后能够很快地适应实际的工作环境，缩短向工作岗位过渡的时间。

(2) 难易和大小要适度。选题既要有一定的难度，又要考虑到自己的知识水平与解决实际问题的能力。难度太大，力不从心；偏于容易，难以达到锻炼的目的。此外，论题涉及范围过大，往往会因能力或条件的制约，致使论据缺乏论证而难以落到实处。现实工作或生产实践中有些属于宏观问题，如体制、政策或技术发展水平等事关全局的问题，毕业论文不宜选择；可以选择本专业领域里的微观问题，如结合实践，探讨对策或解决问题方法的论题。例如，试论亚洲金融危机对我国的影响→试论亚洲金融危机对我国贸易的影响→试论亚洲金融危机对我国民用商品贸易的影响。

(3) 根据兴趣爱好和业务强项来选题。术业有专攻，人各有所好。对某一问题感兴趣，就易于钻研并取得好的成绩。所以，在所学的专业强项的大框架下，选择自己最感兴趣的课题，是高校学生毕业论文的可行方法，这样有利于提高论文撰写的质量。

(二)毕业论文的准备

1. 资料的搜集

选题和资料的搜集紧密相关。只有在确定了选题之后方可按照选题的方向去搜集更多的资料。搜集资料是具体研究问题的开始，没有资料就无从分析问题。但搜集资料不是博览群书，而是在有限的时间内有针对性、有重点地重温已经学过的专业理论知识，查阅与论题有关的资料，掌握实习或调研单位的有关情况。

资料可以通过直接调查获得，也可以通过图书馆、档案馆或计算机网络查阅获得。

直接调查是获得资料的重要途径。调查研究所得的材料是第一手资料，反映的是现实生活情况，对认识客体的意义有着重要的作用。因此，要根据选题研究的内容、要求，到相关现场去调查搜集资料(如数据、实例、问题等)。调查的形式是多样的，对于学生来说，主要还是通过直接观察、个别访谈、查阅有关档案、抽样发放问卷等方式进行。

更多的资料搜集工作还可以通过图书馆、档案馆或计算机网络进行，但无论是通过哪种途径搜集到的材料都必须真实、具体和新颖。

2. 资料的分析研究

(1) 提供课题的研究状况。查阅资料，可了解自己的课题是否有人已经研究过。如果有人研究过，可以了解他们的观点是什么，他们的资料来源于何处，从中分析、比较他们的研究得失，吸取经验，提高对本课题的认识；如果无人研究，则可以考虑有哪些相关资料可供借鉴，了解自己的选题究竟新在何处、有什么意义，迫使自己思考研究本课题的方法和途径。

(2) 获得基础资料。从已发表的论文或历史文献中获得大量的、有用的资料。某些基础性资料可帮助我们重新认识问题，因为同样的资料从不同的角度考量可以得到不同的认识。我们可以为证明自己的观点去摘抄、引用一些基础资料。但要注意，对任何资料的引用都不能断章取义。

(3) 学习研究方法和论文的撰写方法。在搜集、研究资料的过程中，可以学习其他学者研究问题和撰写论文的方法。通过分析这些论文，找出作者的写作思路，学习他们的研究方法，从而达到拓展自己思路的目的。

3. 资料的整理

对搜集的资料(含实验研究所得结果)进行全面的分类与分析，并做出必要的处理。

(1) 将资料分类。资料分类是资料分析的重要步骤，分类标准要以资料反映的主要思想(内容)为依据。

(2) 分析资料并从中导出结论。要分析每类资料能够导出的结论并把这些结论写出来，形成自己的观点。

(3) 给每类资料拟写标题。根据对资料的分析，拟写资料的标题。标题是对资料中心思想的概括和结论的提示，将为我们取舍资料及安排资料在论文中的位置做准备。

4. 提炼主题

在研究材料过程中分析出来的论点或结论，还需要结合论文的整体进一步提炼，使之达到认识上的新水平。

(1) 观点与材料要统一。要分析论文整体所包括的内涵是大于还是小于总论题。一篇论文其观点能否被材料所证实是至关重要的，这就要求所要论证的问题和材料必须高度统一。如果所要论证的问题大于材料，那么就要受材料的限制，就应当缩小论题；反之，则应当扩大论题。

(2) 结论应当升华。论文的结论应当体现作者认识的升华。有了基本的结论之后，对这个结论还存在哪些问题没有解决、有什么发展前景等，可进行再分析，以提升认识。

(三)毕业论文的撰写

完成一篇毕业论文，要遵循一定的格式，它主要由以下几个部分构成。

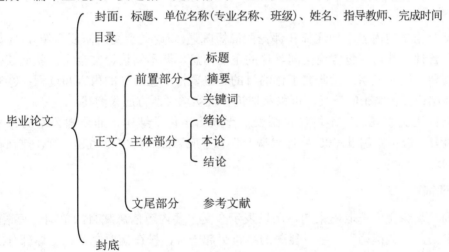

1. 目录

目录，即论文的篇章名目。为了给读者提供阅读上的便利，前面一般安排目录。目录中的一次目、二次目的前面按写作的顺序加上序号，标清毕业论文的构成部分的名称和正文中的小标题，同时在它们的后面标明具体页码。目录的列出可按如下方式：

目　　录

1. 内容摘要……………………………………………………………………（　　）
2. 绪论　………………………………………………………………………（　　）
3. 本论　………………………………………………………………………（　　）
　　(1) ……………………………………………………………………………（　　）
　　(2) ……………………………………………………………………………（　　）

4. 结论……………………………………………………………………（   ）
  5. 注释……………………………………………………………………（   ）
  6. 参考文献………………………………………………………………（   ）
目录一般在论文篇幅较长时使用。

2. 标题

标题要用最恰当、最简明的词语揭示论文的主题，概括论文的内容，反映论文中最重要的特定内容的逻辑组合，如《网络媒体对青少年道德成长的研究》或《论网络媒体对青少年道德成长的负面影响及对策》。标题要求结构简明、层次分明、美观醒目。

标题应避免使用不常见、不规范的缩略语、首字母缩写字、字符、代号和公式等。标题所用的词语必须考虑到有助于选定关键词和编制题录、索引等二次文献，能够提供检索的特定实用信息。标题一般不超过20个字，以保证其"层次分明、美观醒目"。

3. 署名

论文一定要署名，在论文标题的下方署上作者的姓名。有统一封面的，则写在封面的指定位置上。

4. 摘要

摘要是对论文的内容不加注释和评论的简短陈述(即论文全文的简要介绍)，应该具有独立性和自含性，其内容包含论文同等量的主要信息，即不阅读论文全文，就能获得必要的信息。摘要一般应说明：①研究工作的目的和重要性；②研究的内容和过程；③获得的成果和最终结论；④结论的意义，可以从理论和现实意义两方面来阐述。

摘要只能用文字表达，不得包含图表，无须给出化学结构、非公知公用的符号和术语。中文摘要一般不宜超过300字。"摘要"二字应以显著的字符另起一行，排在标题之下、关键词之上。

5. 关键词

关键词是从论文中选取出来的，用以表示全文主要内容信息款目的单词、短语(词组)或名词性术语。"关键词"三字以显著的字符另起一行，排在摘要之下、主体部分之上。词与词之间空出一个字符，不用标点符号。一篇论文所标引的关键词以3~8个为宜。关键词和主体部分之间应空一行。

6. 主体部分

毕业论文是议论文家族中的一种，它同一般议论文的逻辑构成相同，包括绪论、本论和结论，同时具备论点、论据和论证三要素。但就其价值而言，它与一般议论文存在着明显差异，它是较为系统和专门地讨论和研究某种问题、表述和反映某种科研成果的文章。

(1) 绪论(引言、序言)。绪论是全文的开场白，其作用是用以说明论文的主题(确立论点，明确要讨论什么问题)、目的和总纲，语言要简短，态度要客观，不要与摘要雷同，不要成为摘要的注释。具体要求是：①阐述本论文主题和选择该课题的理由，以反映出论文作者对该论题的充分论证；②综合阐述有关该论题解决的具体问题、工作方法。

(2) 本论。本论部分是毕业论文的核心部分,占主要篇幅,其主要作用是对论题进行全面深入的分析论证,详细论述作者的观点和主张。这一部分要做到论点鲜明有力,论据真实充分(理论论据和事实论据,引用数据),论证过程合理(要运用一定的论证方法)。

① 论点。论点是作者确定论题后所需论证的观点和主张。论点又分中心论点和分论点。中心论点就是毕业论文的根本论点,是全文的主旨。分论点是从不同角度、不同层次来论证中心论点的小观点,受中心论点的限制,为中心论点服务。论点必须鲜明、正确、集中、新颖和深刻。

② 论据。论据是证明论点的理由和依据,也就是经过分析整理过的材料。一般要求是:论据不能脱离论点,两者必须统一;理论论据要精练扼要,起画龙点睛的作用;事实论据要集中、典型。

③ 论证。毕业论文的论点和论据的有机结合有赖于论证方法的正确运用,论文的说服力也来源于论证过程中的逻辑力量。

(3) 结论。结论是本论部分阐述论证的必然结果,是整篇论文结果的总判断、总评价,要有高度的概括性、科学性和逻辑性。论文可以在结论或讨论中提出建议、设想、改进意见、尚待解决的问题等。

值得注意的是:
① 结论不是主题中各段的小结的简单的重复。
② 结论应该言简意赅,恰当完整。
③ 结论要与绪论部分照应,首尾一贯,措辞要严谨,文字要鲜明。
④ 如果在本论部分已对结论有所叙述和交代,结尾可不用单独成段。

7. 参考文献

毕业论文中凡是引用他人论文、报告、书籍等文献中的观点、材料、数据、研究成果等,均应以它们在文献中出现的先后顺序标明序码。参考文献的序码,统一用阿拉伯数字表示,且序码应置于方括号内。例如,[1]、[2]、[3]……序码不能置于圆括号内,以免与注释号相混淆。在论文的后面还要依次列出它们的出处。

毕业论文作者所引用的参考文献,只限于那些亲自阅读过的、最重要的、最新的、最关键的文献,这是参考文献的引用原则。对于不同的作品,参考文献的引用量是不同的,科技论文以不超过 5 篇为宜,学术论文可以多达数十篇。这些应用量虽不是法定的,却是一种约定俗成的习惯。

至于一篇毕业论文究竟要多少字数,不同的学校有不同的规定。一般来说,一篇毕业论文需要有 5 000 字以上。

毕业论文应使用 A4 纸打印成文,或用钢笔书写。论文写作完毕,誊清定稿后,需要加上封面、封底,装订成册。

四、毕业论文的写作要求

(一)坚持理论联系实际的原则

撰写毕业论文必须坚持理论联系实际的原则。理论研究必须为现实服务,为社会主义现代化建设服务。理论来源于实践，又反作用于实践。科学的理论对实践有指导作用，能通过人们的实践活动转化为巨大的物质力量。因此，毕业论文在选题和观点上都必须注重联系实际，密切注意社会生活和工作中出现的新情况、新问题。

(二)立论要科学，论据要翔实，论证要严密

1. 立论要科学

毕业论文的科学性是指文章的基本观点和内容能够反映事物发展的客观规律。文章的基本观点必须是从具体材料的分析研究中产生出来，而不是主观臆断的。因此，判断一篇毕业论文有无价值或价值大小，首先是看文章观点和内容的科学性。

毕业论文的科学性首先来自对客观事物的周密而详尽的调查研究。掌握大量丰富而切合实际的材料，使之成为"谋事之基，成事之道"。

其次，毕业论文的科学性通常取决于作者在观察、分析问题时能否坚持实事求是的科学态度。既不允许夹杂个人的偏见，又不能人云亦云，更不能不着边际地凭空臆想，而是必须从实际出发。

再次，毕业论文是否具备科学性，还取决于作者的理论基础和专业知识。写作毕业论文是在前人成就的基础上，运用前人提出的科学理论去探索新的问题。因此，必须准确地理解和掌握前人的理论，具有广博而坚实的知识基础。

2. 论据要翔实

第一，一篇优秀的毕业论文仅有一个好的主题和观点是不够的，还必须有充分、翔实的论据材料作为支撑。旁征博引、多方佐证，是毕业论文有别于一般议论文的明显特点。一般议论文，作者要证明一个观点，有时只需对一两个论据进行分析就可以了，而毕业论文则必须以大量的论据材料作为自己观点形成的基础和确立支柱。作者每确立一个观点，必须考虑：用什么材料做主证，什么材料做旁证；对自己的观点是否会有不同的意见或反面意见，对他人持有的异议应如何进行阐释或反驳。

第二，毕业论文的论据还须运用得当。论据为论点服务，材料的简单堆积不仅不能证明论点及强有力地阐述论点，反而会给人以文章烦冗、杂乱无章、不得要领的感觉。因而在已收集的大量材料中如何选择必要的论据显得十分重要。一般来说，要注意论据的新颖性、典型性、代表性，更重要的是考虑其能否有力地阐述观点。

第三，毕业论文中引用的材料和数据必须正确可靠，经得起推敲和验证，即论据的正确性。具体要求是，所引用的材料必须经过反复证实。第一手材料要公正，要反复核实；第二手材料要追根究底，查明原始出处，并深领其意，而不得断章取义。在引用他人材料时，要做到准确无误。写毕业论文，应尽量多引用自己的实践数据、调查结果等作为佐证。如果文章论证的内容是作者自己亲身实践所取得的结果，那么文章的价值就会增加许多倍。

3. 论证要严密

论证是用论据证明论点的方法和过程。论证严密，富有逻辑性，这样才能使文章具有说服力。要使论证严密，必须做到：①概念判断准确，这是逻辑推理的前提；②要有层

次、有条理地阐明对客观事物的认识过程；③要以论为纲，虚实结合，反映出从"实"到"虚"，从"事"到"理"，即由感性认识上升到理性认识的飞跃过程。

(三) 深入研究，一丝不苟

在毕业论文的写作中，要有打破砂锅问到底的钻劲，多问几个为什么，在逐一寻找答案的过程中把研究工作步步引向深入，绝不能浅尝辄止，不求甚解。要有一丝不苟的精神，严肃认真地对待调查、研究和写作，无论是全篇论文的立论还是细枝末节，都不应有丝毫失实、差错。文中的概念、符号、数字、图表等，都必须准确、规范，前后一致。

(四) 要注意语言的修饰

标点正确、语言通顺是最基本的要求。论文撰写完毕，首先要通读，在通读中检查标点，不可"一逗"到底。语言通顺，就是要把句子写通顺，不要出现半截句子，不完整；或一句话中夹杂两种句式；或用语不准确、不恰当。解决这些问题的办法就是反复读，找出读不通的句子，反复修改，直到读通为止。此外，还应根据论文的内容，进行进一步的删削、增补、调改、推敲与润色。

另外，毕业论文在撰写过程中，应该自始至终地主动与指导老师配合，将自己的想法、思路多与老师交流，彼此反复商讨，以免走弯路，浪费时间，或出现不必要的差错和纰漏。

五、毕业论文答辩

毕业论文写好以后要呈交指导老师和答辩委员会审阅，并要在答辩委员会主持的答辩会上进行答辩。答辩委员会由本系、本专业的有经验的教师和企业的专家组成。答辩的程序是：作者简明扼要地介绍论文的内容—答辩委员会就论文的内容提出问题—作者解答—答辩委员会做结论。论文通过了，可以得到毕业证书和学位证书；论文通不过，则只发给结业证书。待一年后、两年以内再向学校申请补做毕业论文。及格者，可以换发毕业证书。由此可见，答辩也是一个不可忽视的重要环节。为了能顺利通过答辩，应做如下准备。

第一，起草一份能讲20～30分钟，大约2500字的发言提纲。发言提纲的内容应是论文的要点，如论据和结论。

第二，准备好有关的挂图和表格。

第三，认真试讲几次，把要讲的内容记牢。

第四，做好回答问题的准备。

答辩时要认真听取答辩委员提出的问题，沉着应答，不要紧张。答不出的问题，要坦率承认，切莫不懂装懂，更不要强词夺理。对于超出论文范围的问题，可以做些说明，不予回答，但是态度要谦虚、诚恳。

答辩的场面虽然很严肃，但是不可怕，答辩委员会提出的问题都是在答辩者掌握的知识范围以内，而且一般不会超出论文的范围，只要论文做得好，是可以通过的。

思考与练习

一、简答题

1. 什么是毕业论文？毕业论文由哪几部分组成？
2. 选择毕业论文论题的基本方法和途径应从哪几个方面考虑？
3. 毕业论文撰写的要求是什么？

二、写作训练

阅读并分析下面的短文，完成文后的练习。

传统测定叶面积的三种方法是：①九宫格法；②称重法；③叶面积测定仪测定法。这三种方法在应用上都存在局限性。九宫格法，因其耗时甚多，效率极低，且易出错早已被淘汰。称重法，用分析天平则平衡甚慢、效率亦低，加之灯泡因频繁启闭易烧坏。用电子天平虽无上述缺陷，但害虫取舍前后须各称重一次，由叶重转换成叶面积时因不同温湿度下叶片失水率不一，叶片含水量和厚薄的差异导致误差较大。叶面积测定仪测定法多用进口仪器，价格昂贵，且维修不便。为此，笔者以计算机扫描仪技术和 TurboC 语言为基础，建立了一种测定害虫食叶面积的新方法。其优点如下。

(1) 操作简便。安装好软硬件后，在桌面垫一张白纸，上面放待测叶片，展开并以干净透明玻璃板覆盖，扫描叶片用 Photofinish 的"橡皮擦"，擦除污点(或将叶片复印后，扫描复印纸)，持所获图像文件命名存盘，调用 Areal.0 即得叶面积数据，扫描一次只需几秒钟。其基本原理为：扫描仪所获图像由许多像素点组成，当采用黑白模式(即 Linoart 模式，图像文件扩展名为.bmp)扫描时，计算机将深色像素点视为"1"，浅色(白色)像素点视为"0"，据此可区分背景(白色)与待测叶片(黑色)，实现扫描精确面积为 $10mm \times 10mm$ 的黑色正方形纸片，统计一定分辨率(dpi)下深色像素点即数字"1"的个数 n，即得读分辨率下每个像素点的面积 S_b。应用时，Areal.0 自动统计所获得图像文件二进制码为"1"的次数，乘以 SDOT，再区分分辨率并加以调整，即得待测叶叶面积。

(2) 精确度高。与初次测得的 SDOT 的精确度和选用的分辨率有关，在分辨率为 100dpi 时，用规则形状、面积已知的深色纸测得其误差小于 3%。

(3) 价格低廉。只需一台计算机(计算机的软硬件配置要求为：386 以上机型带鼠标，建议内存 8M 以上，建议硬盘容量 540M 以上，Windows 3.X 以上操作系统，手持式或台式扫描仪及其配套软件 Photofinish 3.0 以上版本，自编 TurboC 叶面积测度软件 Areal.0)，另加一台扫描仪及笔者开发的面积测试软件 Areal.09P 即可，市场时价手持黑白扫描仪(1600dpi)450 元，HR2、HR3(9600dpi)超级扫描仪 4 380 元，彩色台式扫描仪(4800dpi)1 950 元。

(4) 功能多用。扫描仪本身的功能是进行图像处理，另可复印文献保存在计算机内等。

(5) 扫描面积大。扫描长度理论上为无穷大，只受桌面长度和计算机容量限制。

完成下面练习：

1. 为上文拟写标题；
2. 写出该文摘要；
3. 拟写出 3~5 个关键词；
4. 将内容按逻辑顺序编写成一篇规范的论文。

第三节　毕业设计报告

一、毕业设计报告的概念

毕业设计报告是工科学生综合运用已学理论表述其工程设计情况的科技应用文。其作用主要是考查学生是否具备工程设计的初步能力，包括以下几方面的实际能力。

(1) 运用原理(机械、电力、电子、计算机等方面)的能力。
(2) 查阅资料工程手册、材料手册等方面的能力。
(3) 绘制图纸的能力。
(4) 分析模型数据的能力。
(5) 实验工作的能力。

二、工科毕业设计报告的写作方法

工科毕业设计报告的结构和写法与学术论文大体相同，应由标题、署名、摘要、关键词、引言、正文、结论、致谢和参考文献等项目构成。但工科毕业设计的种类多，项目不同情况也不同，因此，很难统一主体撰写的模式。有的工程设计由于项目大，往往需要几个学生组成一个小组，分别就某一方面的问题进行设计论证。这里主要讲述工科毕业设计报告中与主体有关的内容的表述问题。

1. 设计原理的表述

(1) 表述整体。无论何种工程、何种产品，都必然涉及其工作原理。当然，要有详细的图纸，但对总体进行说明时，多采用结构框架图或流程图的方式进行，这样易于让人先从整体上把握设计者的基本思路。

(2) 重点(关键问题)说明，是指工程设计原理的关键技术或核心问题的说明。这需要采用图纸说明、模型或实验的验证说明等方式。①图纸说明。图纸是产品生产的依据，也是生产原理的具体说明。需要结合图纸，阐述关键问题的原理，要说得清楚、有条理。②模型或实验的验证说明。对于某些产品或工程，为了确保设计的成功，还采用类比模拟的方式制作模型或运用实验手段来证明原理的可行性、技术的先进性。可将有关模拟的数据或实验数据一一列出，用以证明原理的正确性。

2. 工程的特点或产品的性能表述

(1) 技术或性能的科学性和先进性。优秀的设计总要体现科学性和先进性。对此进行说明的方式如下。

① 同类工程或产品的可比性。采用比较的方法来说明设计的科学性和先进性，包括性能、质量、成本等方面的优越性。

② 最新技术说明。采用何种最新技术，工程或产品的性能有何提高、质量有何提高，这些都是需要说明的地方。

(2) 技术和质量标准的说明。技术和质量标准一般采用国家标准或国际标准，应按照国家质量技术监督局颁发的各类标准进行说明。

除此之外，有的大型设计报告还有工艺分析等内容。

思考与练习

一、选择题

1. 毕业设计报告主要考查学生的_____能力。
   A. 已学专业知识的运用　　　　　　B. 查询专业资料
   C. 运用计算机　　　　　　　　　　D. 语言(中文和外文)的运用
2. 阐述工程的特点或产品的性能可以采用_____方式。
   A. 同类比较　　B. 最新技术　　C. 国家标准　　D. 生动比喻

二、简答题

1. 什么是毕业设计报告？毕业设计报告使用的范围是什么？
2. 毕业设计报告大致由哪几个项目组成？
3. 你所学专业在目前科研中有哪些前沿性的问题？
4. 你所学专业在目前科研(工程技术)中有哪些亟待解决的问题？
5. 你所学专业在目前科研中已成立的学说有哪些需要补充或纠正的问题？
6. 有关你所学专业的期刊有多少种？
7. 你最喜欢哪种专业期刊？你最喜欢该期刊的什么栏目？为什么？

三、写作训练

1. 将最近 3~4 期专业期刊中你最喜欢的栏目的资料，分类编成小资料卡或小文集，并写出阅读心得。
2. 根据自己所学专业撰写一篇设计报告。

第九章

礼仪应用文

礼仪应用文是指国家、单位、集体或个人在喜庆、哀丧、欢迎、送别以及其他社交场合用以表示礼节、抒发感情的、具有较规范固定格式的文书。它是人们在社交场合、人际交往等礼仪活动中，用书面形式表达恭敬之情、礼貌之意时使用的各种实用性文体的总称。随着社会生活的发展，人们交往的日益频繁，交际方式也日益增多。根据不同的需要，在不同的场合，针对不同的对象，运用适当的文字处理各种人际关系，已成为社会生活的必然要求。礼仪文书恰恰满足了这种要求，迎来送往、节日庆典、婚丧寿贺、致谢慰问等各种礼仪和仪式中，都必然使用各种礼仪文体。它是人们在日常工作、生活中进行文明交往，密切人际关系，增强友好气氛，显示礼貌风范的一种重要工具。礼仪应用文种类繁多、体裁各异。本章主要介绍请柬、聘书、欢迎词、欢送词、开幕词、闭幕词、祝词、贺词、贺信等实用应用文体的写作。

第一节　请柬、聘书

一、请柬、聘书的概念

(一)请柬

请柬又称请帖，是为邀请宾客参加某一活动时所使用的一种书面形式的通知。一般用于联谊会、各种纪念活动、婚宴、诞辰或重要会议等。在古代，请柬的"柬"字，本为"简"。造纸术发明以前，简一般是较普遍的写作材料。人们把文字刻在简上用来记事，由于书写面积有限，篆刻也有些难度，所以用简书写文字容量是较小的。到了魏晋时期，"简"就专门用来指一种短小的信札，这一说法沿用至今。

(二)聘书

聘书，也称聘请书。它一般是指机关、团体、企事业单位聘请某些有专业特长或有威望的人完成某项任务或担任某项职务时所发的邀请性质的专用书信。

二、请柬、聘书的基本格式和写法

(一)请柬

1. 请柬的基本格式

从形式上看请柬分为横式写法和竖式写法两种。需注意的是，竖式写法从右向左书写。从内容上看，请柬作为书信的一种，有其特殊的格式要求。

请柬一般由标题、称呼、正文、结尾、落款五部分构成。

(1) 标题。在封面上写的"请柬(请帖)"二字就是标题，一般要做一些艺术加工，可用美术体的文字，文字的色彩可以烫金，可以有图案装饰等。需说明的是，通常请柬已按照书信格式印制好，发文者只需填写正文即可。封面也已直接印上了"请柬"或"请帖"字样。

(2) 称呼，要顶格写出被邀请者(单位或个人)的姓名名称，如"某先生""某单位"等。称呼后加上冒号。

(3) 正文，要写清活动内容，如开座谈会、联欢晚会、生日派对、国庆宴会、婚礼、寿诞等。写明时间、地点、方式。如果是请人看戏或其他表演还应将入场券附上。若有其他要求也需注明，如"请准备发言""请准备节目"等。

(4) 结尾，要写上礼节性问候语或恭候语，如"此致　敬礼""顺致　崇高的敬意""敬请　光临"等，在古代这叫作"具礼"。

(5) 落款，署上邀请者(单位或个人)的名称和发柬日期。

2. 请柬写作的注意事项

请柬主要是表明对被邀请者的尊敬，同时也表明邀请者对此事的郑重态度，所以邀请双方即便近在咫尺，也必须送请柬。凡属比较隆重的喜庆活动，邀请客人均以请柬为准，切忌随便口头招呼，顾此失彼。

请柬是邀请宾客用的，所以在款式设计上，要注意其艺术性，一帧精美的请柬会使人感到快乐和亲切。

选用市场上的各种专用请柬时，要根据实际需要选购合适的类别、色彩、图案。

请柬要在合适的场合发送。一般说来，举行重大的活动，双方又是作为宾客参加，才发送请柬。寻常聚会，或活动性质极其严肃、郑重，对方也不作为客人参加时，不应发请柬。措辞务必简洁明确、文雅庄重、热情得体。

3. 请柬写作的要求

我国文化历史悠久，历来对语言文字的推敲十分重视，何况请柬是较庄重正式的一种文体，而且文字容量有限，所以要摒弃那些烦冗造作或干瘪乏味的语言。具体而言，有如下几点要求。

第一，求其"达"，即要通顺明白，又不要堆砌辞藻或套用公式化的语言。

第二，求其"雅"，即要讲究文字美。请柬是礼仪交往的媒介，乏味的或浮华的语言会使人很不舒服。

第三，请柬文字尽量用口语，不可为求"雅"而去追求文言词语。要尽量用新的、活的语言。雅致的文言词语可偶一用之，但需恰到好处。

第四，整体而讲，要根据具体的场合、内容、对象、时间认真地措辞，语言要文雅、大方、热情。

(二)聘书

1. 聘书的基本格式

聘书一般已按照书信格式印制好，中心内容由发文者填写即可。完整的聘书的格式一般由以下几部分构成。

(1) 标题。聘书往往在正中写上"聘书"或"聘请书"字样，有的聘书也可以不写标题，已印制好的聘书标题常用烫金或大写的"聘书"或"聘请书"字样。

(2) 称谓。聘书上被聘者的姓名称呼可以在开头顶格写，然后再加冒号，也可以在正文中写明受聘人的姓名称呼。常见的印制好的聘书则大都在第一行空两格写"兹聘请××……"。

(3) 正文。聘书的正文一般要求包括以下内容。

① 交代聘请的原因和请去所要从事的工作，或所要去担任的职务。

② 写明聘任期限，如"聘期两年""聘期自2022年2月20日至2027年2月20日"。

③ 聘任待遇。聘任待遇可直接写在聘书上，也可另附详尽的聘约或公函写明具体的待遇，这要视情况而定。

另外，正文还要写上对被聘者的希望。这一点一般可以写在聘书上，但也可以不写，而通过其他的途径使受聘人切实明白自己的职责。

(4) 结尾。聘书的结尾一般写上表示敬意和祝颂的结束用语，如"此致 敬礼"等。

(5) 落款。落款要署上发文单位名称或单位领导的姓名、职务，并署上发文日期，同时要加盖公章。

2. 聘书的写作要求

(1) 聘书要郑重严肃，对有关内容要交代清楚，同时聘书的书写要整洁、大方、美观。

(2) 聘书一般要短小精悍，不可篇幅太长，语言要简洁明了、准确流畅，态度要谦虚诚恳。

(3) 聘书是以单位名义发出的，一定要加盖公章，方视为有效。

3. 聘书的适用范围

一般来讲，聘书适用于以下一些情况。

(1) 学校、工矿企业等在需要某方面有特长或有专业技能的人才时，发出聘书。这种情况下，往往是用人单位承担了某项工作，靠自己本单位或现有的人才资源无法顺利完成任务；或者是由于企业的发展、事业的扩大，需重新聘用一些有专长，在工作中起重大作用的人。总之，这是一种对专业人才所发的聘书。

(2) 社会团体或某些重要的活动为了提高自身的知名度、扩大影响力，常常聘请一些有名望的人加盟或参与，以期更好地开展活动。例如，聘请名人做顾问、做指导，作为某项比赛的评委等均属于这种情况。

【例文9-1】

请　柬

×××女士/先生：

　　兹定于9月12日晚7:00—9:00在市政协礼堂举行中秋茶话会，届时敬请光临。

　　　此致

敬礼

××市政治协商会
××××年9月10日

【例文 9-2】

请 柬

××电视台：

　　兹定于五月四日晚八时整，在××大学学习堂举行"五四"青年诗歌朗诵会，届时恭请贵台派记者光临。

××大学团委会
五月二日

【简析】

　　以上两篇范文，第一篇是政协邀请有关人士参加中秋茶话会所发的请柬，既庄重严肃，又显得喜庆和对知名人士的尊重。时间、地点和具体内容在短短的一句话中全部表达出来，显得简洁明确。第二篇也是以团体的名义发出的请柬，所不同的是该请柬的邀请对象不是要作为客人参加会议或聚会，而是要前往进行采访工作。这份请柬实际还起到了提供某种新闻信息的作用。语言上也是用语不多，却将所要告知的信息全部说出，简洁明快，不拖泥带水。

【例文 9-3】

聘请书

　　为了提高教学质量，本校总部成立了刊授教学研究会。特聘请刘×老师为指导教师，参加教学研究，并关心、指导本校的教学工作。

　　此致

敬礼

刊授大学(盖章)
××××年××月××日

【例文 9-4】

聘 书

　　兹聘请赵××同志为××家电集团维修部总工程师、主任，聘期自××××年××月××日至××××年××月××日。聘任期间享受集团高级工程师全额工资待遇。

××家电集团(章)
××××年××月××日

【例文 9-5】

聘请书

　　为提高我院的科研水平，本院成立了科研项目评估委员会，特聘请×××教授为该委员会学术顾问，指导我院的科研工作。

　　此致

敬礼

××市社会科学院(盖章)
院长：×××(盖章)
××××年××月××日

【简析】

上面列举的三则聘书可以分为两类：一类是由学校团体为扩大影响力及知名度，聘请有名望的人做顾问、做指导的聘书，如【例文 9-3】和【例文 9-5】。另一类是公司企业聘用专业人才以利于公司企业的发展的聘书，如【例文 9-4】。在此，我们以【例文 9-4】为例做评析，这则聘书是由常见的印制好的聘书格式填写中心内容而形成。正中"聘书"字样为标题，正文是聘书的核心内容，交代受聘者担任的职务，其次写明了聘任期限，最后写上聘任待遇，如"聘任期间享受集团高级工程师全额工资待遇"，落款署上发文单位名称及加盖公章、落款日期。其行文短小精悍，语言简洁明了、准确流畅，同时体现出发文者郑重严肃、谦虚诚恳的态度。【例文 9-3】和【例文 9-5】开门见山地交代了聘请原因，并在聘书结尾写上表示敬意和祝颂的结束用语以表诚恳之意。

思考与练习

1. 请柬、聘书有什么特点？
2. 以院学生会名义写一份请柬，请学院领导参加本会举办的文艺晚会。
3. 某班成立文学社，拟聘任名师做顾问，请以文学社名义写一份聘书。

第二节　欢迎词、欢送词

一、欢迎词、欢送词的概念及特点

(一)欢迎词

欢迎词是指行政机关、企业事业单位、社会团体或个人在公共场合欢迎友好团体或个人来访时致辞的讲话稿。欢迎词一般具有以下特点。

1. 欢愉性

中国有句古话是"有朋自远方来，不亦乐乎"，所以致欢迎词当有一种愉快的心情，言辞用语务必富有激情和表现出致辞人的真诚。只有这样，才可给客人一种"宾至如归"的感觉，为下一步各种活动的圆满举行打下良好的基础。

2. 口语性

欢迎词是现场当面向宾客口头表达的欢迎用语，所以口语化是欢迎词文字上的必然要求。在遣词用语上要运用生活化的语言，即简洁又富有生活的情趣。口语化会拉近主人同来宾的亲切关系。

(二)欢送词

欢送词是行政机关、企事业单位、社会团体或个人在公共场合欢送友好团体回归或亲友出行时致辞的讲话稿。欢送词一般具有以下特点。

1. 惜别性

有句古诗说的好"相见时难别亦难",中国人重情谊这一千古不变的民族传统精神在今天更显得珍贵。欢送词要表达亲朋远行时的感受,所以依依惜别之情要溢于言表。当然,格调也不可过于低沉,尤其是公共事务的交往更应把握好分别时所用言辞的分寸。

2. 口语性

同欢迎词一样,口语性也是欢送词的一个显著特点。遣词造句也应注意使用生活化的语言,使送别既富有情趣又自然得体。

二、欢迎词、欢送词的分类

(一)欢迎词的分类

1. 按表达方式分

按表达方式分,欢迎词可分为现场讲演欢迎词和报刊发表欢迎词两类。

(1) 现场讲演欢迎词。一般在被欢迎人到达时由欢迎人在欢迎现场口头发表的欢迎稿。

(2) 报刊发表欢迎词。这是发表在报刊或公开发行刊物上的欢迎稿。它一般在客人到达前发表。

2. 按社交的公关性质分

按社交的公关性质分,欢迎词可分为私人交往欢迎词和公事往来欢迎词两类。

(1) 私人交往欢迎词。私人交往欢迎词一般是在个人举行较大型的宴会、聚会、茶会、舞会、讨论会等非官方的场合下使用的欢迎稿。通常要在正式活动开始前进行。私人交往欢迎词往往具有很大的即时性、现场性。

(2) 公事往来欢迎词。这样的欢迎词一般在较庄重的公共事务中使用。要有事先准备好的得体的书面稿,文字措辞上的要求较私人交往欢迎词要正式和严格。

(二)欢送词的分类

欢送词同欢迎词在分类上大致一样,这里不详加说明,只做简单的列举。

按表达方式来分,欢送词可分为现场讲演欢送词和报刊发表欢送词两种。

按社交的公关性质来分,欢送词可分为私人交往欢送词和公事往来欢送词两种。

三、欢迎词、欢送词的基本格式和写法

(一)欢迎词

1. 欢迎词的基本格式

欢迎词一般由标题、称呼、正文、落款组成。

(1) 标题。欢迎词的标题一般由致辞人、致辞场合和文种三要素构成,如"××在××会上的欢迎词"或"在××招待会上的讲话";还可以单独由文种命名,如"欢迎词"。在首行正中书写标题。

(2) 称呼。在开头顶格书写被欢迎者的称呼,要写明来宾的姓名称呼,如"尊敬的各位先生们\女士们""亲爱的××大学各位同仁"等,后面要加冒号,个人姓名要用尊称。

(3) 正文。首先,要说明致辞者代表什么人向哪些来宾表示欢迎;其次,阐述来访或欢迎的意义、作用,或赞扬客人的成就、贡献,或回顾双方的交往和友谊;最后,要再次表示欢迎之意,以及对今后的祝愿和希望。

(4) 落款。要署上致辞单位名称,致辞者身份、姓名,并署上成文日期。

2. 欢迎词写作的注意事项

欢迎词是出于礼仪的需要而使用的,因此要十分注意礼貌。具体而言,要注意以下几点。

(1) 称呼要用尊称,感情要真挚,要能比较得体地表达自己的原则和立场。

(2) 措辞要慎重,勿信口开河。同时要注意尊重对方的风俗习惯,应避开对方的忌讳,以免发生误会。

(3) 语言要精确、热情、友好、温和、礼貌。

(4) 篇幅短小,言简意赅。一般的欢迎词都是一种礼节性的外交或公关辞令,宜短小精悍,不必长篇大论。

(二)欢送词

1. 欢送词的基本格式

同欢迎词一样,欢送词也由标题、称呼、正文和落款构成。

(1) 标题。同欢迎词的标题大体相同,或由欢送对象与文种构成,如"欢送×××归国的讲话",或单独以文种名为标题,如"欢送词"。

(2) 称呼。与欢迎词的写法相同。

(3) 正文。首先简要表达真挚、热情的欢送之意;接着叙述被送者或宾客的成绩、贡献或双方的友谊,并对此做出积极的评价;最后要再次表达惜别之情,以及对被送者或宾客的希望、勉励。

(4) 落款。与欢迎词的写法相同。

2. 欢送词写作的注意事项

(1) 称呼用尊称,注意宾客身份,致辞要恰到好处,感情要真挚、诚恳。

(2) 措辞要慎重,勿信口开河,要尊重对方的风俗习惯,以免发生不该发生的误会。

(3) 语言要精练、热情、友好、温和、礼貌。

(4) 要言简意赅,篇幅不宜过长。欢送词也是一种礼节性的社交公关辞令,要短小精悍,这样更易于表达主人的尊重和礼貌。

【例文 9-6】

第×届国际水产遗传学会议主席的欢迎词

女士们、先生们：

我非常愉快地代表大会组织委员会向应邀前来参加会议的全体与会者表示诚挚的欢迎。

本次大会将探讨水生生物、营养学、生理学、畜牧学中的各种遗传问题，以及水生经济动物的疾病问题。会议的议题还将包括正在培养或有潜在培养价值的淡水、海水鱼类，两栖类，龟类，软体动物以及甲壳动物等。

我们还邀请诸位游览武汉和中国其他地方的风景名胜地。

我们深信本次第×届国际水产遗传学会议会取得圆满成功，并将是该领域规模较大的一次国际聚会。

请接受我们最热烈的欢迎。

会议主席：×××

××××年××月××日

【简析】

这是一则第×届国际水产遗传学会议主席的欢迎词，由标题、称呼、正文和落款组成，语言热情真诚，措辞慎重得体，表述礼貌大方。

【例文 9-7】

欢送词

尊敬的女士们、先生们：

首先，我代表×××，对你们访问的圆满成功表示热烈的祝贺。

明天，你们就要离开××了，在即将分别的时刻，我们的心情依依不舍。大家相处的时间是短暂的，但我们之间的友好情谊是长久的。我国有句古语："来日方长，后会有期。"我们欢迎各位女士、先生在方便的时候再次来××做客，相信我们的友好合作会日益加强。

【简析】

本文是一则简短的欢送词。首先祝贺访问圆满成功，接着交代了分别的依依不舍，最后欢迎客人再来做客，言真意切。

思考与练习

1. 简述欢迎词、欢送词的结构与特点。
2. 2019 年 8 月 10 日，西安市高校团干部代表团访问上海某大学，请你代上海某大学团委写一篇欢迎词或欢送词。
3. 请你代西安市高校团干部代表团写一篇对上海某大学盛情款待的感谢词。

第三节　开幕词、闭幕词

一、开幕词的特点

开幕词是指在比较隆重的大型会议开始的时候，由组织召开会议的机关的主要领导人向大会所做的重要讲话。开幕词的主要内容是阐述会议的指导思想、宗旨、重要意义，以及向参加会议者提出要求并表达对会议成功的良好祝愿。开幕词是大会正式召开的标志，开幕词中的一些内容对于整个会议具有重要的指示与指导作用。

一般来讲，开幕词有以下两个特点。

第一，宣告性。开幕词是会议正式开始的标志，此后，会议的各项议程陆续展开。因此，开幕词起到了宣告会议开始的作用。

第二，指导性。开幕词一般要阐明会议的宗旨、任务、目的、意义等，这些对于整个会议的召开起到了明确的指导作用。因此，开幕词具有明显的指导性。

二、开幕词的写作方法和要求

(一)开幕词的写作方法

开幕词一般由标题、署名、日期、称呼、正文等组成。

(1) 标题。开幕词的标题一般由会议名称加文种构成，如"中国共产党第十五次全国代表大会开幕词"；有时也可以加上致辞词人姓名，如"××同志在××大会上的开幕词"。

(2) 署名，即致开幕词的领导人的姓名，放在标题下面居中位置。

(3) 日期。开幕词的时间一般写在标题下面的正中位置，加括号。

(4) 称呼。称呼主要是指对与会者的统称，常见的有"同志们""各位代表""各位嘉宾""女士们、先生们"等，称呼后面要加冒号。

(5) 正文。开幕词的正文一般包括以下内容：①宣布大会的开幕，交代会议的名称和内容，介绍出席会议的有关单位和领导人员等；②指出召开会议的背景和意义；③说明会议的中心任务、主要议题、会议的目的以及会议的议程安排；④向与会者提出希望和要求；⑤表达对会议的期望和良好祝愿。

(二)开幕词的写作要求

(1) 开幕词作为会议开始前的主要领导人的讲话，是大会正式开始的标志。其中，既有对会议内容的阐述和良好祝愿，同时也表达对与会者的欢迎，所以感情要真挚，态度要诚恳，措辞要礼貌，注意分寸，大方有礼，不卑不亢，做到善辞令而不做作，讲礼貌而非应付。切忌言不由衷，虚情假意。

(2) 语言要简洁明了，篇幅要短小精悍。用字谨慎，做到与场景气氛和谐融洽。

(3) 主题要明确，中心要突出。

三、闭幕词的特点

闭幕词是指大中型会议结束的时候，由有关领导向全体与会人员所发表的带有总结性的讲话。闭幕词适用于大会的结束阶段，是大会的结束语，闭幕词既是对整个会议的评价和总结，又是会后贯彻落实会议精神的总动员，因此具有"过渡"的作用。

一般来讲，闭幕词有以下两个特点。

第一，总结性。闭幕词要对会议的主要内容和基本精神进行简要总结，包括会议的进程情况、解决了哪些问题、与会者提出了哪些意见和合理化的建议、今后努力的方向等。因此，闭幕词具有很强的总结性。

第二，评价性。在会议的闭幕词中，不仅要对会议的主要内容和基本精神做简要概括，更要对整个会议做总体评价，如会议的收获与作用、意义与重大影响等。这对于激励与会人员为贯彻会议精神而努力奋斗具有重要的作用。

四、闭幕词的写作方法和要求

(一)闭幕词的写作方法

闭幕词一般由标题、署名、日期、称呼、正文几部分内容组成。

(1) 标题，闭幕词的标题与开幕词的标题相似，有两种写法：一是由会议名称加文种组成，如"××大会闭幕词"；二是由致辞人姓名、会议名称加文种构成，如"××同志在××大会上的闭幕词"。

(2) 署名，即致闭幕词的领导人的姓名，置于正文之下居中的位置。

(3) 日期，即致闭幕词的时间，放在标题之下居中位置。需要说明的是，日期有时放在署名之上，有时放在署名之下，两种形式都可以。

(4) 称呼，与开幕词的写法基本相同。

(5) 正文，闭幕词的正文一般包括以下几个方面的内容。

① 用简洁的语言说明大会在什么情况下圆满完成了各项预定任务。

② 简要回顾会议议程进行的情况，对会议取得的成果、作用、意义等进行简要评价，对与会者的努力给予充分的肯定。

③ 对会议通过的重要决议、完成的主要任务和会议的基本精神进行概括和总结。

④ 向与会者提出贯彻落实会议精神、做好会后工作的要求和希望。

⑤ 郑重宣布，大会胜利闭幕。

(二)闭幕词的写作要求

(1) 闭幕词是带有总结性的讲话，所以，语言要高度概括，简明精练。

(2) 闭幕词对整个会议的评价要合理，要符合实际情况。

思考与练习

1. 简述开幕词与闭幕词的特点与写作结构。

2. ××大学为庆祝教师节，拟召开隆重的教师节大会。请你代××大学团委为教师节大会写一份开幕词和闭幕词。要求结构准确，内容充实明了。

参 考 文 献

[1] 梁福有. 应用写作[M]. 北京：中国农业出版社，2002.
[2] 杨文丰. 现代应用文书写作[M]. 北京：中国人民大学出版社，2003.
[3] 陈少夫. 应用写作教程[M]. 广州：中山大学出版社，2005.
[4] 李伟文. 常用应用写作[M]. 北京：中国商业出版社，2004.
[5] 张德实. 应用写作[M]. 北京：高等教育出版社，2001.
[6] 刊授大学. 中国实用文体大全[M]. 上海：上海文化出版社，1988.
[7] 冯广珍. 270种应用文写作方法[M]. 重庆：重庆出版社，1992.
[8] 周姬昌. 写作学高级教程[M]. 武汉：武汉大学出版社，1993.
[9] 路德庆. 写作教程[M]. 上海：华东师范大学出版社，1982.
[10] 郜文斌. 公务员实用写作[M]. 北京：中国人民大学出版社，1997.
[11] 朱伯石. 写作与作文评改[M]. 北京：高等教育出版社，1986.
[12] 张建. 应用写作[M]. 北京：高等教育出版社，2005.
[13] 吴宝玲. 实用文写作[M]. 北京：高等教育出版社. 2017.
[14] 张小乐. 实用商务文书写作[M]. 北京：首都经济贸易大学出版社，2008.
[15] 张瑞年，张国俊. 应用文写作大全[M]. 北京：商务印书馆，2020.
[16] 夏晓鸣，张剑平. 应用文写作[M]. 5版. 北京：首都经济贸易大学出版社，2018.
[17] 刘畅. 新编现代应用文写作与范例大全[M]. 2版. 北京：清华大学出版社，2019.